近畿北陸「いい川」アユ釣り場

つり人社書籍編集部 編

つり人社

目次

●富山県

神通川 6

井田川 12

●石川県

犀川 16

手取川 22

●福井県

九頭竜川（中流部） 28

九頭竜川（勝山地区） 34

足羽川 40

真名川 46

●滋賀県

丹生川 52

石田川 56

安曇川 60

愛知川 66

野洲川 72

近畿北陸アユ釣り場「いい川」

●京都府
美山川 78
上桂川 86

●兵庫県
矢田川 92
揖保川 96
千種川 102

●奈良県
吉野川 106

●和歌山県
北山川 112
紀ノ川 118
有田川 122
日高川 128
富田川 134
熊野川 140
日置川 146
古座川 152

掲載河川情報一覧・執筆者プロフィール 158

構成 時田眞吉
地図 堀口順一朗

はじめに―本書について

本書は釣り人による、釣り人のためのアユ釣り（友釣り）場ガイドです。アユ釣りと自然を愛する筆者の方々にご協力をいただき、一冊にまとめました。ルールとマナーを守り、１人でも多くの方がアユ釣りを楽しめるように心がけましょう。

【釣り場】 大アユ、天然ソ上、濃密放流などで有名な河川のほか、近年人気上昇中の川、地元の方を中心に親しまれている川など、エリア内のさまざまなタイプのおすすめ河川をピックアップ。各釣り場に精通する釣り人が原稿を執筆しています。

【地図】 各河川には、アクセス図と釣り場河川図、また必要に応じて拡大図を掲載しました（縮尺は一定ではありません）。地図は基本的に北を上に製作しましたが、河川の地理的要素や、表示するスペースの関係から異なる場合もあります。アクセス図、河川図とも、東西南北は方位記号をご参照ください。

【写真】 撮影後に河川状況が大きく変化する可能性もあることから、２０１４年シーズン後の写真も多く掲載しています。釣り人のいない風景写真は減水期が中心となるため（河川によっては雪代増水中もあり）、シーズン中は全般に水量・水勢が増しているとお考えください。

【本文・インフォメーション】 本書に記載した各情報は、基本的には２０１５年４月までのものです。解禁期間、遊漁料、漁業協同組合、遊漁券取扱所・オトリ店等の各情報は、その後変更されている可能性もあります（特に解禁期間、遊漁料は必ず事前に各漁協にお問い合わせください）。また、解禁日が「第●日曜」等で設定されている場合、年によって日にちが変わります。

釣り場の状況も同じであるとは限りません。釣行の際は、安全に釣りを楽しむためにも、同様に現地の最新情報を事前にご確認ください。また、現地で本書に記載外の禁漁・禁止行為等を示す標識などがあった場合には、その指示を遵守してください。

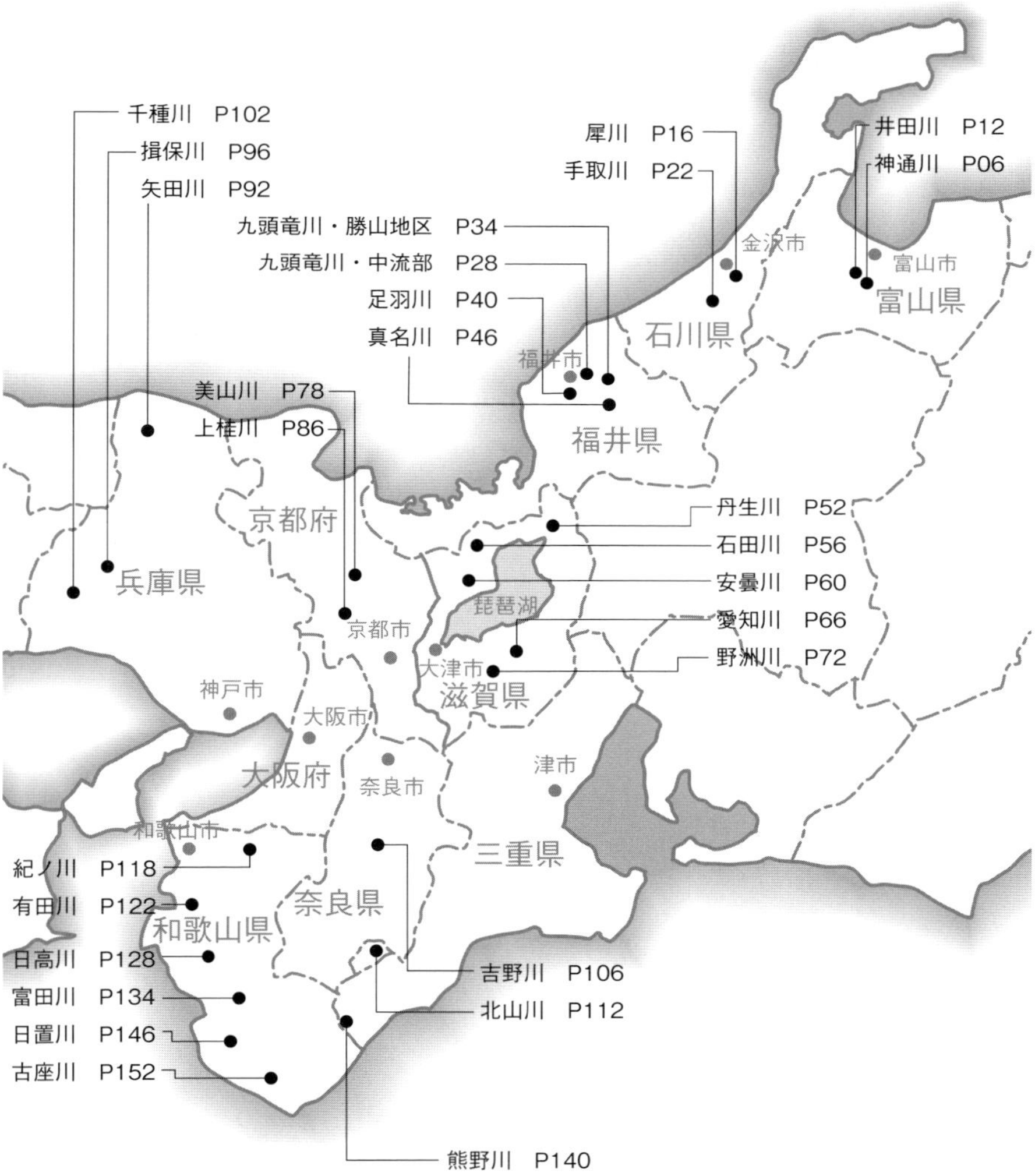
千種川　P102
揖保川　P96
矢田川　P92
九頭竜川・勝山地区　P34
九頭竜川・中流部　P28
足羽川　P40
真名川　P46
犀川　P16
手取川　P22
井田川　P12
神通川　P06
金沢市
富山市
富山県
石川県
福井市
福井県
美山川　P78
上桂川　P86
京都府
兵庫県
丹生川　P52
石田川　P56
安曇川　P60
愛知川　P66
野洲川　P72
琵琶湖
京都市
大津市
滋賀県
神戸市
大阪市
大阪府
奈良市
津市
三重県
和歌山市
紀ノ川　P118
有田川　P122
和歌山県
奈良県
日高川　P128
富田川　P134
日置川　P146
古座川　P152
吉野川　P106
北山川　P112
熊野川　P140

●富山県

神《じん》通《づう》川

北陸地方を代表する天然ソ上数釣り河川
梅雨明けから本格シーズン、9月も釣果は安定

富山県7大河川の1つに数えられる神通川は、岐阜県高山市の川上《かおれ》岳に源を発し、高原川や井田川など数多くの支流を合わせて富山平野を流下し、富山湾に注ぐ一級河川だ。

天然ソ上は例年良好で、川相も荒瀬、チャラ瀬、トロ場と変化に富んだ流れを見せる。釣り場となる15㎞ほどの区間に15t以上の県産の放流もあり、数釣りが楽しめる河川としても知られる。アユ釣りを楽しめるエリアは、井田川合流辺りが下限で、神三ダムが上限となる。

友釣り解禁の5日後には網漁も全面解禁となるが、アユの多さから特に気にすることもない。網漁がよく行なわれる場所はよいアユの付き場とも考えられる。

例年、解禁と梅雨入りが重なり、雨の多い年は水位が安定しないので梅雨明けからが本番といえる。ただし、天気のよい日は朝から暴風となることもしばしば。強風対策として8m前後の短ザオを用意しておくと釣りやすい。

放流のみの河川では釣果が落ちてくる9月、神通川では初期には小さかったソ上アユも釣れるようになり釣果も安定する。そうなると「釣れない河川から釣れる神通へ」といった現象が起こり、下流から上流まで平日、休日問わずに大変混雑する。

そのため誰が見ても1級と思えるポイントは釣り荒れがひどく、数、型、引きともに悪くなる。神通川に来る釣り人の大半は強い流れの中でアユの引きを楽しみたいと考えているのか、膝下の浅い流れがサオ抜けになっていることが少なくない。水面が鏡状のトロ場も同様で、瀬以上に良型で引きの強いアユが入れ掛かりとなることもある。

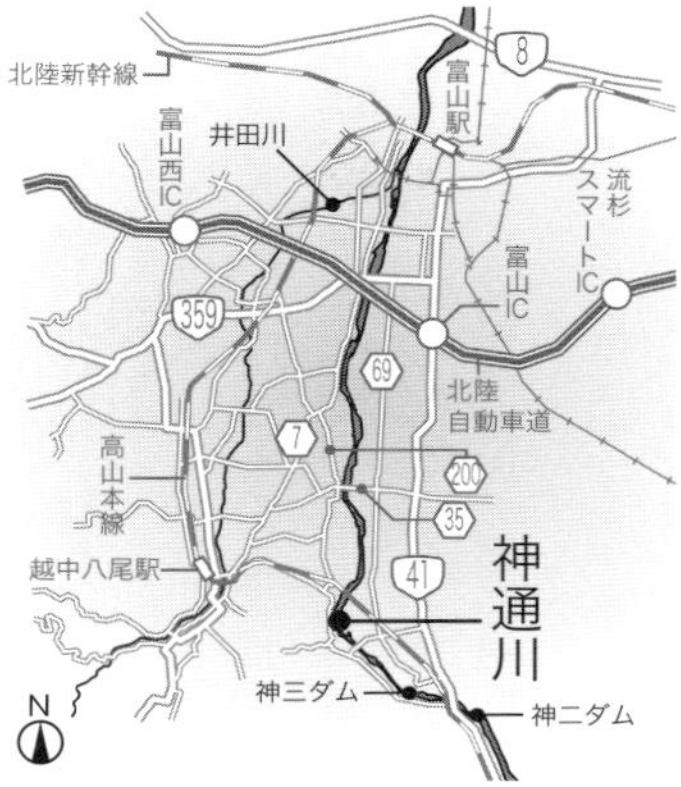

information

●河川名　神通川
●釣り場位置　富山県富山市
●解禁期間　6月16日～11月15日(10/1 ～ 15までを除く)
●遊漁料　日釣券3000円・年券9000円
●管轄漁協　富山漁業協同組合(Tel076-432-4803)
●最寄の遊漁券取扱所　吉井オトリ青島店（Tel076-465-2001 ）、吉井オトリ塩店（Tel076-467-5554)、ふなさきオトリ店（Tel076-468-1302)
●交通　北陸自動車道・富山ICを降り、国道41号で各ポイントへ

高速橋下流左岸の流れ。下流部は放流量が比較的多く、解禁時から終盤まで数が望める

前述したように、神通川は流れの変化に富み、水量も豊富でアユの魚影も多く、シーズンを通して安定して釣れるが、サイズにばらつきがある。例年大きなものでも23㎝前後。そのため極端な細仕掛けや太仕掛けといったものよりも、オールラウンドに使える仕掛けがおすすめだ。

ハリは、初期は皮が柔らかいので大バリ、後期は皮が硬くなるので小バリや細軸を基本とするが、放流魚は初期から小バリがよいこともあり、形状もストレートやシワリ、3本、4本イカリと状況によって使い分けることが釣果アップにつながる。

ここではおすすめの釣り場をいくつかピックアップして紹介するが、成子大橋上流の放水口、岩木の放水口、神三ダム放水口上流が禁漁区となっているので注意されたい。また、遊漁期間中にも禁漁期間、禁漁区間が設けられている。全流域（10月1日～10月15

日）、北陸自動車道橋下流端から下流720mまでの区間（9月20日～10月31日）、有沢橋から下流1kmの区間で組合が標示した区間（10月1日～11月15日）となっている。

●下流部・井田川合流～高速橋（北陸自動車道）

下流部は放流量が比較的多く、解禁時から終盤まで数が望める。反面、広大なトロ場が多く、石も小さいのでポイントを絞りにくい。放流点のトロ場は、小河川であれば自由に泳がせ群れと馴染ませて……といった釣りで解禁時の絶好のポイントとなるが、神通川の場合は広すぎてアユとの絡みも期待できないので避けたほうが無難。瀬落ちや瀬肩がポイントだが、小石底で流れの押しも強いのでオモリを使った釣りがおすすめだ。

8月中旬からは群れていたアユもナワバリを持ち、川一面がポイントとな

新保大橋上流、右岸の分流を望む。アユの型もよいので人気のポイント

新保大橋から下流を望む。深瀬や急瀬、大トロと連続し、通年安定した釣果が得られる

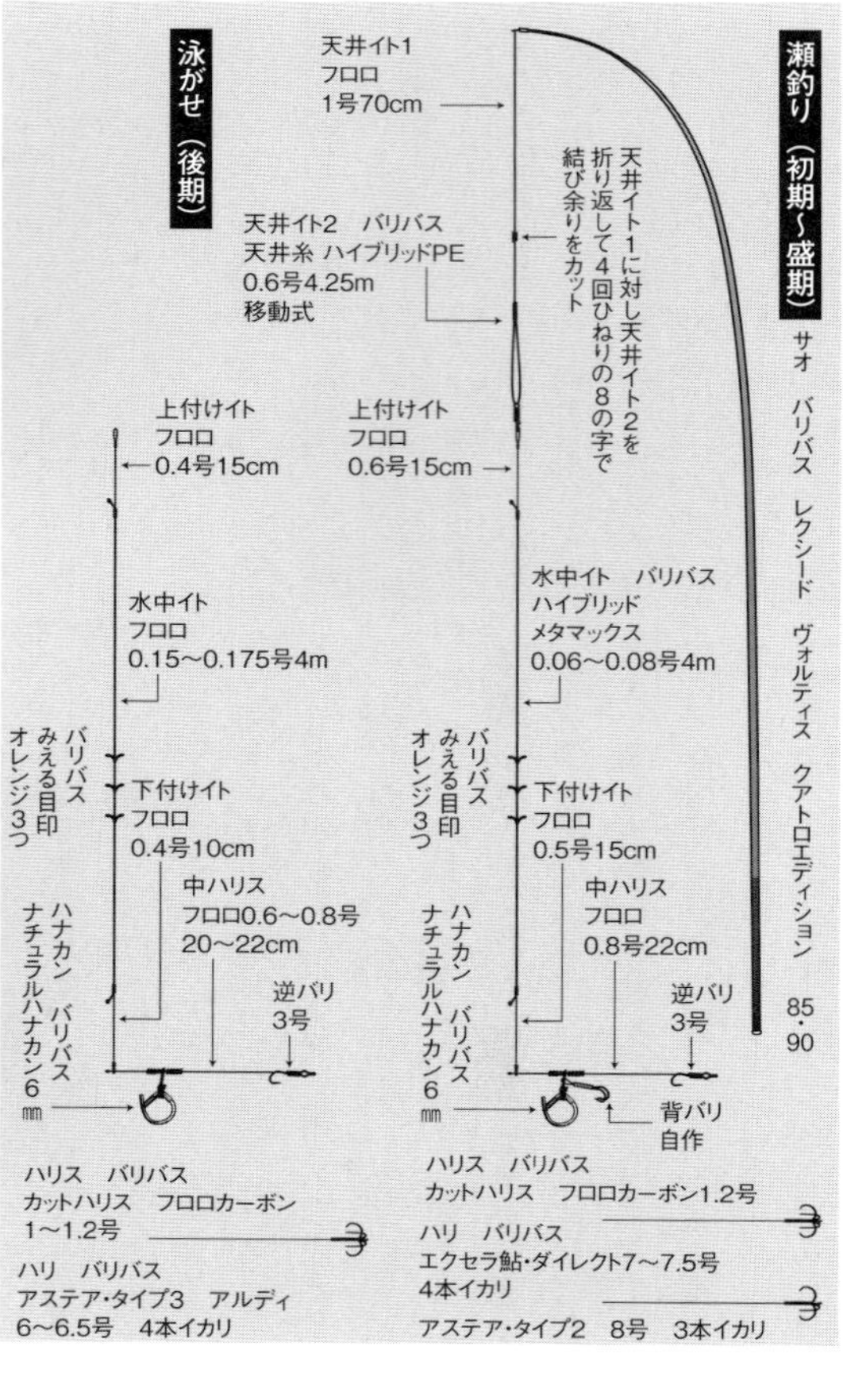

る。渇水ならナイロンやフロロを使った泳がせ釣りで広範囲に探るとよい。馬の背や掘れ込みなど、カケアガリ状の流れもよく掛かる。

●中流部・空港前〜成子大橋

中流部の代表的な流れ。深瀬や急瀬、大トロと連続し、通年安定した釣果が得られる。アユの型もよいので人気のポイント。深瀬の流心には幅広のアユが多く、必然的に流れに立ち込み、押しの強い流れからアユを取り込むことになる。小バリはケラレや身切れ、細イトでは高切れなどのバラシにつながるので太めの仕掛けで、余裕を持った

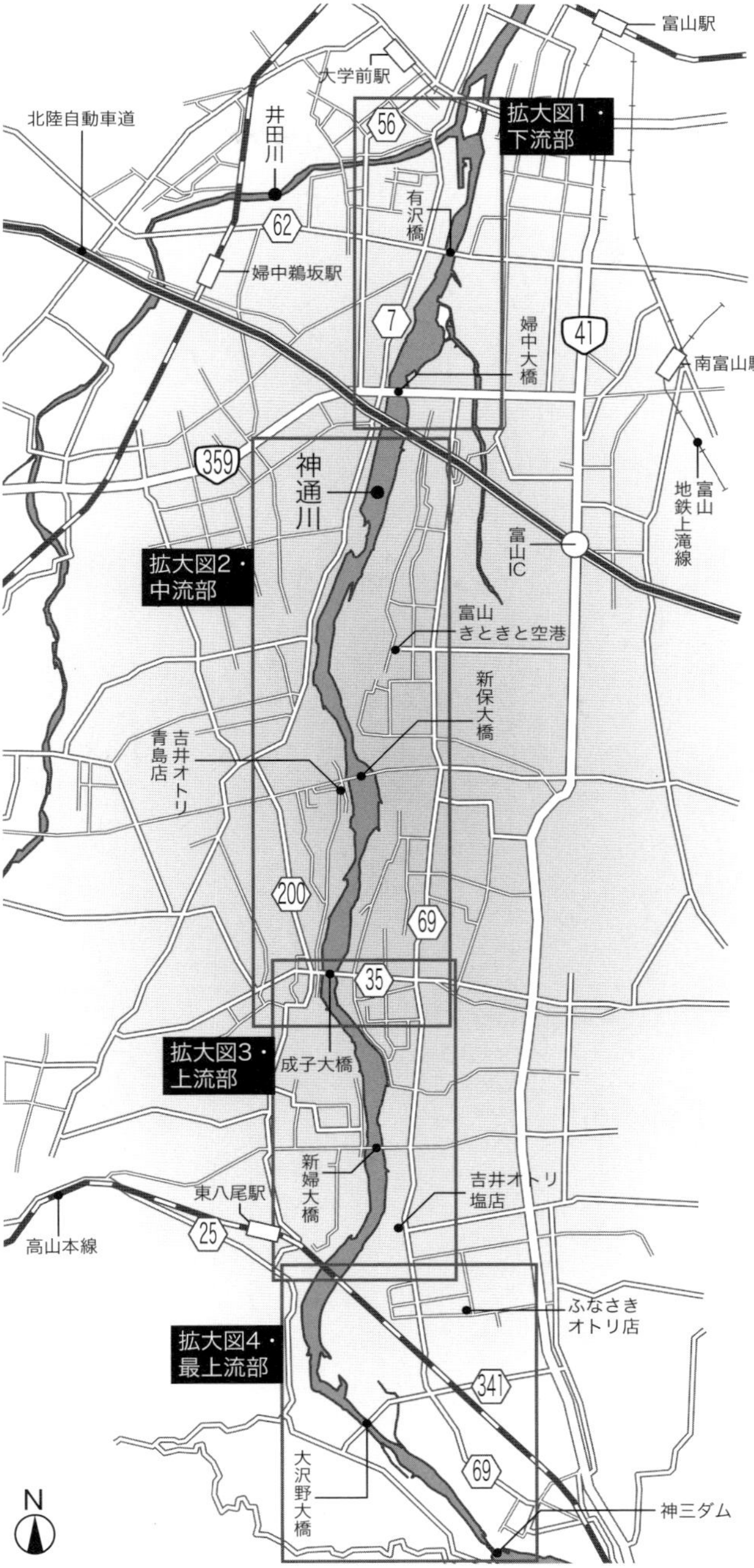

解禁日に新保大橋付近で掛けたアユ。放流魚ながら美しい魚体

成子大橋下流左岸の流れ。上流部との境となり、これより上流は変化も多く、若干押しも弱くなる

ダム下流右岸の川相。奥に見えるのは大沢野大橋。終盤には天然アユの数釣りが楽しめる

釣りを心掛けたい。

増水時はトロ場のヒラキや分流でも充分な釣果が望める。左岸沿いに堤防道路が続いているので入川もしやすく、4WD車であれば右岸からも入川可能。

●上流部・塩～岩木

上流部の流れは、中・下流部に比べると変化も多く、若干押しも弱くなる。といっても流れの絞り込んでいる所や水深のある場所では、やはりオモリを使った釣りがおすすめだ。アユの溜まる大トロの上下がねらいめだが、開けた流れの中でも、より速い流れの筋を意識して釣ると型の良いアユが釣れる。同様に石の横や頭など、オトリを止めにくい所も背バリを使うなどして、細かくゆっくり探っていくと数が伸びる。

●最上流部・大沢野大橋～ダム下

最上流部の流れ。初期から無数のアユの姿を確認できるが、その多くが天

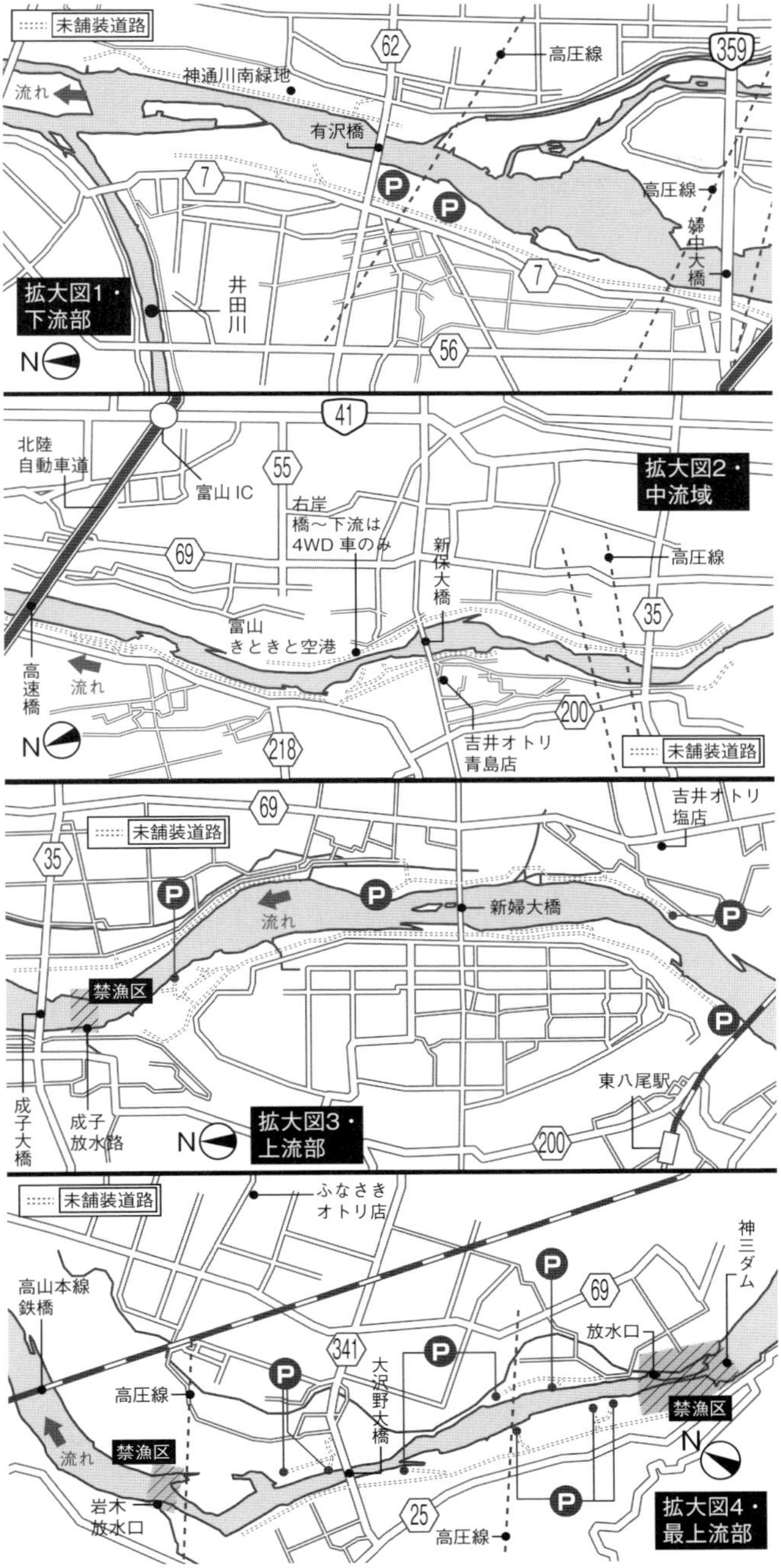

然ソ上の小型。石がきれいだからと、解禁日に入っても掛かりアユが小さすぎて釣りにならないこともあるが、瀬の中には早くソ上した良型のアユがいるので見逃せない。初期はあまりパッとしないが、終盤は天然アユの数釣りが楽しめる。

所々に見え隠れする岩盤帯はもろく、表面が滑らかで滑りやすいので立ち込み時は慎重に。岩盤の溝には石が溜まっておりポイントとなる。

最後に、神通川は川の規模、釣り人の多さの割りにオトリ店が少ない。初めて訪れる方は事前に場所を確認してから釣行されたい（山本）。

●富山県

井《い》田《だ》川

神通川の陰に隠れた数・型とも申し分ない実力河川 時速5尾以下なら迷わず橋1つ程度の場所移動を

杉原橋の上流に位置するB&G前から下流を望む。駐車スペースも多く川から近いため入川も楽だ

井田川は、富山県中心部を流れる神通川の左岸へと注ぐ支流。本流からの天然ソ上と県産、琵琶湖産の混合放流で魚影は多い。友釣りを楽しめるのは、本流合流点付近の神明大橋から旧観光リゾートホテル前までの約14㎞だ。

下・中流域を管轄する富山漁協（神通川の遊漁券）と、中・上流域を管轄する婦負《ねい》漁協（遊漁券は年券のみ）で遊漁券が異なる。中流域の漁区境には禁漁区が設けられているので注意。

ここでは富山漁協管轄を神通水系、婦負漁協管轄を婦負水系と表記する。釣具店からの情報で井田川と称される場所はほぼ婦負水系と考えて間違いなく、神通水系からの友釣り情報は皆無に近い。これは神通川で釣れるのにわざわざ神通水系に行ってまでという心理と、よい釣り場を教えたくない地元心理が情報封鎖していると考えられる。私自身紹介するのを躊躇《ちゅうちょ》するほど型、数申し分ないパラダイスがある。

下・中流域は盛期まで平日なら１００ｍ以上の貸し切り状態で、上流域とは全く異なる状況が続く。盛期以降はコロガシ釣りが始まり友釣りは敬遠され、高田橋から下流域は友釣りの姿は皆無となる。しかし、決して釣れないわけではない。どのエリアも鉄板ポイントで、時速5尾以下であればすぐに見切りをつけて橋1つ程度の移動が望ましい。粘る必要があるのは朝の水温が低く活性が著しくない7時まで。8時以降で時速5尾以下であれば、元々アユの魚影が少ないか、2日以上人が入っているか、網漁の後であることが想定される。粘りは禁物だ。

仕掛けだが、最下流域～高田橋までは田用水から草刈後の草流入が多く、細仕掛けは厳禁。底流れが速いためオモリは必需品だ。ハリは7号4本バリを基準に釣れるサイズで臨機応変に対応したい。大バリ（8号程度）のチラシ、ヤナギがあっても面白い。サオは早瀬以上が必要。

高田橋から最上流部までは、解禁初期はあえて細くしなくてもよいが、盛期になるにつれ膝下領域が多くなるので細ナイロン仕掛け、小バリが有効となる。サオは中硬以上で。

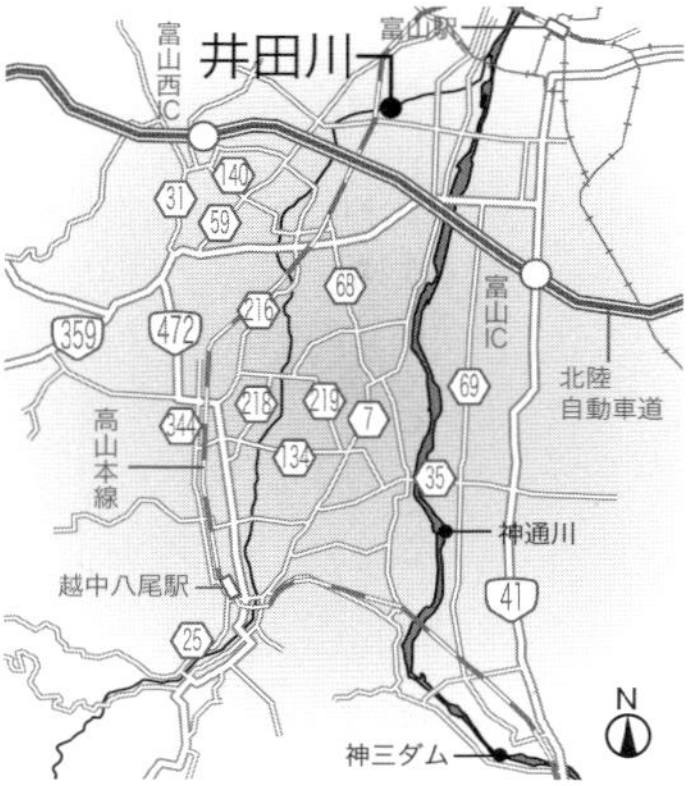

information
●河川名　神通川水系井田川
●釣り場位置　富山県富山市
●解禁期間　上～中流＝婦負漁協6月16日～11月30日（10月1～7日を除く）。中～下流＝富山漁協6月16日～11月15日（10月1～15を除く）
●遊漁料　年券4500円（婦負漁協）、日釣券3000円・年券9000円（富山漁協）
●管轄漁協　婦負漁業協同組合（Tel076-455-2655）、富山漁業協同組合（Tel076-432-4803）
●最寄の遊漁券取扱所　フィッシング吉井（Tel076-465-4196）、ふなさきオトリ店（Tel076-468-1302）
●交通　北陸自動車道・富山ICを降り、国道41、359号を経由して各ポイントへ

●神明大橋下流～高田橋

小石底、砂利底で平瀬主体の川相で、約20ｍ以上の川幅が続く。荒瀬はないが2ｍ以上の水深がある淵、トロがあり、橋上からよく観察して入川したい。

川底に大石がなく、流れは見た目以上の押しがある。増水後の釣行は慣れていてもかなりの注意が必要なので、なるべく複数人で入川したい。解禁日から7月中旬までは芳しくなく、お盆がピークで終盤まで楽しめる。自己記録29・5㎝を釣ったのもこのエリアだ。駐車場所が限られており、入川には草むらをかき分けるか川の中を歩かなければならない。また、神通川が濁っていると影響を受けるエリアである。下流域から入川しているのであれば、一旦高田橋まで移動して濁りの度合いを観察するのがよい。高田橋から上流エリアが釣り可能な場合もある。

●高田橋～万代橋下流

川相は下流域とさほど変わらないが深みの割合が少なくなる。近年、河川改修工事により川に変化がなくなり、素通りエリアとなってしまった。

●万代橋～杉原橋

4個所の橋を要に変化に富み、目移りするポイントが多数存在する。石も下・中流域に比べて大きくなり、遠くからでもポイントが定まる川相で多様な釣り方で楽しめる。

解禁日から好釣果の得られる可能性もあり、午前中に人影がなければラッキーだ。盛期近くになれば、水量が少なくなる反面、人も少なく数釣りの可能性が高くなる穴場だ。

●杉原橋上流

解禁日から人気のエリア。駐車スペースも多く川から近いため入川も楽だ。下・中流域と比べて石も大きく、流れのすべてがポイントといっても過言ではない。入川者が多く魚へのプレッシャーは日々強くなる。盛期に近づくと減水で川幅も狭まり、水深もほぼ膝下の割合が多く入川場所が限られてくる。

最後に、国土交通省の水位計の基準のみでは釣行判断が難しい。ライブカメラ映像で数日前からの確認が必要だ。注：井田川「磯川」「万代橋」「高善寺」。「磯川」が下流域・高田橋からの映像。神明大橋の1つ上の橋も高田橋というが、本稿に記載の高田橋は高山線上の高田橋を差す。

移動に関しては、砂利道だが普通車で堤の8割を通行可能だが、一部行き止まり部分もあるので注意が必要。オトリ店が少なく下流域は吉井本店、上流域はふなさきオトリ店からの入川が分かりやすい。婦負水系の遊漁券は支流の久婦須川、別荘川、野積川なども有効だ。

夏場は虫除けスプレーが必需品。お盆前後の高水温時、最下流部でのアユの取り扱いには注意が必要。昼休憩時の引き舟は水流がある所に（数井）。

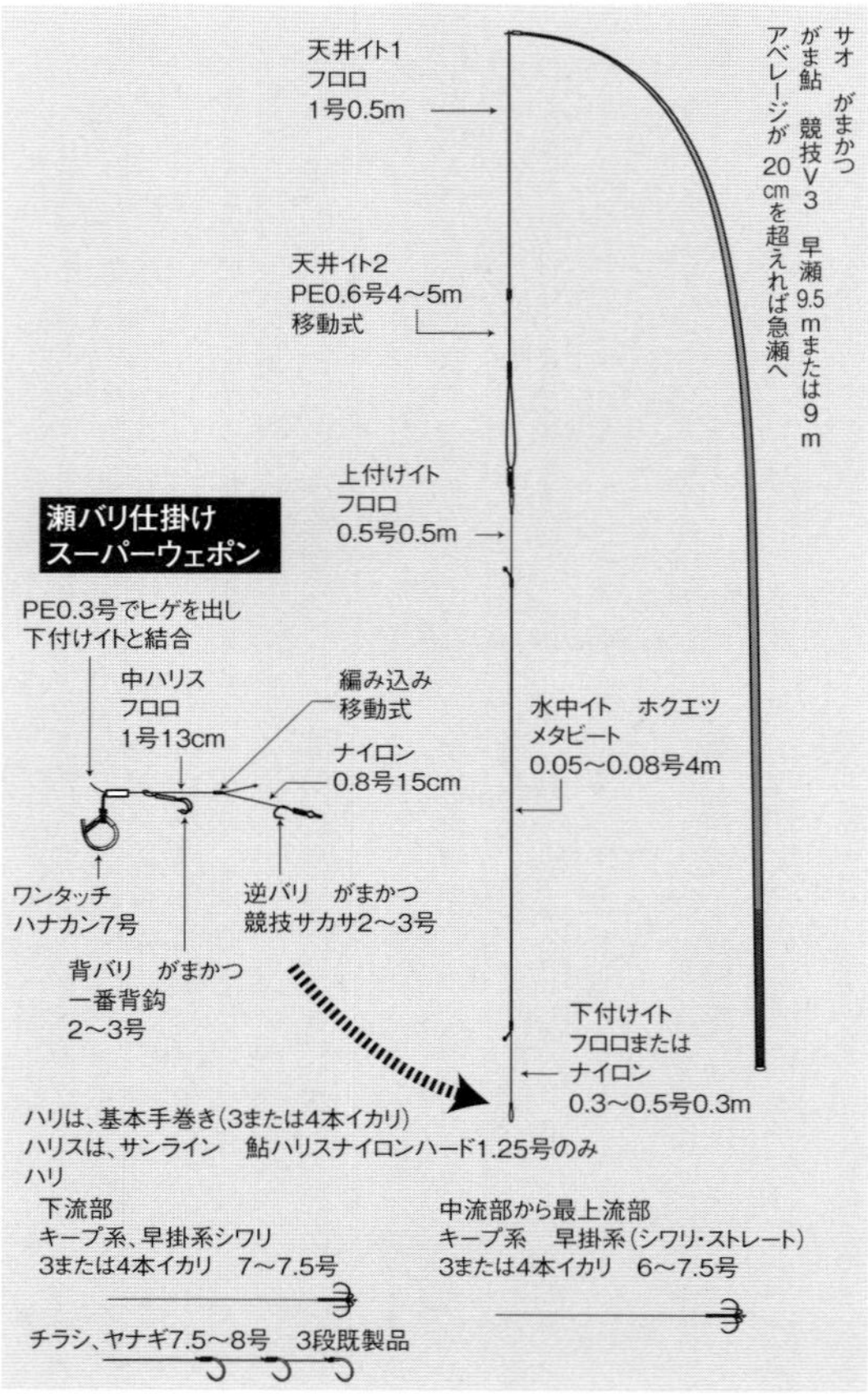

瀬バリ仕掛け
スーパーウェポン
サオ　がまかつ
がま鮎　競技V3　早瀬9.5mまたは9m
アベレージが20cmを超えれば急瀬へ
天井イト1
フロロ
1号0.5m
天井イト2
PE0.6号4〜5m
移動式
上付けイト
フロロ
0.5号0.5m
水中イト　ホクエツ
メタビート
0.05〜0.08号4m
下付けイト
フロロまたは
ナイロン
0.3〜0.5号0.3m
PE0.3号でヒゲを出し
下付けイトと結合
中ハリス
フロロ
1号13cm
編み込み
移動式
ナイロン
0.8号15cm
ワンタッチ
ハナカン7号
逆バリ　がまかつ
競技サカサ2〜3号
背バリ　がまかつ
一番背鈎
2〜3号
ハリは、基本手巻き（3または4本イカリ）
ハリスは、サンライン　鮎ハリスナイロンハード1.25号のみ
ハリ
下流部
キープ系、早掛系シワリ
3または4本イカリ　7〜7.5号
中流部から最上流部
キープ系　早掛系（シワリ・ストレート）
3または4本イカリ　6〜7.5号
チラシ、ヤナギ7.5〜8号　3段既製品

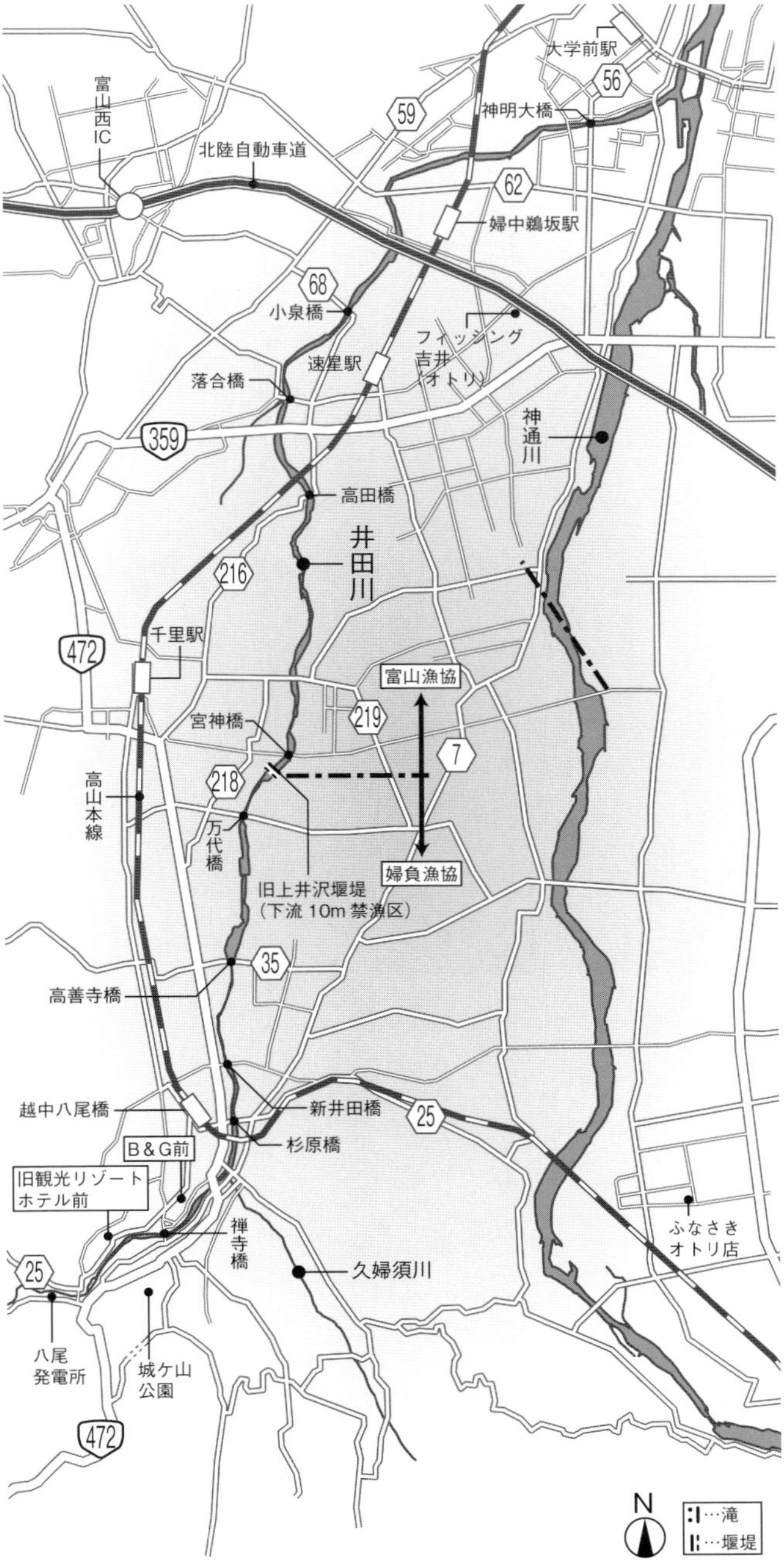

下流部のトロを釣る。平日なら 100 m以上貸し切り状態で釣ることも可能

高田橋から下流を望む。奥に見えるのは高山本線の鉄橋

杉原橋から上流を望む。ここから上流すべてがポイントといっても過言ではない

●石川県

犀《さい》川

下〜中流域は天然ソ上、上流域は放流魚中心
短い流程の中、全域が急瀬からトロ場まで変化に富んだ流れが続く

上菊橋より下流を望む。川幅も充分あり、非常に釣りやすいため解禁日は特に多くの人で賑わう

犀川は流程全域が急瀬からトロ場まで変化に富んだ流れが続き、アユの生活圏としては最高の河川といえる。北陸の河川を数多く釣行している私自身も一番好きな川でもある。

特徴としては、全体が岩盤質で溝が多く、その中に頭大の石が敷き詰められている。釣れるアユは下流から中流域は天然ソ上が中心で、上流域は放流魚主体に天然ソ上が混じってくる。毎年ソ上するアユは多く、太公望のサオを心地よく曲げてくれる。

アユも美しい。背ビレが尾ビレに届くほど長く体高もあり、私が釣行する全国の河川中トップクラスの美形だ。しかも食味も抜群と、アユ釣りファンにとってはこのうえない川である。

また、古くから伝わる伝承釣法の加賀毛バリを使った毛バリ釣りも行なわれている。解禁日には、上流から下流域まで毛バリのポイントには所狭しと釣り人が並び、賑わいを見せる。日並

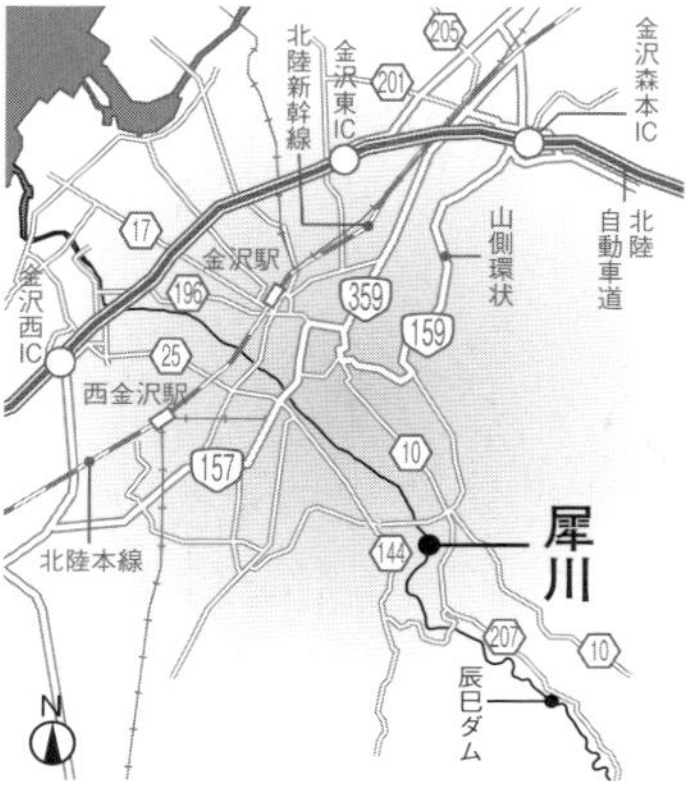

information

●河川名　犀川
●釣り場位置　石川県金沢市
●解禁期間　6月16日（下中流域）、7月5日（上流部）～
●遊漁料　年券7000円（日釣り券はない）
●管轄漁協　金沢漁業協同組合（Tel076-247-4233）
●最寄の遊漁券取扱所　金沢市内の有名釣具店にて
●交通　北陸自動車道・金沢森本ICを降り、国道159号（山側環状）で犀川へ

みによっては300尾を釣りあげる人もいる、まさに毛バリ釣りのメッカとも呼べる川だ。

我々友釣りファンにとっては、魚がいなくなるんじゃないかと不安がよぎるが、心配無用。ソ上数が多いため釣り切られることはない。しかし、釣行の際はくれぐれも毛バリ釣りの方々とトラブルのないようにお願いしたい。

最上流部に犀川ダム、内川ダムなどがあり、ダムの放水で水位を保っている。したがって時間帯で水位に変動があるので釣行の際は注意されたい。

アユのサイズは解禁当初は8～14cm。盛期には小型も混じるがアベレージで15～22cm。終期には最大で28cm以上が期待できる。

犀川は流程が短く海から10km程度で中流域に達するため、下流域はほとんどが金沢の中心街を流れ、釣りの趣に多少難がある。アユは釣れるのだが、初めて訪れる人にとっては、「えっ、こんな所で!?」と戸惑うかもしれない。したがって、ここでは下流域をパスして中流域から紹介したい。

●メインステージの中流域

この辺りまで来ると、住宅地こそ点在するが緑も多く、釣りをするにも差し支えない川相となる。

上菊橋前後は、橋下から頭大の石が敷き詰められ、流れの所々に大きな石（人工石）が川面から頭を出している。流れは早瀬ほどで水深は1m未満だが、川幅も充分あり非常に釣りやすい。解禁日ともなると多くの釣り人で賑わいを見せる。毎年束釣りが出るポイントでもある。アユは天然ソ上が中心で、強烈なアタリが堪能できる。橋上はトロ場が広がり、どちらかというと毛バリ釣りのポイント。

雪見橋前後の流れは、橋下から雪見新堰堤まではトロあり、瀬ありで変化

雪見橋より下流を望む。トロあり、瀬ありと変化に富んだ流れは解禁当初でも束釣りがねらえる

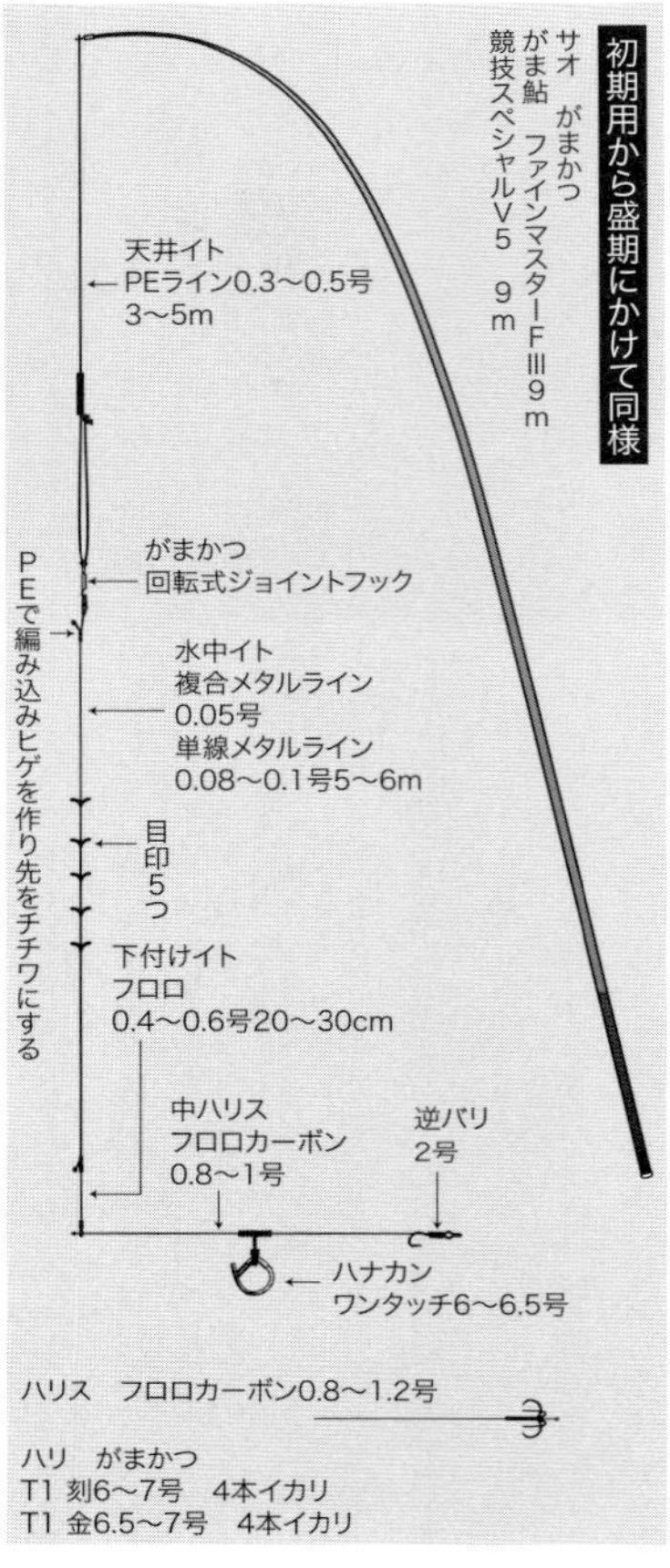
初期用から盛期にかけて同様
サオ　がまかつ
がま鮎　ファインマスターFⅢ9m
競技スペシャルV5　9m
天井イト
PEライン0.3〜0.5号
3〜5m
がまかつ
回転式ジョイントフック
PEで編み込みヒゲを作り先をチチワにする
水中イト
複合メタルライン
0.05号
単線メタルライン
0.08〜0.1号5〜6m
目印5つ
下付けイト
フロロ
0.4〜0.6号20〜30cm
中ハリス
フロロカーボン
0.8〜1号
逆バリ
2号
ハナカン
ワンタッチ6〜6.5号
ハリス　フロロカーボン0.8〜1.2号
ハリ　がまかつ
T1 刻6〜7号　4本イカリ
T1 金6.5〜7号　4本イカリ

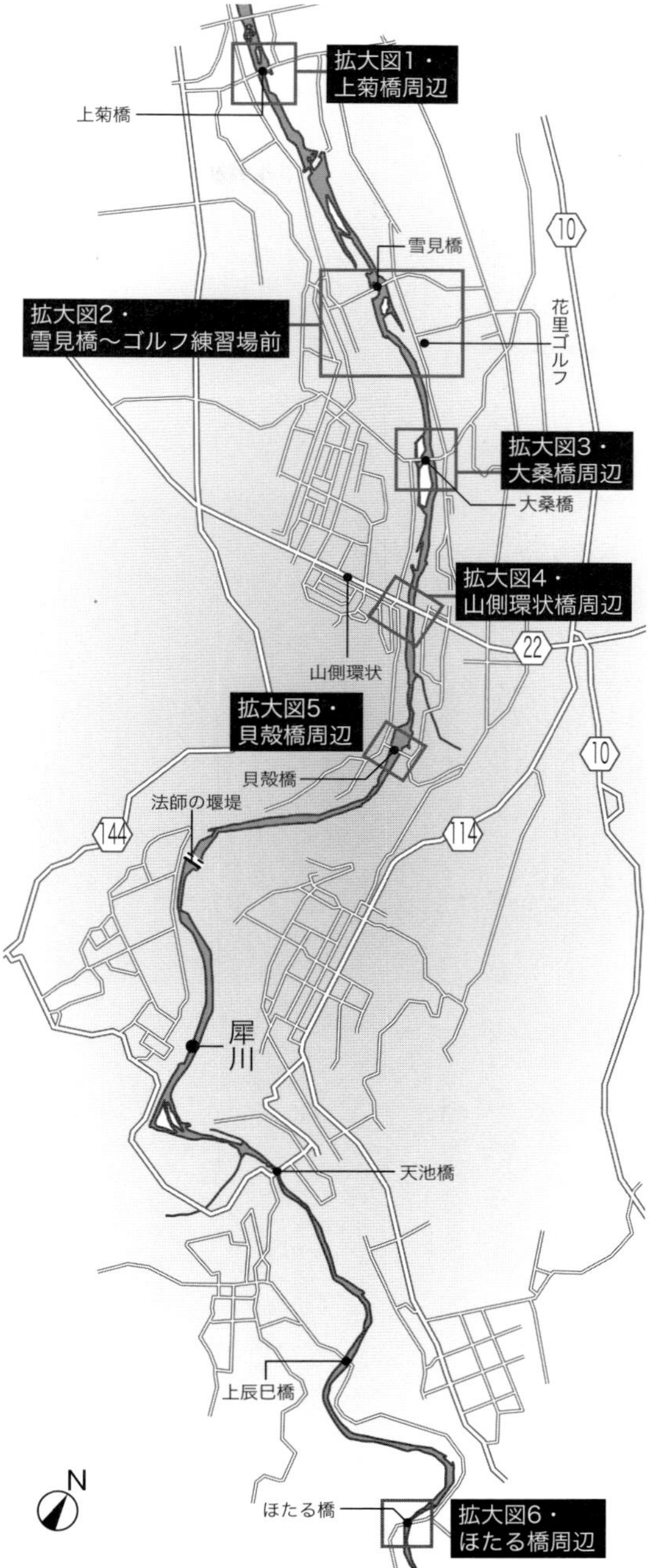

に富み、ここも解禁日には束釣りがねらえる。堰堤下には一部禁漁区が設置されており、両岸に看板があるので、釣行の際には注意されたい。

　橋上も変化に富んだ流れで良型がねらえる。この辺りから岩盤の比率が多くなる。

　大桑橋から山側環状線橋にかけては

貝殻橋より上流を望む。中流域のエリア上限近くの流れとなる

山側環状線周辺の流れ。岩盤中心の川相で、根掛かりに注意して探りたい

ほたる橋より下流を望む。この辺りまで来ると流れも渓流相へと変わる

中流域と上流域の境となる法師の堰堤を望む

岩盤中心の川相で、根掛かりに注意して探りたい。山側環状線橋の下では金沢漁協が早朝からオトリを販売しているので利用するとよい。

貝殻橋から法師の堰堤までが中流域のエリア上限。犀川のアユ釣りは中流域が中心で、地元の釣り人もほとんどこのエリアでサオをだすことが多い。

●渓流相を釣る上流域

法師の堰堤より上流から、ほたる橋周辺までが上流域のエリアだ。川幅もだんだんと狭まり渓流相へと変化する。木々が生い茂り、サオ先を注意しながらの釣りを強いられる。

エリア内では天池橋、上辰巳橋周辺がポイントの目安。上流域は放流魚が中心となり、たまに天然ソ上が混じる程度で、型も中流域に比べて一回り大きくなる。注意したいのは、解禁日が中流域とは異なる点だ。事前に漁協に問い合わせて釣行されたい（池野）。

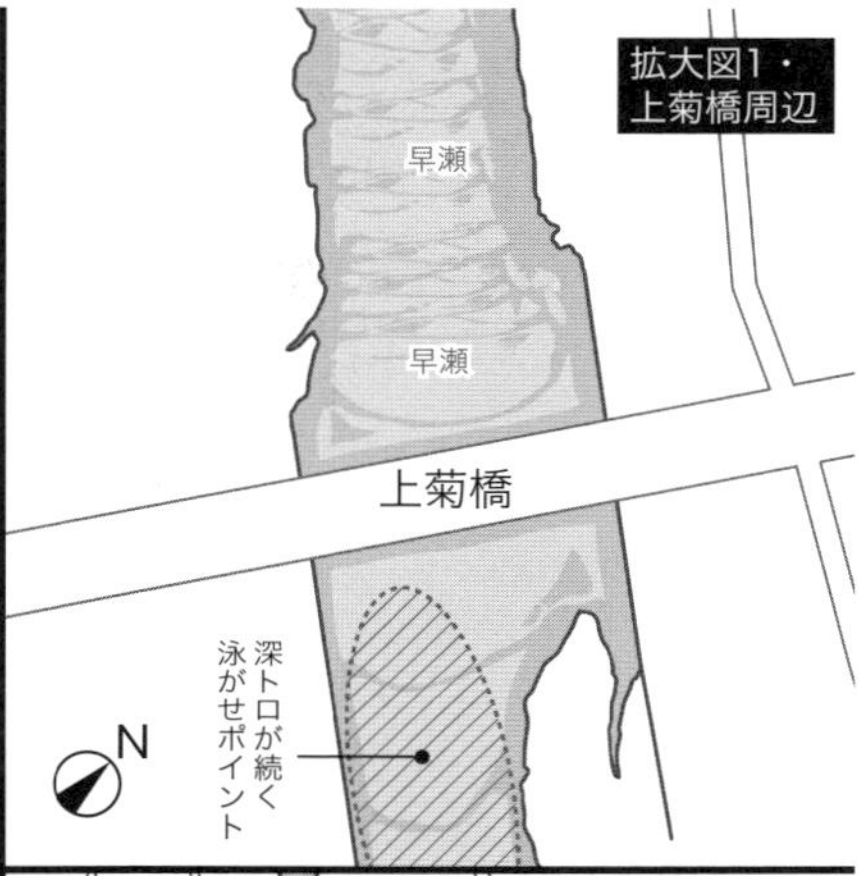
拡大図1・
上菊橋周辺
早瀬
早瀬
上菊橋
深トロが続く
泳がせポイント
N

…滝
…堰堤
早瀬
新堰堤
早瀬
早瀬
雪見橋
全体的に早瀬が
続く好ポイント
花里ゴルフ
N
拡大図2・
雪見橋～ゴルフ練習場前

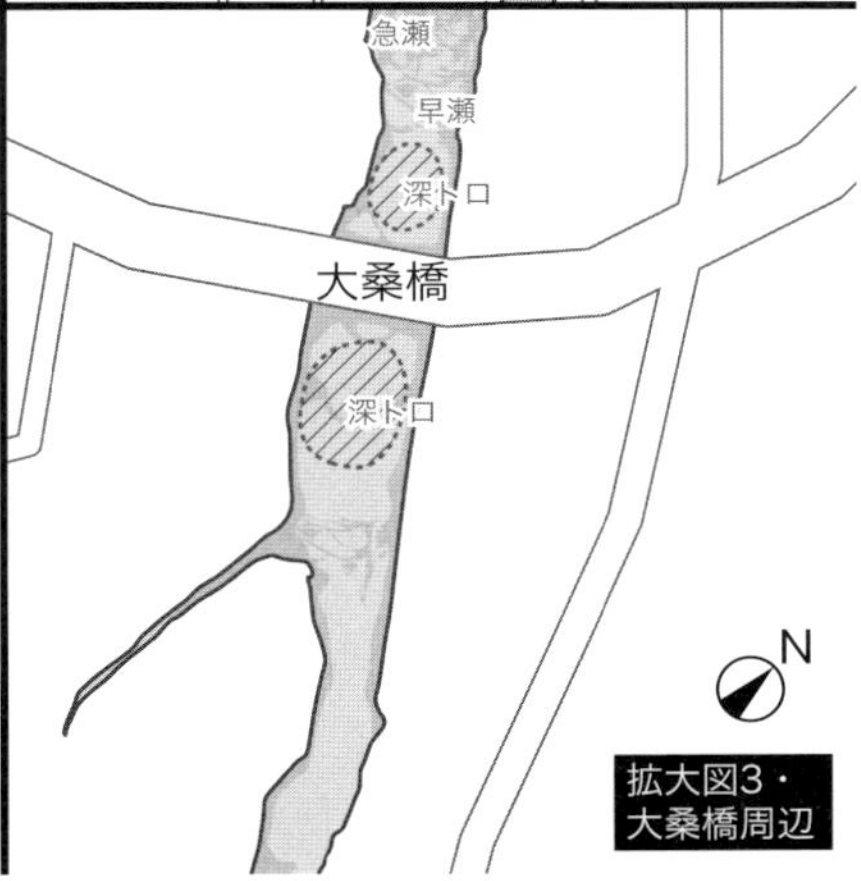
急瀬
早瀬
深トロ
大桑橋
深トロ
N
拡大図3・
大桑橋周辺

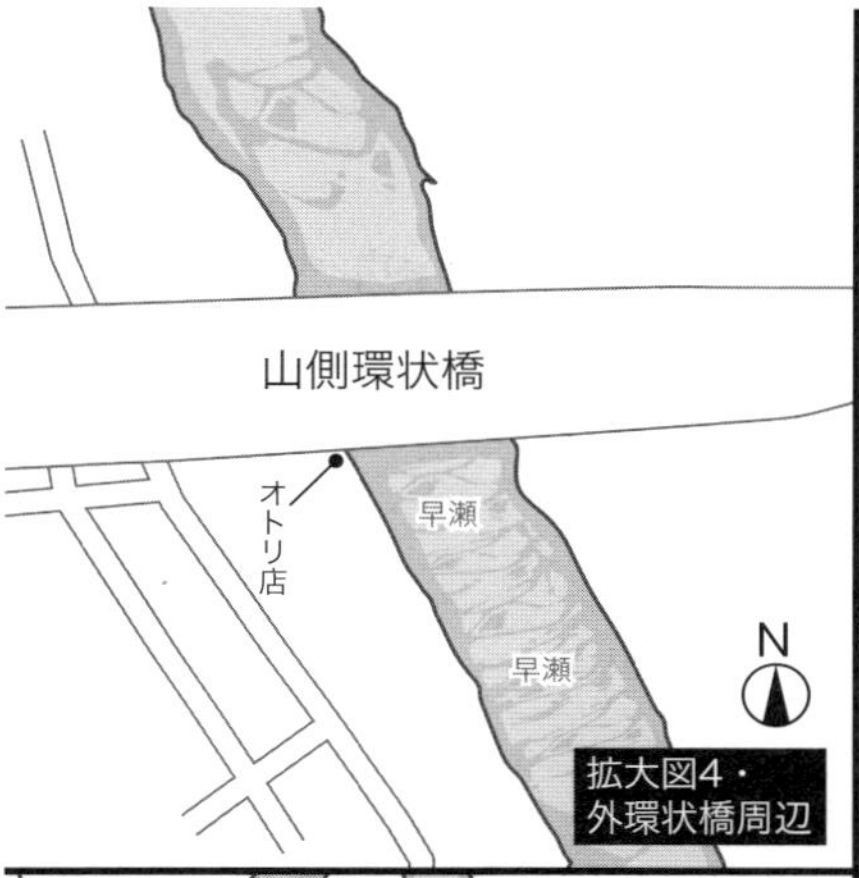
山側環状橋
オトリ店
早瀬
早瀬
N
拡大図4・
外環状橋周辺

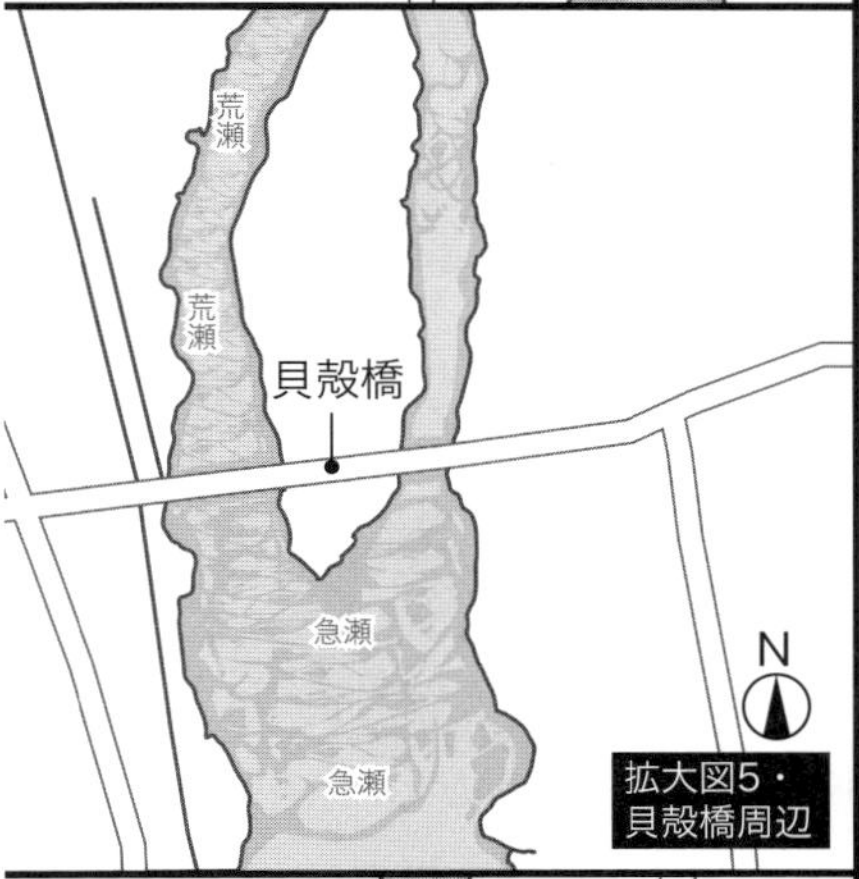
荒瀬
荒瀬
貝殻橋
急瀬
急瀬
N
拡大図5・
貝殻橋周辺

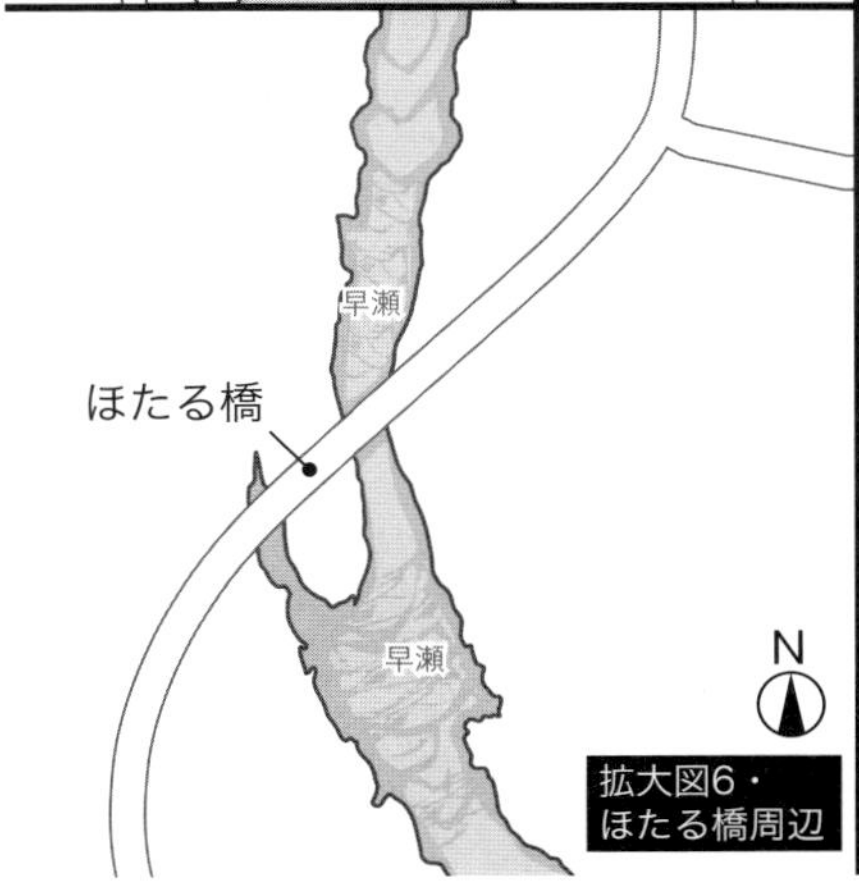
早瀬
ほたる橋
早瀬
N
拡大図6・
ほたる橋周辺

最下流部は日本海が見えるほど河口に近い流れ。川底は小砂利と小さな石の混成だが魚影は多い

●石川県

手《て》取《どり》川

シーズンを通じて束釣り可能な石川県を代表するアユ河川 小振りながらアユのアタリと引きは強烈。入川も容易

上流より国道８号に架かる手取川大橋を望む

手取川は石川県を代表するアユ釣り場として有名で、シーズンになると多くの太公望で賑わいを見せる。この川の大きな特徴は、シーズンを通して束釣りが期待できること。私自身も自己記録に挑戦するべく、早朝より入川して３時間ほどで１００尾を超える釣果を手にしている。ぜいたくな話だが、あまりに釣れすぎて飽きてしまい、午前中で終了というケースが多い。

下流から中流域まで、釣れるアユはほぼ天然ソ上。型こそあまり大きくないが、アタリと引きは強烈で楽しめる。川の規模は中小より少し大きめくら

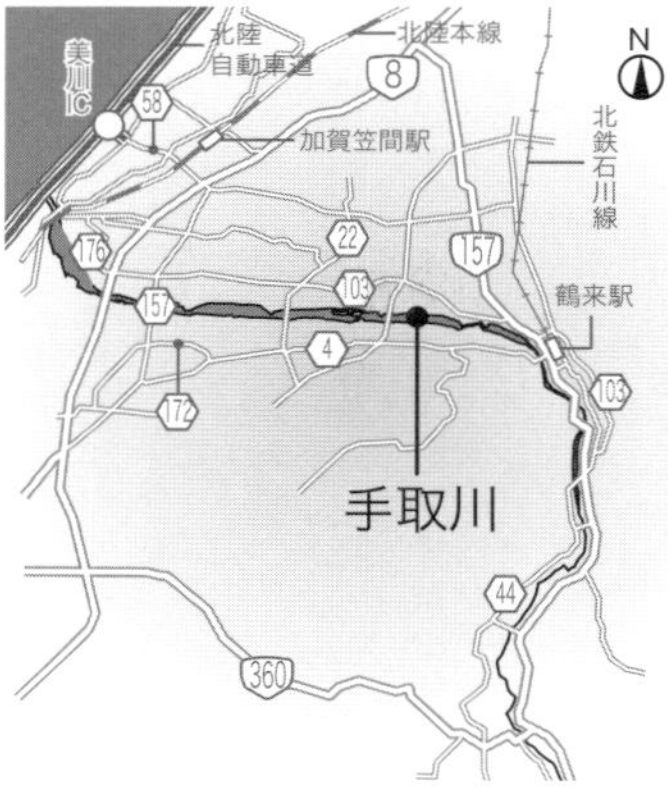

information

●河川名　手取川
●釣り場位置　石川県能美郡川北町、能美市
●解禁期間　6月16日（白山堰堤より下流）、6月22日（白山堰堤より上流）～12月31日
●遊漁料　年券5000円（日釣り券はない）
●管轄漁協　白山手取川漁業協同組合（Tel076-272-4666）
●最寄の遊漁券取扱所　金沢市内の有名釣具店にて
●交通　北陸自動車道・美川IC降車。県道58号、国道8号で手取川へ

注：2015年5月現在、上流部支流・中ノ川の崩落で手取川に強い濁りが発生。アユ釣りに支障が出る恐れもあり、釣行前に必ず漁協等で状況を確認されたい

いで、小砂利と頭大前後の石が敷き詰められた、天然ソ上河川の典型的な川相だ。瀬ありトロありと流れも変化に富み、水深も充分あって多彩な釣法が楽しめる。しかも両岸全域が舗装道路のため、車で走りながら流れを確認して入川できるのも非常にありがたい。

道路の脇に駐車も可能なため、シーズンになると道路沿いは車の縦列となる。駐車も気にならず、入川しやすく、アユの魚影も多いと、まさに夢のような釣り場である。

このため、解禁日から多くの釣り人が訪れ大変な賑わいを見せる。人気の秘密はもう1つある。川北大橋より河口までは遊漁券が必要ないのだ。この区間は手取川漁協の管轄外となる。注意したいのは漁協が管理していないだけで、県条例はしっかりあるのでお忘れなく。

ここでは天然ソ上が中心の下流域を紹介したい。釣れるアユの大きさは、解禁当初は5～12㎝、盛期は7～20㎝、終期は10～25㎝となる。

●海が見えるアユ釣り場

最下流部は日本海が見えるほど河口に近い流れとなる。当然川底は小砂利と小さな石の混成であるが、流れは瀬ありトロありと変化に富み魚影も多い。釣り人も比較的少なくねらいめだ。

上流に向かうと国道8号に架かる手取川大橋が見えてくる。この辺りは以前にメーカーの地区予選大会の会場にもなっている。川の状態がよくないなか、決勝戦では35尾前後釣らないと本大会に進めないという好釣果の競技となったが、この川では釣れない部類の数字となる。

手取川橋（粟生《あお》大橋）、辰口橋、川北大橋と続く流れは非常に人気が高く、釣り人の姿も絶えない中心的な釣り場。注意されたいのは、川北大橋より上流は漁協管轄になり遊漁料が必要となる。

手取川橋（粟生大橋）周辺の流れを望む。釣り人の姿が絶えない中心的な釣り場

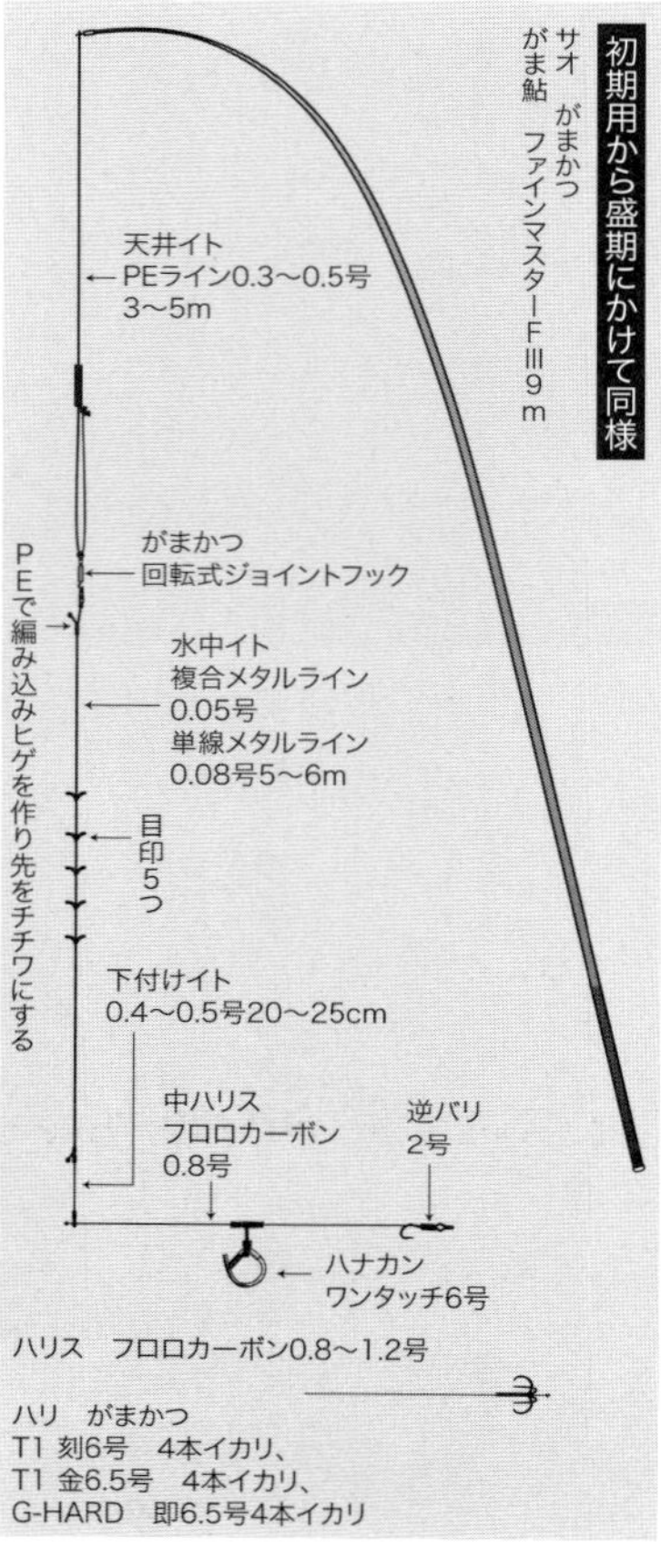
初期用から盛期にかけて同様
サオ　がまかつ
がま鮎　ファインマスターFⅢ9m
天井イト
PEライン0.3～0.5号
3～5m
がまかつ
回転式ジョイントフック
PEで編み込みヒゲを作り先をチチワにする
水中イト
複合メタルライン
0.05号
単線メタルライン
0.08号5～6m
目印5つ
下付けイト
0.4～0.5号20～25cm
中ハリス
フロロカーボン
0.8号
逆バリ
2号
ハナカン
ワンタッチ6号
ハリス　フロロカーボン0.8～1.2号
ハリ　がまかつ
T1 刻6号　4本イカリ、
T1 金6.5号　4本イカリ、
G-HARD　即6.5号4本イカリ

したがって橋より上流は比較的釣り人が少なく、逆にねらいめだ。

アユの型もひと回り大きく、急瀬で掛けると目印が吹っ飛ばされる、豪快なアタリとやり取りが楽しめる。ここから上流にある明島の放水口までが下流域のエリアとなる。

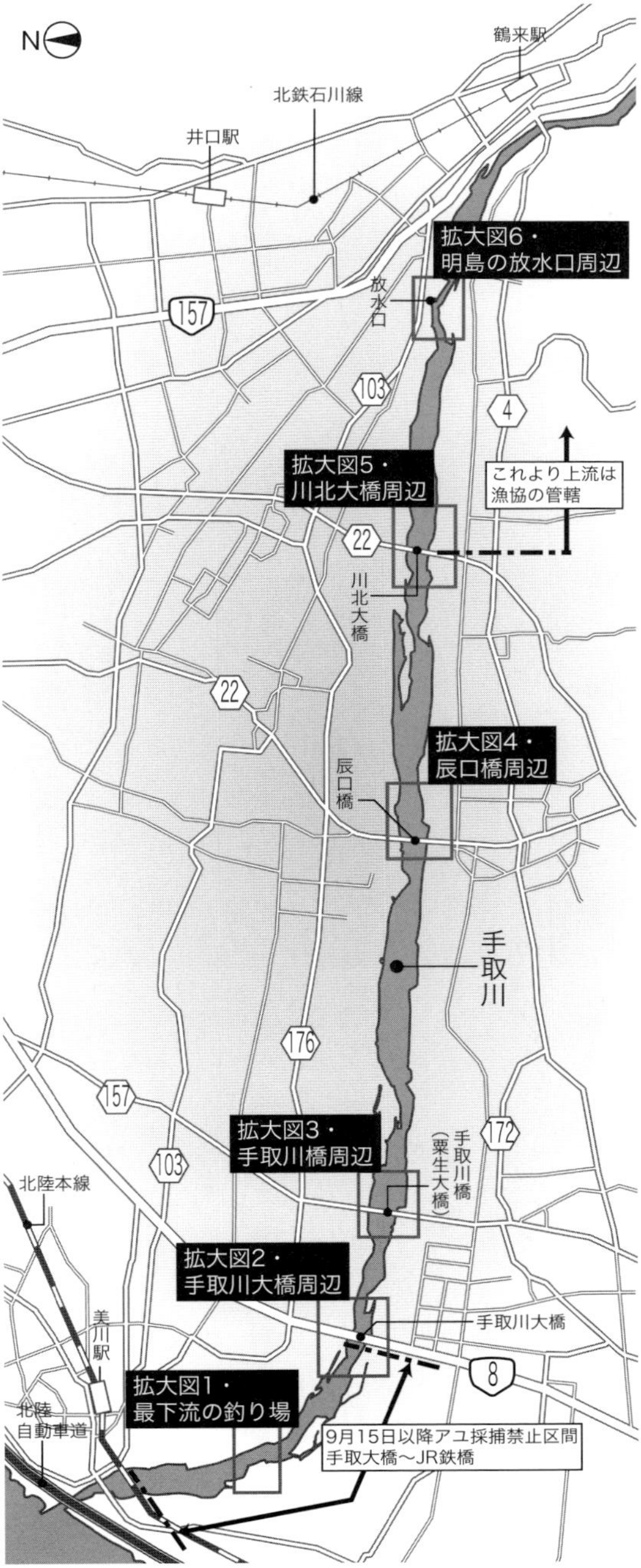

川北大橋下流の流れ。ここまでは漁協管轄外となる

辰口橋下流の川相。川岸に舗装道路が走り車で流れを確認して入川できる

明島の放水口を望む。上流は比較的釣り人が少なく、アユの型も一回り大きくなる

上流より川北大橋を望む。ここから上流が白山手取川漁協の管轄エリアとなる

●反応のよい魚にねらいを絞る

釣り方のコツとしては、基本的にほぼ100%天然ソ上が相手になるので、1つのポイントで時間をかけるよりも反応のよい魚をどんどん足で捜し、移動しながら掛けるほうが釣果は上がるようだ。釣り方は人それぞれで、限定は避けたいが、瀬の引き釣りが一番手っ取り早い。一筋引いて、また筋を変え一筋といった具合にハイペースで差し返すとよい。私の場合、入川したポイントからどんどん釣り下がり、引き舟が満杯になった所で車を移動させてオトリ缶に移しを繰り返して探っている。釣果の上がる日などはオトリ缶が5個も6個も必要となることもある。

その釣れっぷりは、自分は名手なのでは？　と思うほど。普段放流魚を相手にしている釣り人は驚愕されると思う。初めてアユ釣りに挑戦する人から上級者まで楽しめるので、ぜひ足を運び入れ掛かりを堪能されたい（池野）。

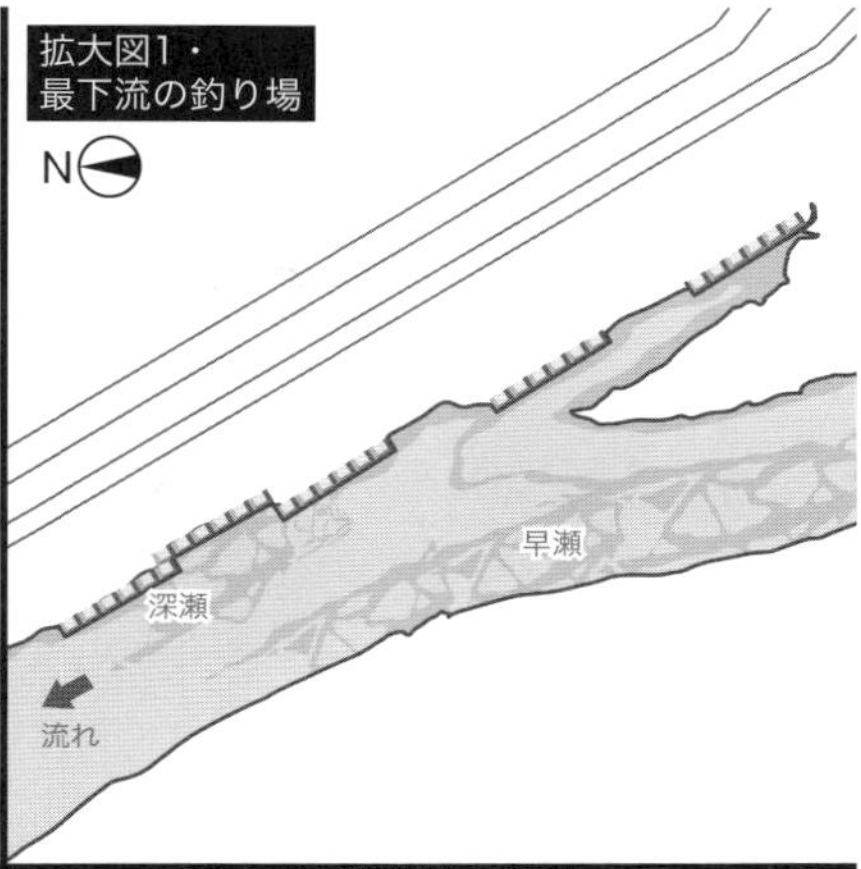
拡大図1・
最下流の釣り場
N
早瀬
深瀬
流れ

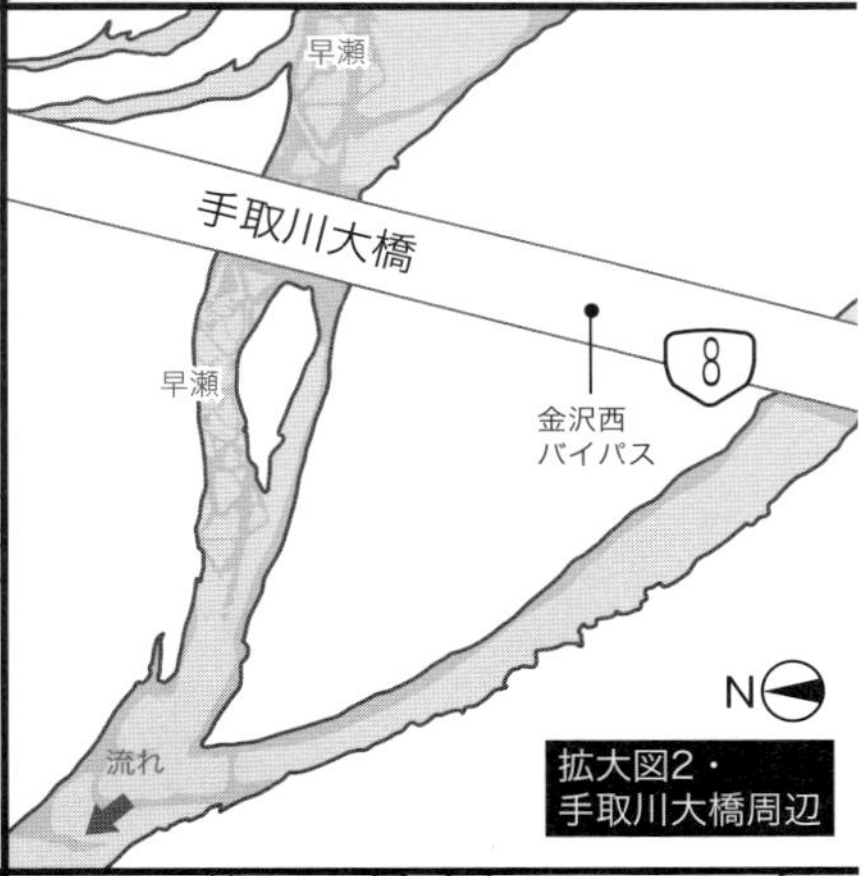
早瀬
手取川大橋
早瀬
8
金沢西
バイパス
N
流れ
拡大図2・
手取川大橋周辺

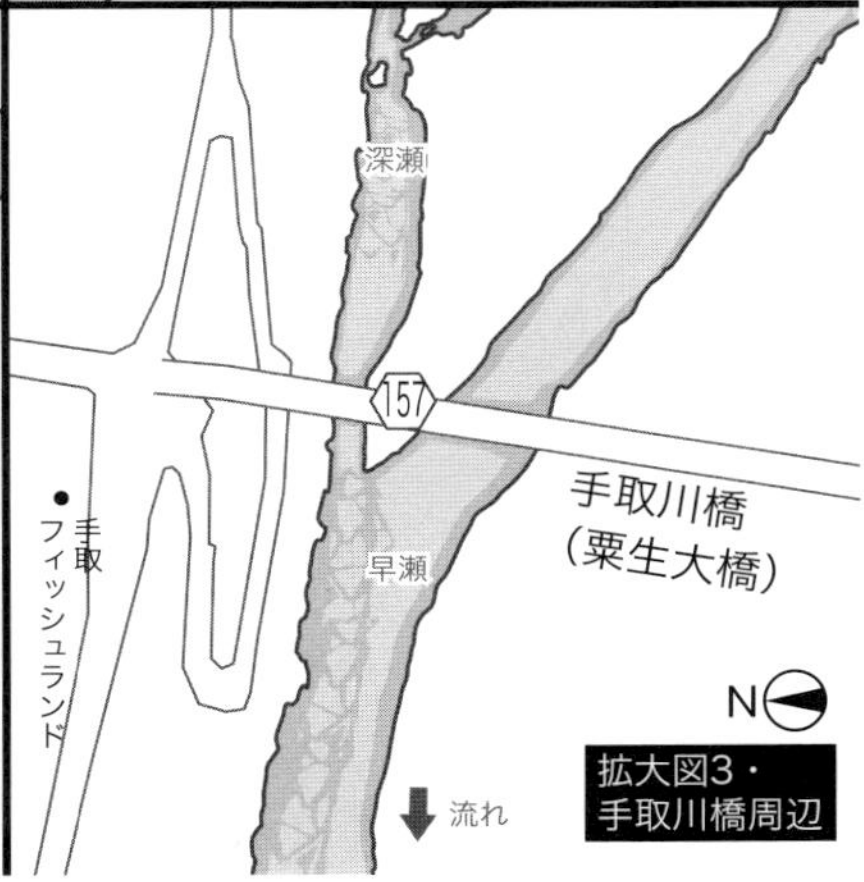
深瀬
157
手取川橋
(粟生大橋)
手取フィッシュランド
早瀬
N
流れ
拡大図3・
手取川橋周辺

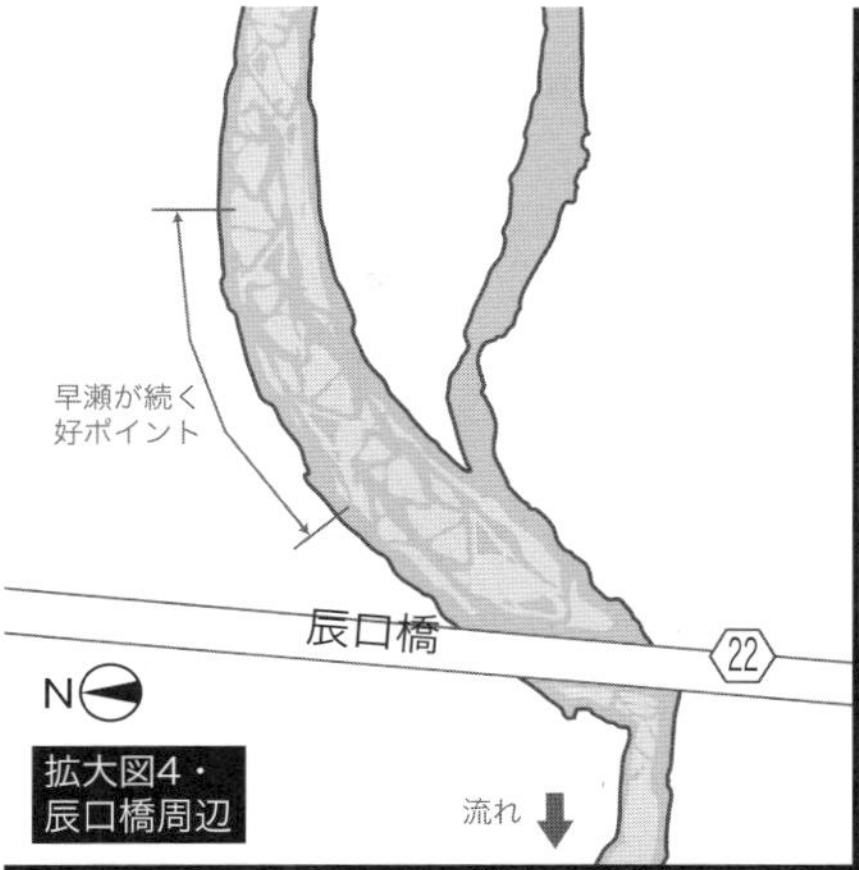
早瀬が続く
好ポイント
辰口橋
22
N
拡大図4・
辰口橋周辺
流れ

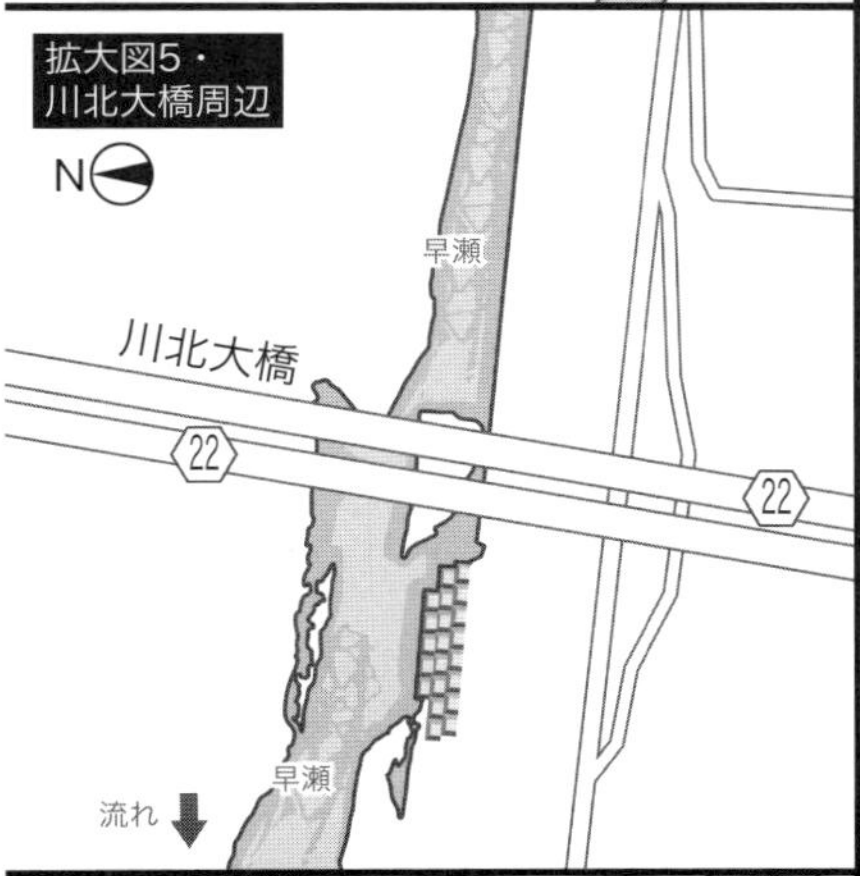
拡大図5・
川北大橋周辺
N
早瀬
川北大橋
22
22
早瀬
流れ

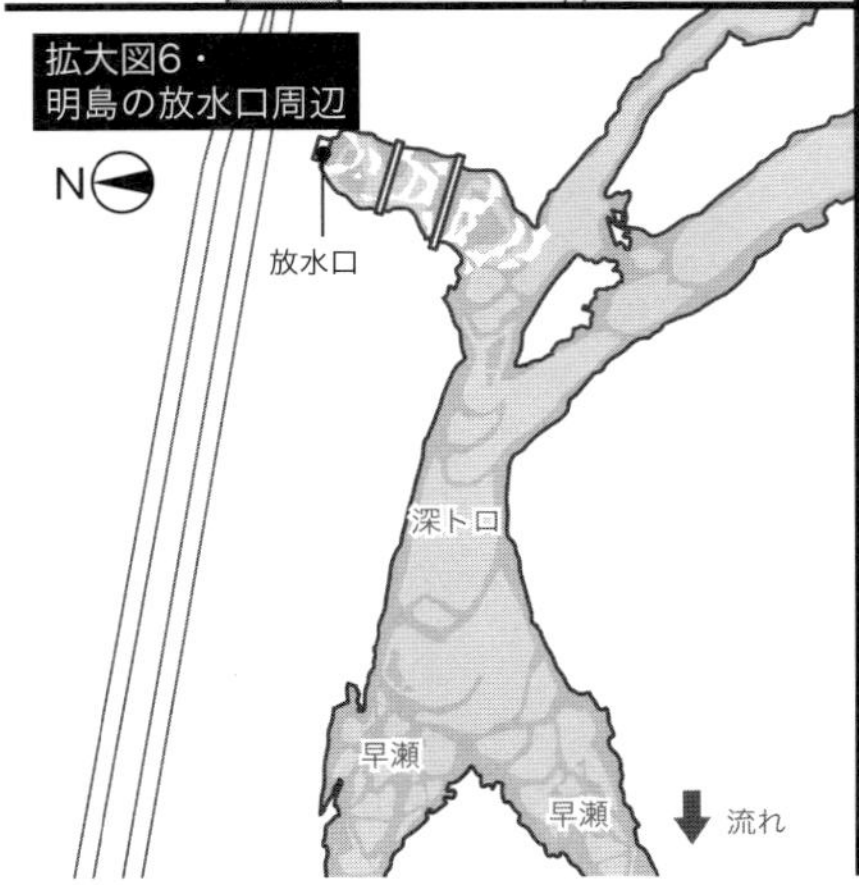
拡大図6・
明島の放水口周辺
N
放水口
深トロ
早瀬
早瀬
流れ

●福井県

九《く》頭《ず》竜《りゅう》川（中流部）

激流で天然ソ上の数釣り、大アユが堪能できる 8月盛期のアユはパワフルな引き！　終盤は尺もの期待

五松橋付近の流れを望む。水深1～2mのトロ瀬がメインで、立ち込んで流心をねらうと型が揃う

九頭竜川の激流に育まれたアユは、体高の張った美しい魚体を見せる

九頭竜川は、岐阜県との県境にある油坂峠に水源を発する全長116㎞の大河である。途中、ダムや堰も多くあるが、上流から奥越、大野市、勝山市、九頭竜川中部の各漁協がそれぞれの流れを管轄している。

その中で一般的に知られている天然ソ上の数釣り、激流釣りの九頭竜川とは、最下流の九頭竜川中部漁協が管轄するエリアのことを差す。

中部漁協最上流で市荒川水力発電所

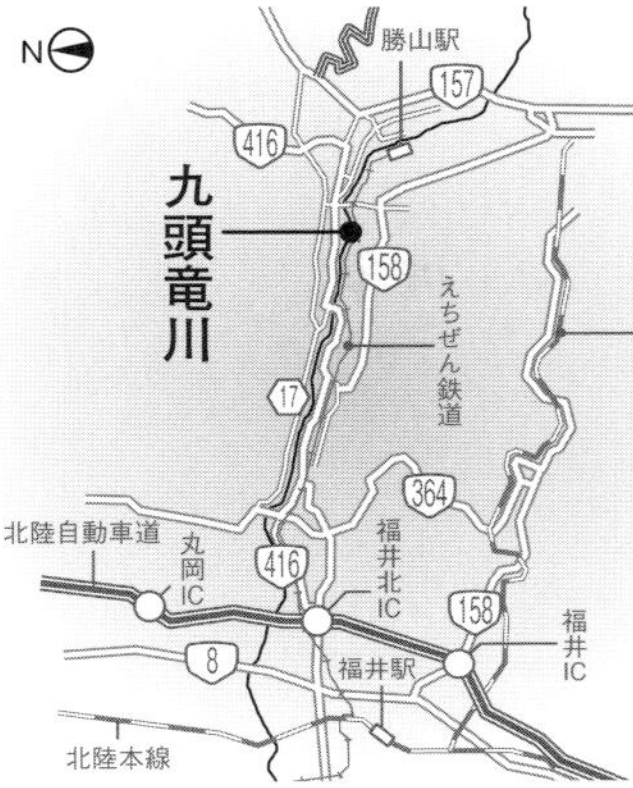

information

●河川名　九頭竜川
●釣り場位置　福井県吉田郡永平寺町
●解禁期間　6月6日～11月14日
●遊漁料　日釣券3000円・年券1万2000円
●管轄漁協　九頭竜川中部漁業協同組合（Tel0776-61-0246）
●最寄の遊漁券取扱所　九頭龍オトリ（Tel0776-61-1559）、金ちゃんオトリ（Tel0776-61-3086）、末永鮎店（Tel0776-61-0626）、尾崎オトリ店（Tel090-1310-0489、竹生オトリ店（Tel0779-89-1055）
●交通　北陸自動車道・福井北ICを降り、国道416号で各釣り場へ

に取られた大量の水が本流に合流して一気に水量が増し、荒々しい流れを形成している。ちょうど中間地点にある鳴鹿《なるか》大堰を境に、上流域は大石で激流も多く型ねらい。下流域は石が小さく流れも穏やかで天然ソ上も多く、数釣りに適している。

下流域は鳴鹿大堰から農業用水を取られる影響で渇水になりがちだが、上流域はシーズンを通して渇水とは無縁で、なおかつ放水口から吐き出される水温も安定しており、盛夏の水温上昇による活性の低下ということも少ない。

近年の放流量は湖産、県産8t前後で一昔前より減少しているが、小さい魚体を放流しているらしく個体数は変わらないようだ。九頭竜川といえば天然ソ上だが、例年安定したソ上があり、数釣りファンを楽しませている。

アユ釣りの解禁は例年6月第1土曜日で、解禁序盤は鳴鹿大堰下流がメインとなり、20cmまでだが数釣りが楽しめる。

上流域が本格化するのは7月に入ってからで、特に8月の盛期になるとパワフルな引きで釣り人を魅了し、終盤には尺ものも期待できる。

永平寺河川公園周辺の友釣り風景。川幅のある流れの中で釣れる筋を見つけたい

●五松橋下流

解禁日に大勢の釣り人で賑わう釣り銀座で、右岸には河川敷に広い駐車スペースがあり入川しやすく、オトリ店も左岸堤防沿いに3軒ある。下流域のため石が比較的小さく、毎年一、二度ある大水で流れが変わりやすく、数年ぶりに訪れる釣り人は面食うかもしれない。

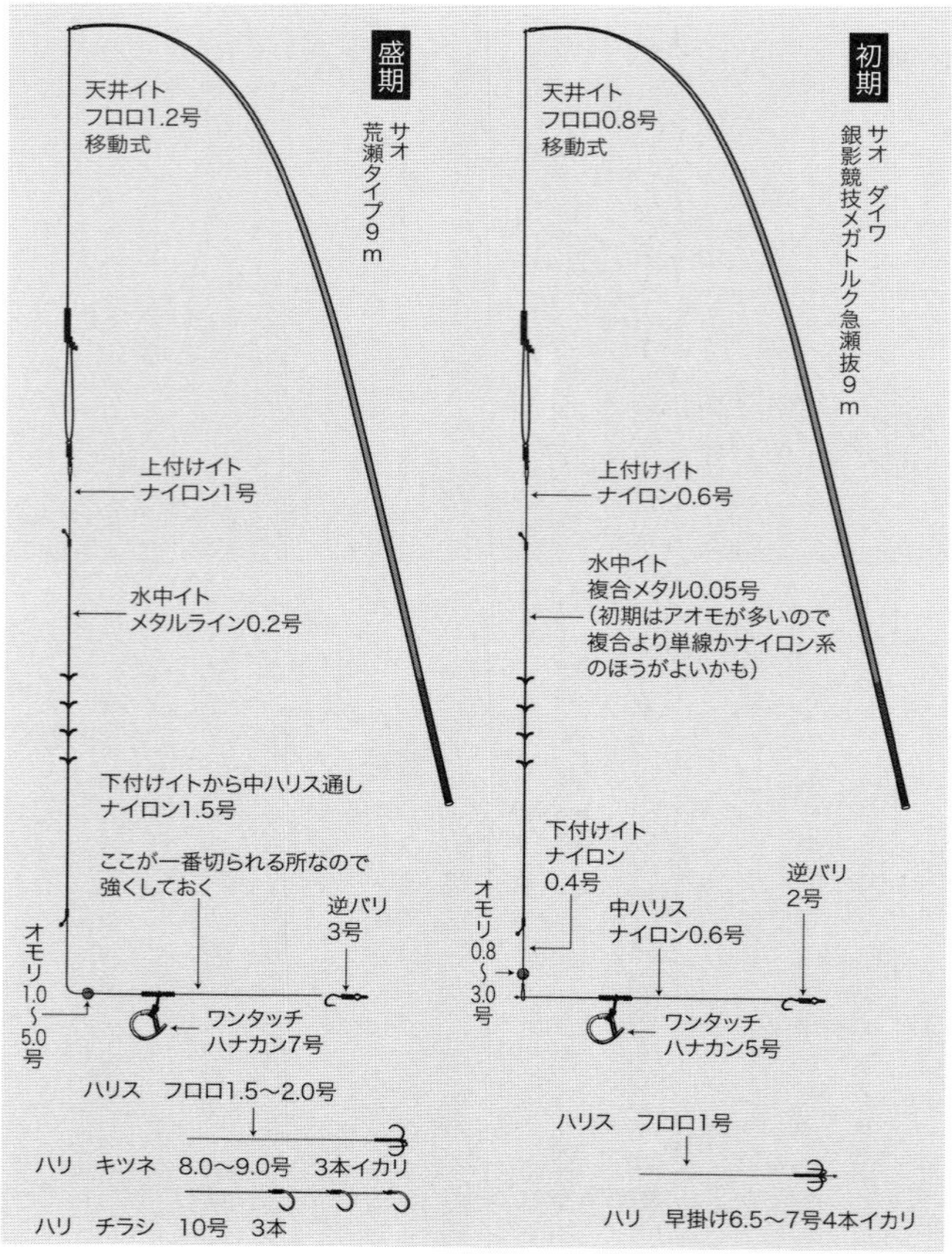

水深1～2mのトロ瀬がメインで、

へチからでも充分釣れるが、やはり前に立ち込んで流心をねらったほうが型が揃う。アユは無数にいるので釣り返しが利き、魚が付きやすい好ポイントは、あまり場所を動かさなくても毎日釣れる。

釣り方はオモリを使っての引き釣りで、押しの強い所でも3号までで充分対応できる。根掛かりも少なく、しても簡単に外れることが多いので、慣れない人でもどんどん流心を探って頂きたい。

とにかくイトを緩めないことと、サオは上に引くことを心掛けたい。

●谷口・永平寺河川公園

上流域で鳴鹿大堰に注ぎ込む最後のエリア。右岸からも入川できるが河川敷で路面が悪く、RV車でないときつい。左岸には永平寺河川公園が整備されており、入川もしやすくオトリ店もある。石は小さめで川幅が広く、一見

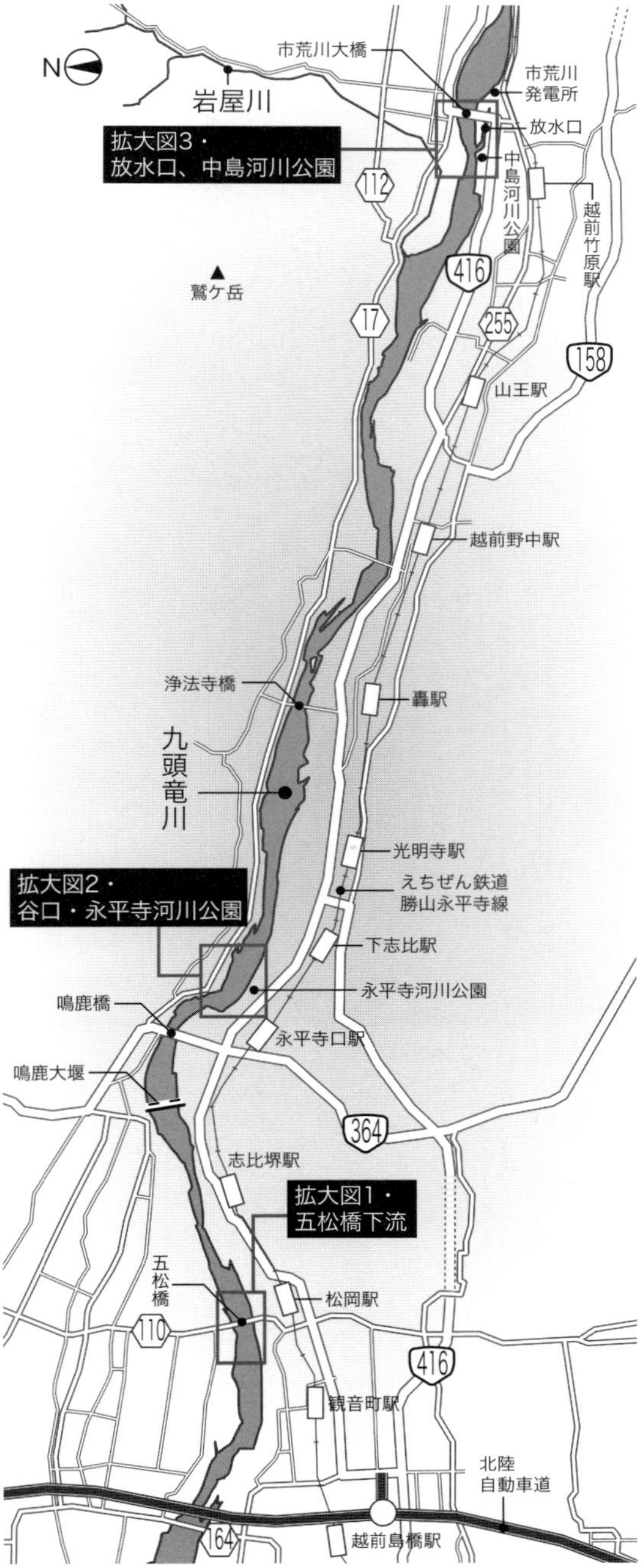

中島河川公園付近の流れ。右奥に見えるのが市荒川大橋。激流のサオ抜けをねらって大アユとの攻防を楽しみたい

同じような流れに見える。だが実際に川の中を歩いてみると分かるが、浅い、深い、押しの強い、緩いと流れの異なる筋が何本もあり、時間や状況によって活性の上がる筋を見つけることができるかが、釣果を上げるカギになる。鳴鹿大堰の大きな貯金箱を抱えているため、釣り返しの利く数釣り場だ。

人工的に作られた中州があり、その際に一部深く掘れた押しの強い筋がある。他の流れはどこでも歩くことが可能で、瀬からチャラまで多彩な釣り方で楽しめるポイントが点在しており、束釣りの実績もある。

●放水口、中島河川公園

中部エリア最上流に位置し、大きな中州もある広大なポイントで激流、深トロ瀬に大ものが付いている。容易に川渡りはできないので右岸、左岸、流したい側から入川するとよい。また、本流は水温が高く、放水口からの水は

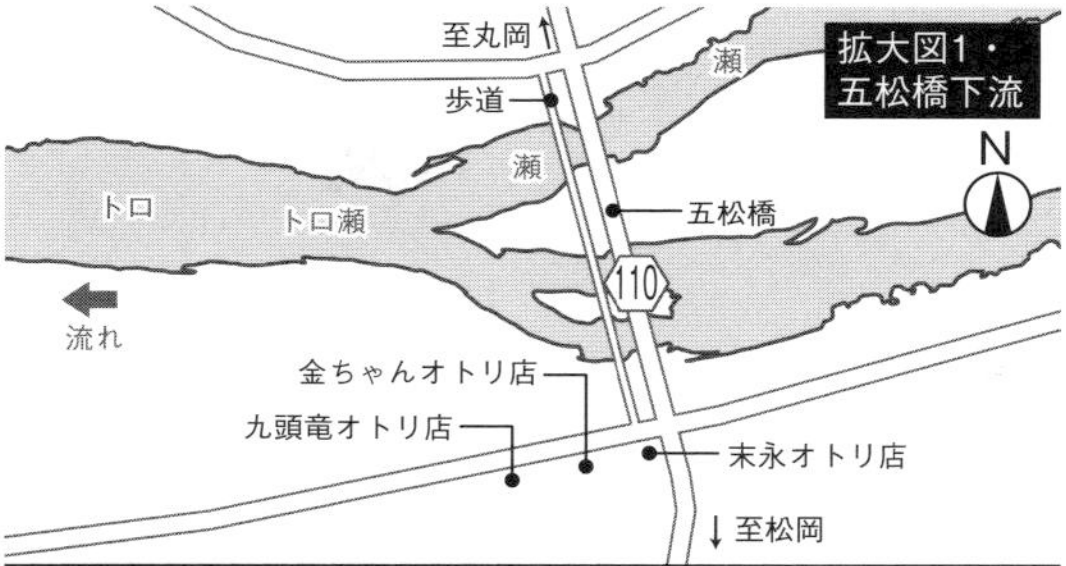

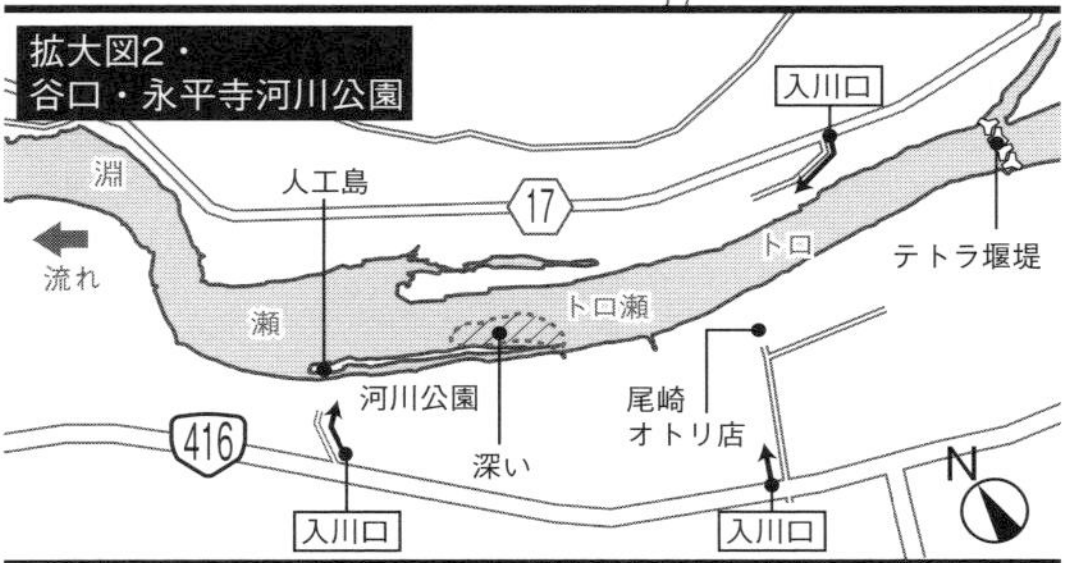

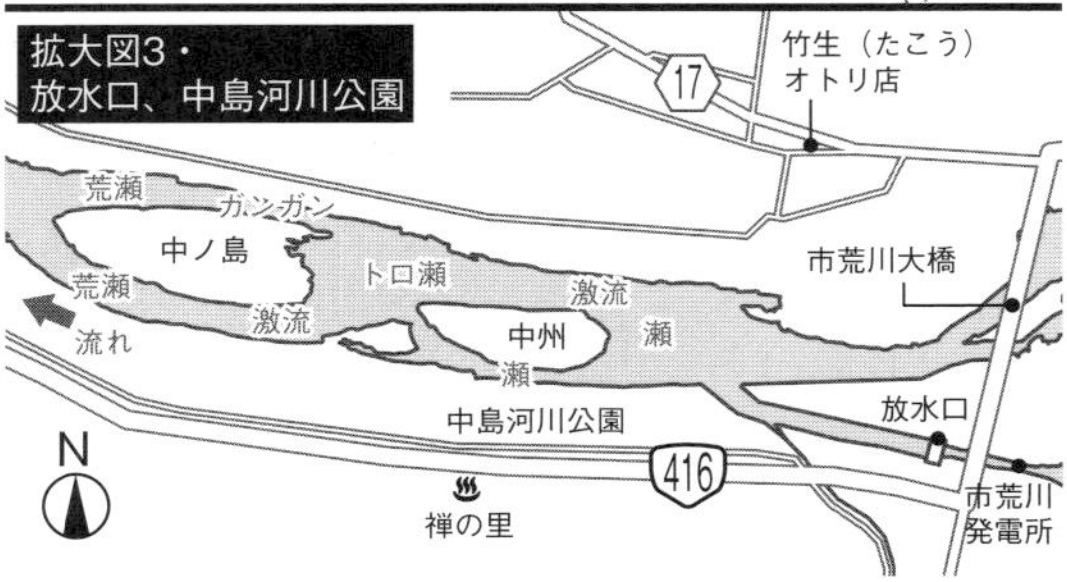

冷たいので、水温が活性に影響するような状況の時は覚えておくとよい。

さらに、中部エリア全体が雨による濁りで釣りが難しい状況でも、本流、放水口どちらかの濁りが薄く釣りになることもあるので、最終判断はここを見てから決めたい。

釣り人が多いので釣りやすいポイントでは釣果はあまり望めないが、激流の中は探りきられていない。ぜひ大アユとの攻防を楽しんでもらいたい。

左岸の中島河川公園の芝生広場には盛期になると釣り人の野営テントが林立し、さながらオートキャンプ場のような賑わいを見せる。きれいなトイレも整備されており、近くには温泉施設もある。ただ、トイレを汚したり、ゴミを持ち帰らない心ない釣り人が少なからずいるのも事実で、あまりにマナーが悪いと使用できなくなってしまう恐れもある。最低限のマナーは守っていただきたい（酒井）。

●福井県

大河川ながら緩やかな流れで初心者も楽しめる区間
九頭竜名物の尺アユも健在。エリア全域がポイント

九《く》頭《ず》竜《りゅう》川（勝山地区）

九頭竜川といえば、アユ釣りの人気河川ランキングでも上位に名を連ねる大河。なかでも九頭竜川中部漁協管轄の激流のイメージが強く、多くの友釣りファンを魅了しているが、ここで紹介する勝山地区はその上流域にあたり、勝山市漁協管轄となる。

このエリアは大河川ながら流れは緩く、岩盤や一抱えもある大石が点在する流れは立ち込んで釣る必要もなく、初心者から高齢の方までアユ釣りが楽しめる。

大アユが手にできることでも知られ、私も過去に31・５cmを記録している。

近年は釣り人の増加により尺アユの釣れる確率は下がっているが、それでも毎年何尾かの尺アユが釣りあげられている。また、漁協では釣り人の増加を願い、河川敷の整備や放流事業にも力を入れている。２０１４年からはメーカーの大会や各種競技会も開催された。

漁区の最下流は中部漁協との境界となる市荒川大橋下流50m付近、上流は下荒井橋下流１００ｍほどの所で、流程は約15kmと短いが、そのぶん放流個所も多くエリア全体がポイントといっても過言ではない。そんな流れから、

森川から上流となる吾田おとり店を望む。大アユが期待できる流れ

information

- ●河川名　九頭竜川
- ●釣り場位置　福井県勝山市
- ●解禁期間　6月13日～11月30日
- ●遊漁料　日釣券3000円・年券1万円
- ●管轄漁協　勝山市漁業協同組合（Tel0779-64-4206）
- ●最寄の遊漁券取扱所　竹乃屋オトリ店（Tel0779-89-1006）、石田オトリ店（Tel0779-89-7766）、吾田おとり店（Tel090-1630-0951）
- ●交通　北陸自動車道・福井北ICを降り、国道416号で各釣り場へ

小舟渡橋より下流を望む。解禁からシーズンを通して楽しめるが、出水後の引き水時がねらいめ

特におすすめの釣り場をピックアップして紹介したい。

●小舟渡橋周辺

橋下流に堰堤があり、その下から段々瀬、深瀬、平瀬と続く。数釣りポイントで、２０１４年の解禁日には堰堤下で18～21㎝の入れ掛かりが堪能できた。

解禁からシーズンを通して楽しめるが、出水後の引き水時が最もよい。私が２０１４年の７月中旬、引き水時に釣行した際は20㎝以上が入れ掛かりになった。午後３時頃の雷雨で断念したが、釣果は１００尾にあと10数尾足りなかった悔しい思い出がある。

橋上流には小舟渡の瀬と呼ばれる大きな瀬があり、県外の釣り人には「お地蔵さんの瀬」などとも呼ばれている。ここも解禁からよく釣れ、数、型ともにねらえる。瀬の上下流には大きなトロ場がありアユの補給源となっている。

瀬上流のトロ場は、8月中旬の渇水期や大きな出水後など、泳がせ釣りでよく釣れる場所だ。

このエリアで注意したいのは、石が大きく滑りやすいこと。アユが掛かってもあまり下がらなくてもよいように、太めのタックルで挑みたい。

●森川

小舟渡橋上流約1km先の右岸側に国道の駐車帯があり、そこから入川できる。この釣り場は8月中旬から大アユが期待できる。私の釣った巨アユもこの場所だ。上流側には、吾田おとり店下流の瀬があり、トロからテトラの埋まった堰、荒瀬と続き大きなトロ場へと注ぎ込んでいる。左岸側がよく、平水時は堰の上を渡ることができる。荒瀬は平水時なら2～3号のオモリで対応できる。

右岸側にもテトラがあり、その際でもよく掛かるが、一気に下に走るので

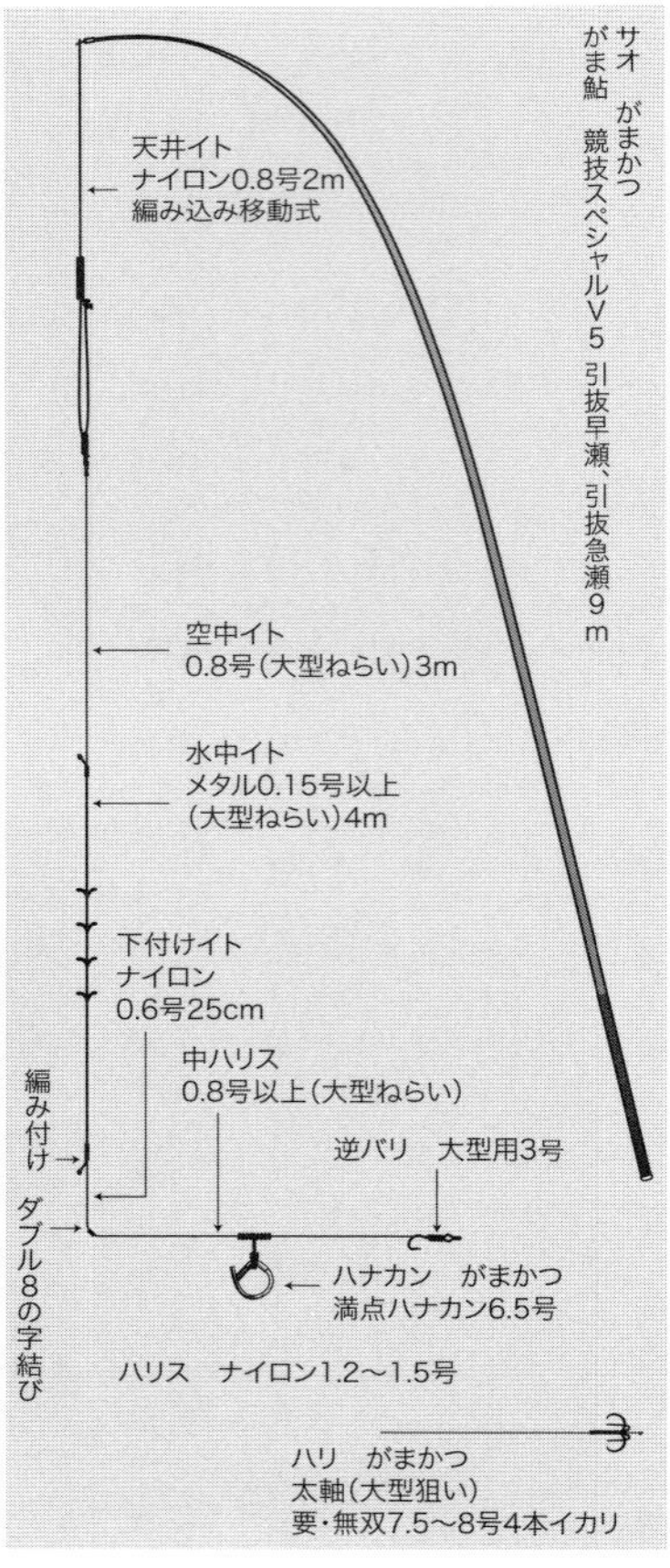
サオ　がまかつ
がま鮎　競技スペシャルV5　引抜早瀬、引抜急瀬9m
天井イト
ナイロン0.8号2m
編み込み移動式
空中イト
0.8号（大型ねらい）3m
水中イト
メタル0.15号以上
（大型ねらい）4m
下付けイト
ナイロン
0.6号25cm
中ハリス
0.8号以上（大型ねらい）
逆バリ　大型用3号
編み付け
ダブル8の字結び
ハナカン　がまかつ
満点ハナカン6.5号
ハリス　ナイロン1.2～1.5号
ハリ　がまかつ
太軸（大型狙い）
要・無双7.5～8号4本イカリ

吾田おとり店裏の川相。トロ瀬で釣りやすく初心者でも数が望める

荒鹿橋より下流を望む。荒瀬、平瀬、トロ瀬と変化に富んだ流れ

のされないように注意。その下のトロ場は砂地だが、大きな石が点在するのでじっくりと泳がせてねらいたい。

●吾《あず》田《た》おとり店裏（通称・岩州オトリ）

小舟渡橋から上流左岸側1・5㎞ほどで吾田おとり店（通称・岩州オトリ店）と駐車スペースが河川敷にあり、初心者でも充分に楽しめる釣り場だ。トロ瀬で釣りやすく数が望める。左岸を下れば森川のポイントまで行くことができ、数釣り、大アユねらいともに堪能できる。

●荒鹿橋上下流

橋下流は荒瀬、平瀬、トロ瀬があり数、型とも期待できる。両岸ともサオをだせるが、右岸の河川敷に3個所の駐車場がある。

解禁日から釣れることもあるが、例年7月中旬からが最盛期となる。右岸

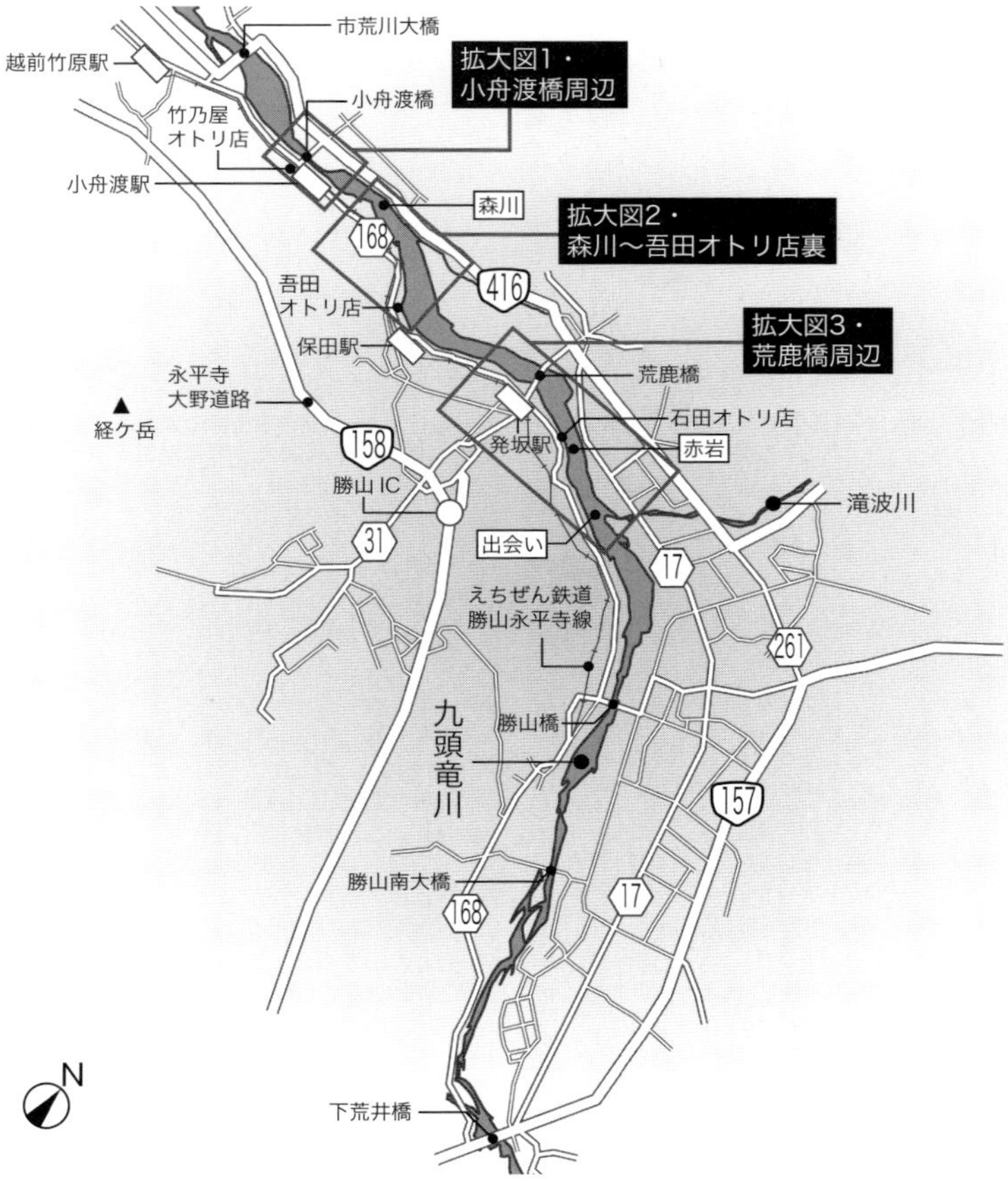

赤岩と呼ばれる岩盤の流れは大アユねらいの１級ポイント

私が森川で釣りあげた31.5cmの巨アユ

勝山橋下流の流れを見る。エリアでは上流部に位置する

に大きな石が並んでおり、出水で白川状態になってもアカが残り、思わぬ大釣りも期待できる。平水時は川を渡ることも可能。

この場所も泳がせ釣りが主体だが、私は高水時にオモリ装着の引き釣りで臨み、泳がせ釣りの人を尻目に大釣りしたことがある。

荒鹿橋上流は左岸側にオトリ店があり、店前より河川敷に降りられる。駐車スペースも広く釣り人の人気も高い。数釣りが望める流れ。また、少し上流には赤岩と呼ばれる岩盤があり、ここは大アユねらいの１級ポイントとして定評がある。岩盤を縫うような流れの筋をねらうとよい。流れの緩い所は泳がせ、速い所ではオモリを付けて、とにかく太めのタックルで臨みたい。８月初旬から大アユが期待できる。

赤岩の少し上流に「出会い」というポイントもあるが、２０１５年３月現在、新しい橋の工事中となっている。

ここは滝波川との合流地点でもあり、支流筋にもアユが放流されて好ポイントになっている。

また、梅雨時の九頭竜川では、釣り場の選択に滝波川が大きくかかわってくる。滝波川が濁ると下流域は全滅となるが、「出会い」上流は濁りがなくサオをだせることもある。前の晩に降雨があった際は上流のオトリ店、下流のオトリ店、漁協等に確認してみたい。

最後に、全般にいえることだが、アカ腐れの時は石が非常に滑りやすくなるので、大きな石に足を掛けないように充分注意されたい（中川）。

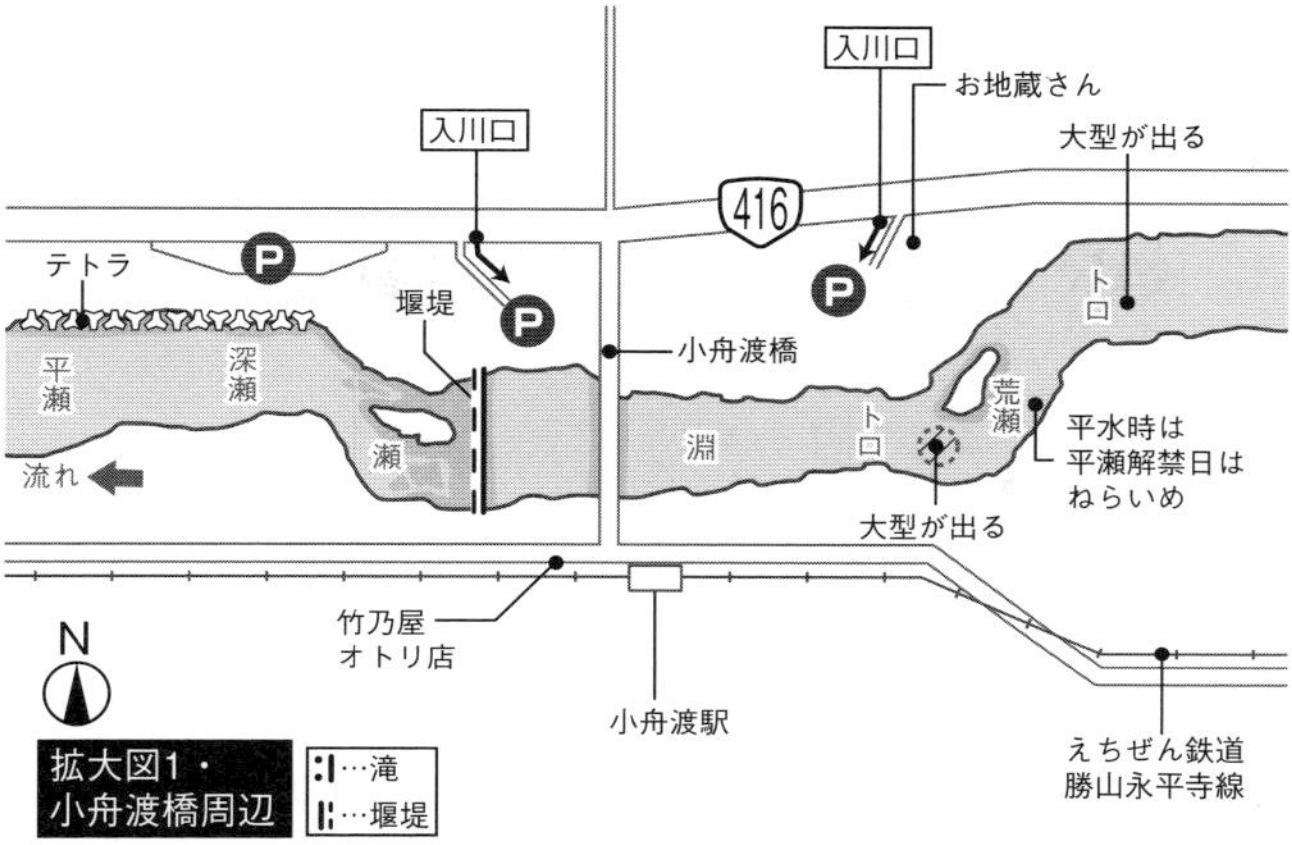

拡大図1・
小舟渡橋周辺

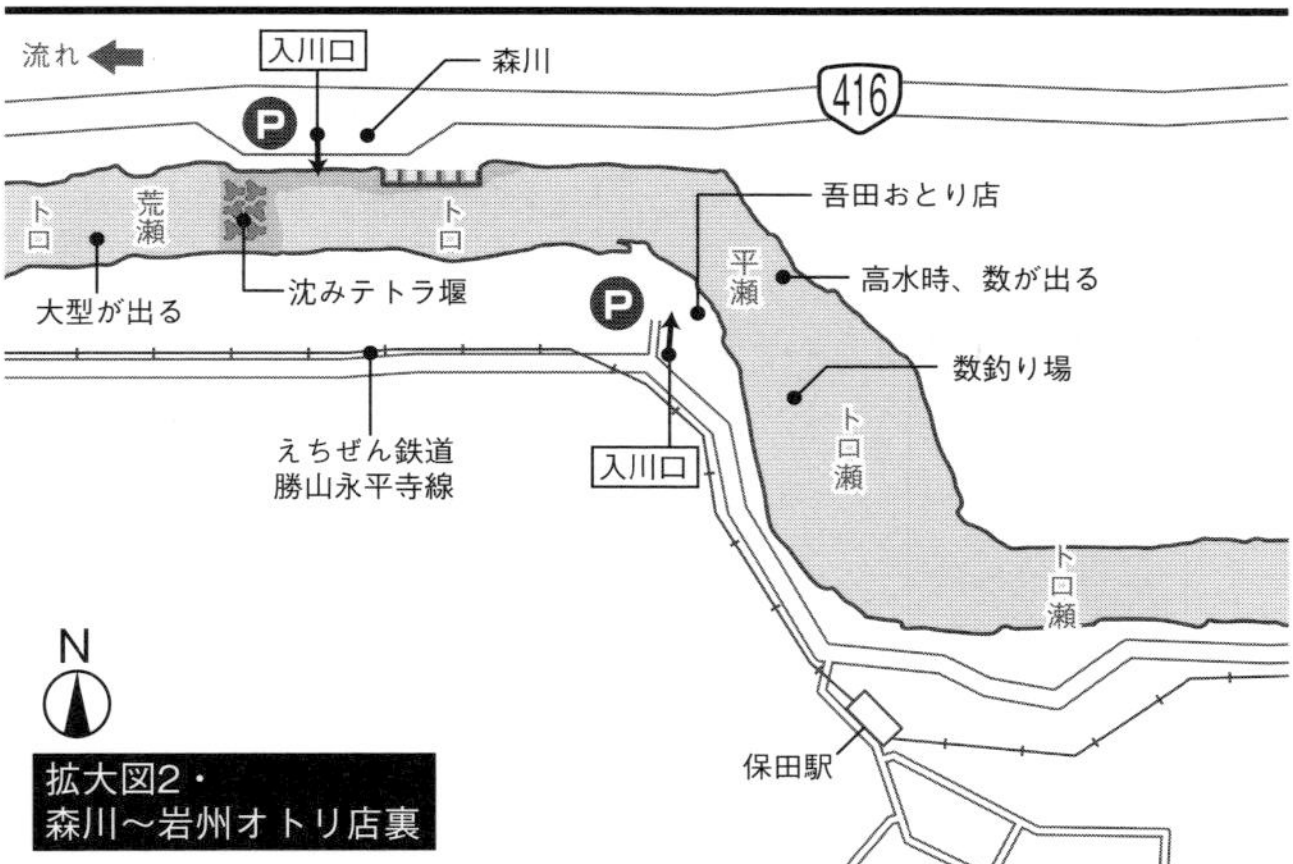

拡大図2・
森川～岩州オトリ店裏

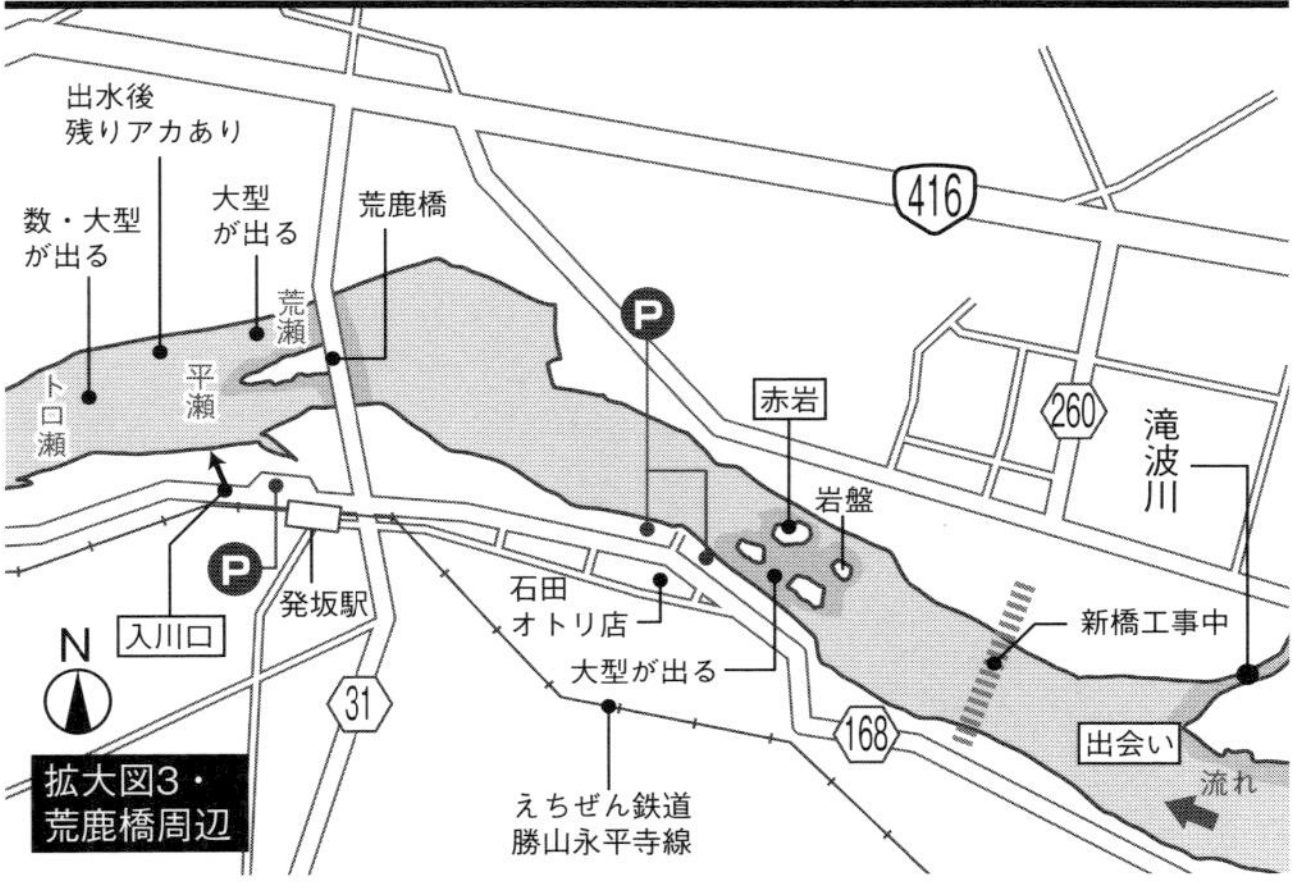

拡大図3・
荒鹿橋周辺

●福井県

足羽《あすわ》川

「福井に九頭竜、足羽川あり」と称される人気河川
ダムがなくかなりの出水でも翌日午後にはサオだし可能

味見川出合の川相。合流地点上下の瀬は岩盤、大石なども適当にあり人気のスポット

足羽川は、岐阜と福井県境の冠山を源流とし、福井市中心部で九頭竜水系日野川と合流する流路約57kmの河川。アユ釣りに適した区間は、下流は福井市の天神地区辺りから、上流は池田地区稲荷辺りとなる。平成16年7月の福井豪雨の大被害により、主に治水のため河川大改修が行なわれ、変化に富んだ川相は大きく様変わりした。平坦な川相になったものの、「福井に九頭竜、足羽川あり」といわれるほど依然として釣り人の人気度は高い。

解禁は例年6月初旬の土曜日となる。釣れるアユは湖産の仕立アユが主で、湖産天然、海産系人工、天然ソ上とさまざま。解禁当初は湖産仕立アユ、天然アユから釣れ初め、9月終盤には海産系の大きく育った個体が手にできる。15〜18cmから釣れ始め、シーズン中雨量の多い年は下流域（旧美山地区、福井地区）などで26〜28cmの大アユにも会える。過去には31cmも記録されて

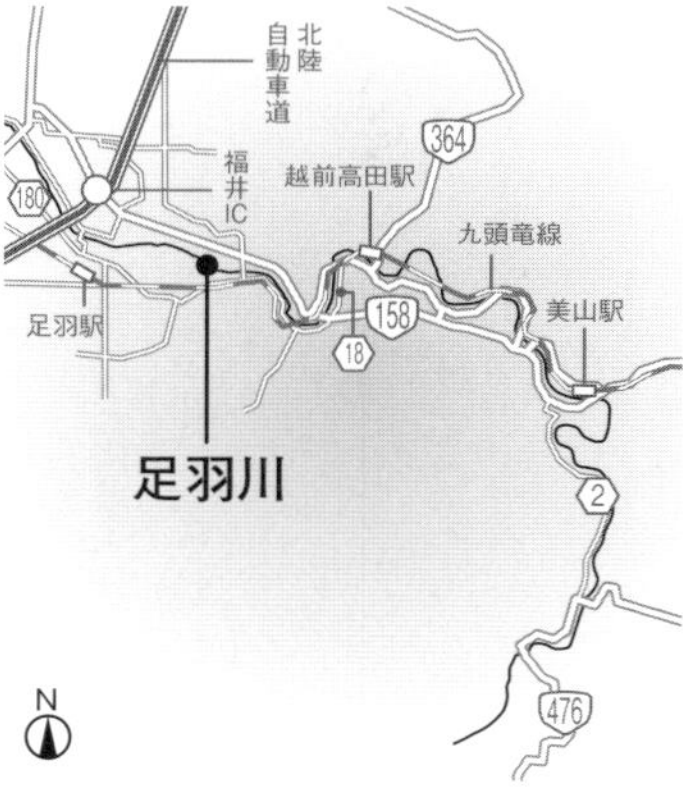

information

●河川名　九頭竜川水系日野川支流足羽川
●釣り場位置　福井県福井市
●解禁期間　6月13日～11月30日
●遊漁料　日釣券3000円・年券1万2000円
●管轄漁協　足羽川漁業協同組合（Tel0776-96-4930）
●最寄の遊漁券取扱所　喫茶　香（Tel0778-44-6952・野尻橋）、梅田オトリ店（Tel0778-44-7625・野尻橋）、田中オトリ店（Tel0776-90-3343・味見川出合）、作助オトリ店（Tel090-4329-4955・味見川出合）、アウトドア小憎（Tel090-1396-6011・大久保橋）、ちどり荘（Tel090-2370-8470・大久保橋）、鮎のやました（Tel090-8960-2560・天神橋）、佐々木オトリ店（Tel090-2031-0308・天神橋）
●交通　北陸自動車道・福井ICを降り国道158号、県道2号で各釣り場へ

いる。しかし雨量の少ない年は渇水となり大型は望めないうえ、高水温によりアユの活性は落ち、厳しい釣りを強いられる。また、ダムのない河川のため自然環境による影響は大きく、濁りや増水はすぐに反映される。反面、出水後の水引きは早く、一概にはいえないが1mほどの増水、濁水でも翌日の午後にはサオだしが可能となる。

　ここでは足羽川の流れのなかでも安全で釣りやすく、それなりに釣果の望めるポイントを紹介したい。

●天神橋下流

　橋下は深みから平瀬となる流れで、何本かある筋を探る。下流の一本瀬は両岸からねらえるが、瀬肩を切って左岸からサオをだし釣り下るのがよい。

　下流の大トロでは初期から天然ソ上が掛かってくる。また、大水後の差し返しアユをねらうと、時として大釣りも楽しめる。しかし渇水時は釣りにならないので注意。

入川口は天神橋右岸から河川敷に入り、空いたスペースに車を停められる。トイレは天神橋上流左岸にある水の駅の公衆トイレが利用できる。

●大久保橋周辺

解禁当初から人気が非常に高いポイントで、シーズンを通して釣り人の姿が絶えない。橋上流左岸100ｍほどに発電所の放水口があり、これより下流域は水位が若干高くなり、大きな石が点在する流れ全体で釣果が期待できる。高水温時は左岸を重点的にねらうのもよい。橋下の瀬は両側からねらえるが、筋が左岸寄りになるため右岸からのサオだしとなる。

瀬から平瀬、また瀬となり流れが右にカーブして大きな奈良瀬の淵へと続く。淵はアユの補給源となっていて、上流の瀬は午後からの差し返しのアユねらいが面白い。

天神橋下流の流れ。橋下は深みから平瀬となる流れで、何本かある筋をねらう

大久保橋下流の奈良瀬で掛けた 26.5cm

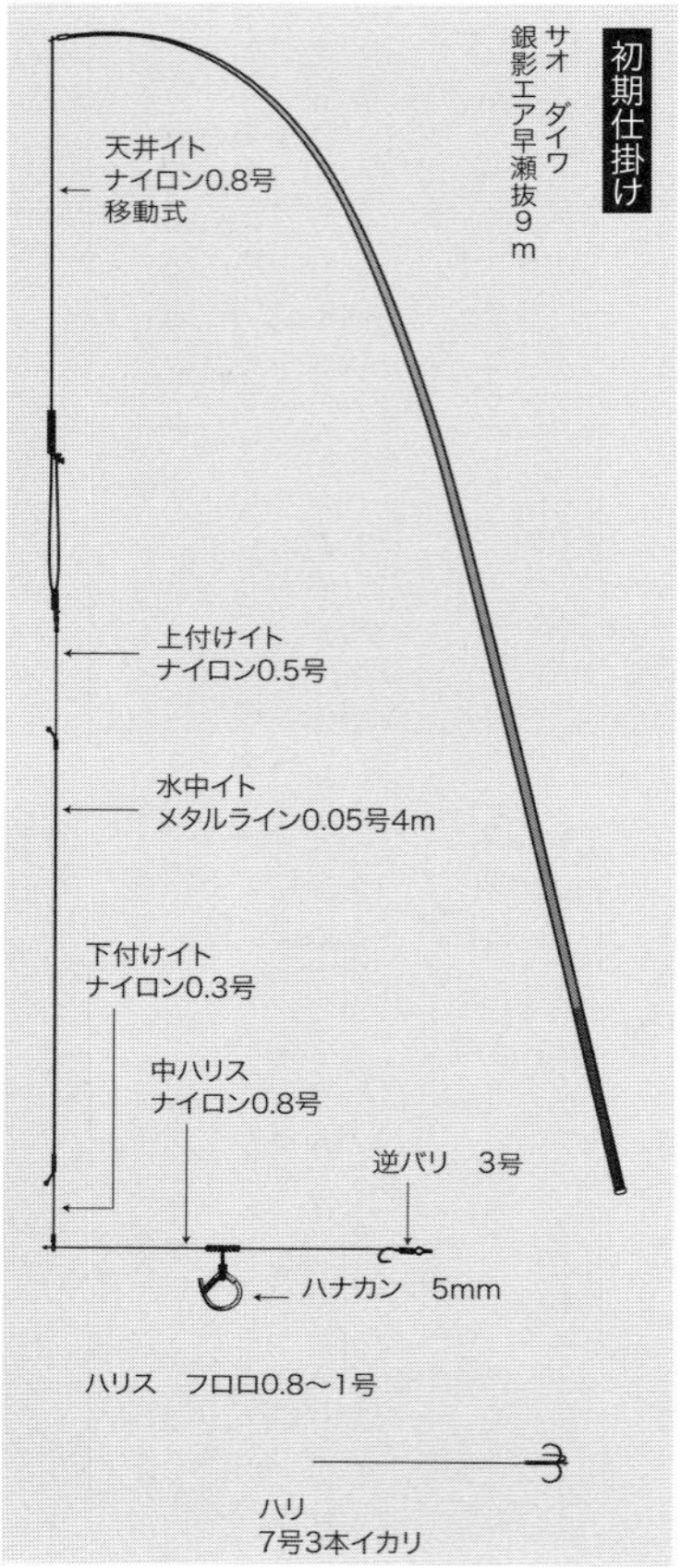
初期仕掛け
サオ　ダイワ
銀影エア早瀬抜９ｍ
天井イト
ナイロン0.8号
移動式
上付けイト
ナイロン0.5号
水中イト
メタルライン0.05号4m
下付けイト
ナイロン0.3号
中ハリス
ナイロン0.8号
逆バリ　3号
ハナカン　5mm
ハリス　フロロ0.8〜1号
ハリ
7号3本イカリ

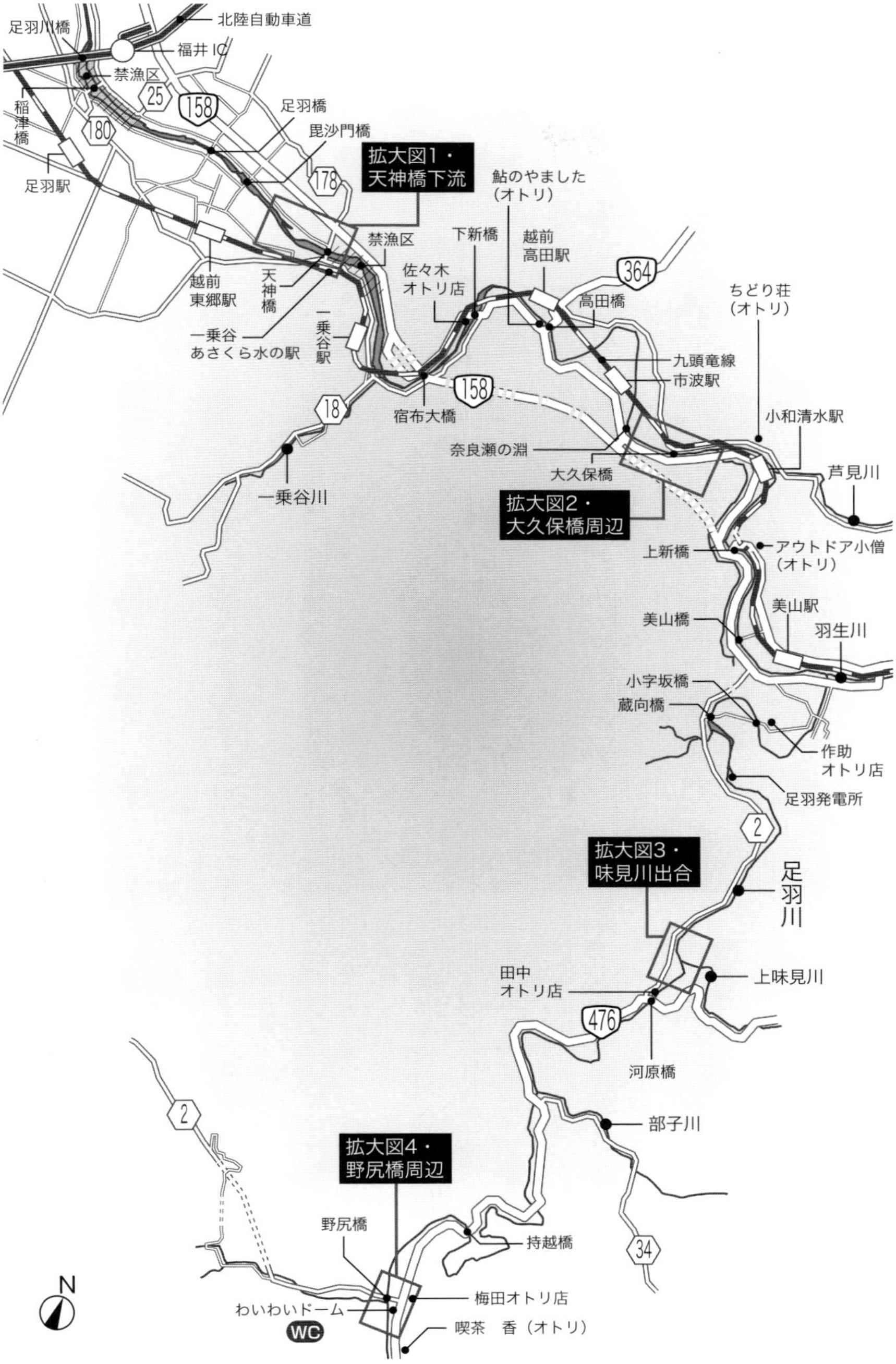
北陸自動車道
足羽川橋
福井 IC
禁漁区
稲津橋
25
158
180
足羽橋
毘沙門橋
足羽駅
拡大図1・
天神橋下流
178
鮎のやました
（オトリ）
禁漁区
下新橋
越前
高田駅
天神橋
越前
東郷駅
佐々木
オトリ店
364
一乗谷駅
ちどり荘
（オトリ）
高田橋
一乗谷
あさくら水の駅
九頭竜線
市波駅
158
18
宿布大橋
小和清水駅
奈良瀬の淵
芦見川
大久保橋
一乗谷川
拡大図2・
大久保橋周辺
上新橋
アウトドア小僧
（オトリ）
美山駅
美山橋
羽生川
小字坂橋
蔵向橋
作助
オトリ店
足羽発電所
2
拡大図3・
味見川出合
足羽川
田中
オトリ店
上味見川
476
河原橋
部子川
2
拡大図4・
野尻橋周辺
野尻橋
持越橋
34
梅田オトリ店
わいわいドーム
WC
喫茶　香（オトリ）
N

大久保橋下流の流れを望む。解禁当初から人気のあるポイントで、シーズンを通して釣り人の姿が絶えない

野尻橋下流の流れ。橋下流の瀬は右岸からサオをだし釣り下がるのがセオリーだ

●上味見川出合

上味見川の合流地点上下の瀬がポイント。出合の上流はすぐ淵で、近年砂などが溜まり小さくなったがアユは入っている。淵の上流は１００ｍほどの一本瀬で、右岸は水際までアシが生えており左岸側からのサオだしとなる。出水後は右岸の際をねらうのも手だ。

出合下流は勾配があり早瀬となっている。中流域に入るこの辺りは発電所、農業用水などの利水のため水量は少なくなるが、岩盤、大石なども適当にあり人気のスポット。付近に駐車場はなく、川沿いにある下味見排水処理施設の空き地を利用するか、農道の空いたスペースに停める。

●野尻橋周辺

橋の上流は瀬から岩盤の深み、平瀬と続き、橋下流の瀬へと流れ込んでいる。上流の瀬は右岸からのサオだしで筋を流す。岩盤は水深がありオモリなどを使用して探るとよい。平瀬は泳がせ釣りが主体。橋下流の瀬は右岸からサオをだし釣り下がるのがセオリーだ。

シーズンを通して水量は安定し、下流域の旧美山地区などより水温は3℃ほど低いため、夏の盛期などに重宝する釣り場だ。橋上流には友釣り専用区も設けられ、大型はあまり望めないものの終盤まで楽しめる。

駐車スペースもあり、橋下流には階段も設けられ入川はしやすい。オトリ店は近くに梅田オトリと「喫茶　香」がある。トイレは野尻橋詰めの「わいわいドーム」の公衆トイレが利用できる（村上）。

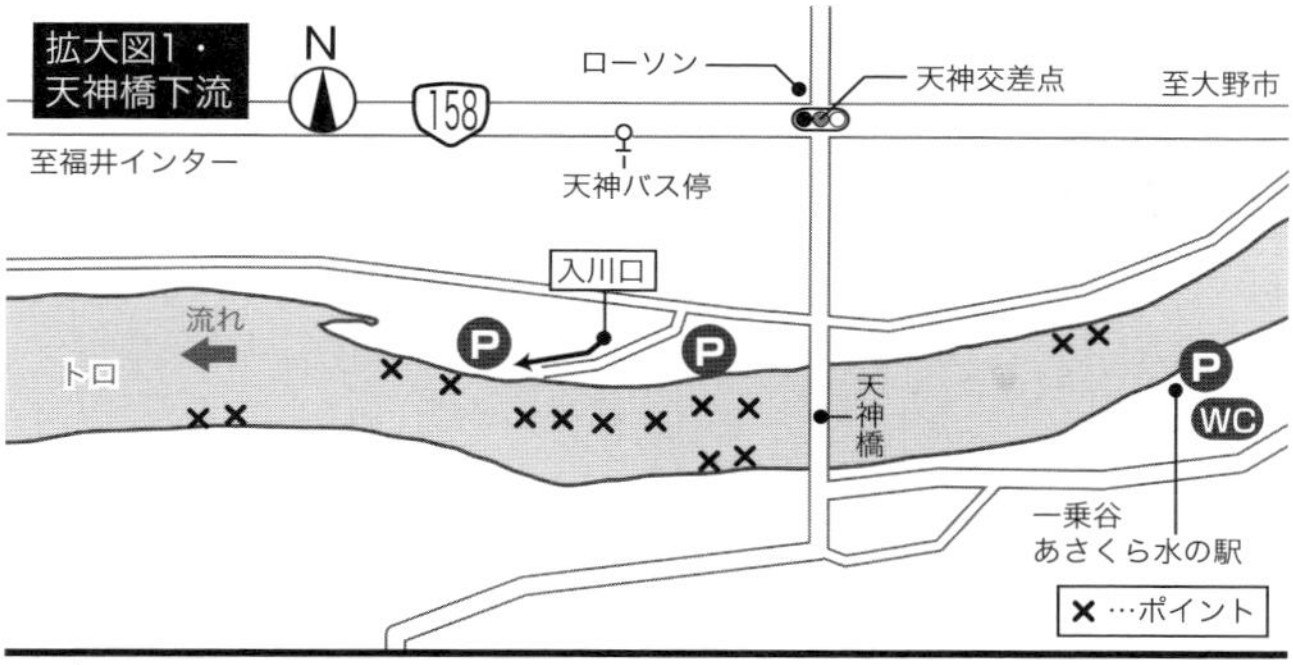

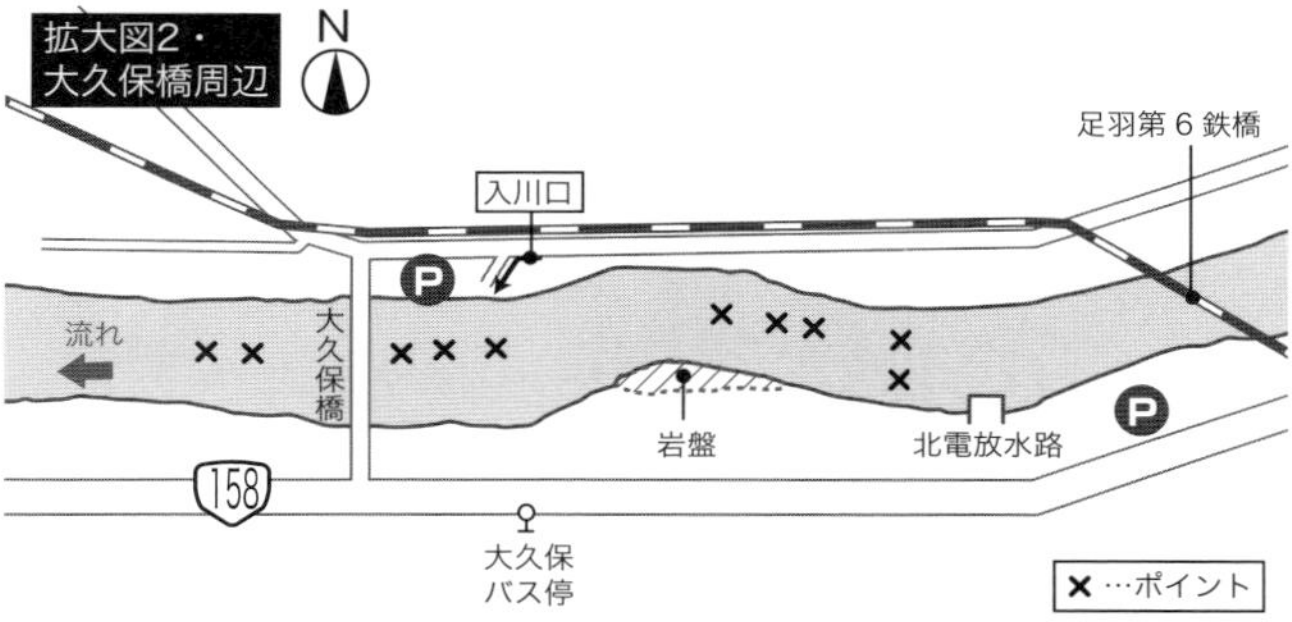

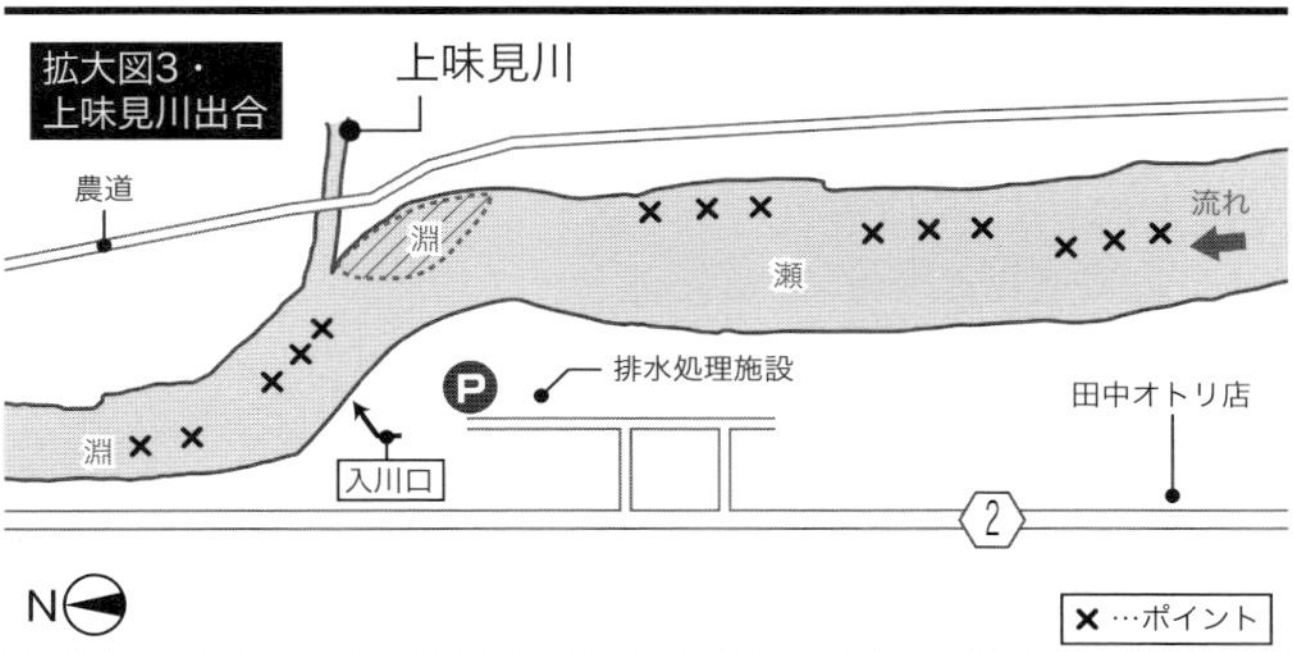

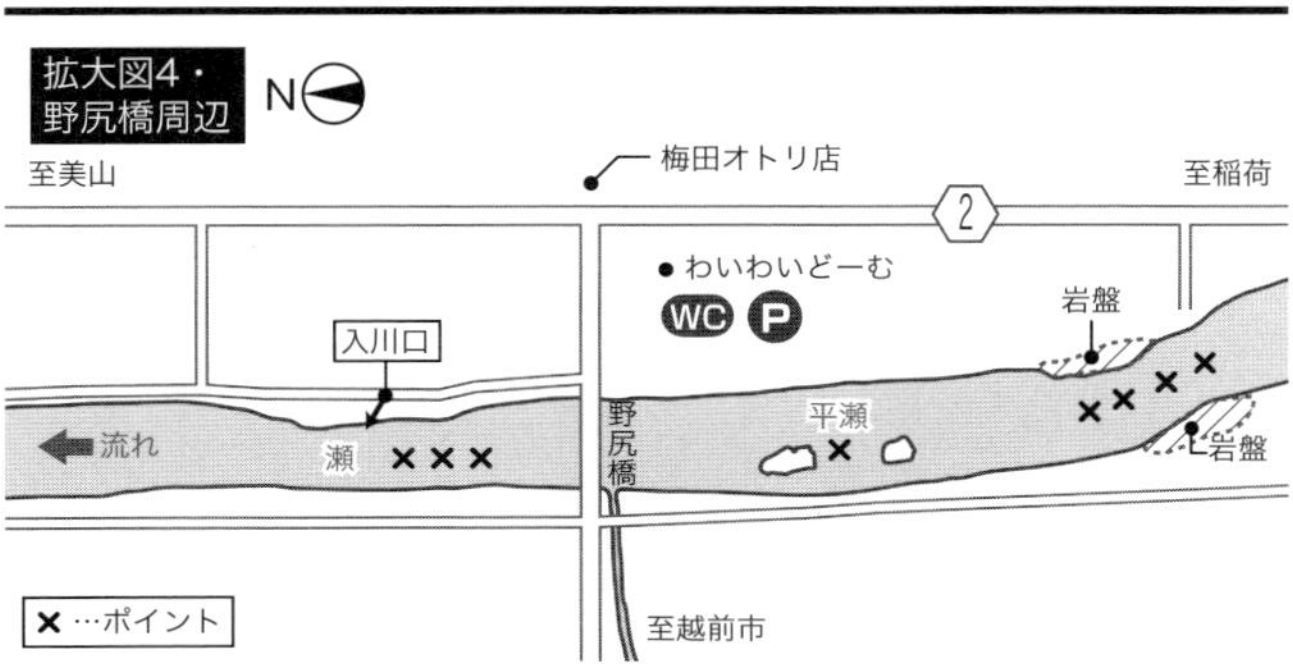

●福井県

真《ま》名《な》川

激流・九頭竜のイメージとは対照的な穏やかな流れの支流「九頭竜川は石を、真名川は流れの筋を見て釣れ」

エリアの最下流に架かる真名川大橋より上流を望む。優しい流れは初心者や女性でも安心してサオをだせる

福井県東部に北陸の小京都と呼ばれ、また古くから城下町として栄えた大野市がある。四方を山に囲まれ、歴史と情緒あふれるその大野市の町外れを南北に流れるのが真名川だ。荒瀬の激流釣りで全国に名高い九頭竜川の支流の1つである。

荒々しい流れの九頭竜川とは対照的に、真名川は優しい流れが続く。上流から下流まで全体的に水深が浅く、オモリを必要とするような荒瀬や、胸まで浸かるような深いトロ場はほとんどない。したがって初心者や女性でも安心してサオをだせる。

友釣りエリアは佐開橋上流の堰堤を最上流とし、最下流は九頭竜川との合流地点までだが、真名川大橋付近から下流は放流量も少なくほぼ期待できない。河川敷は舗装されていないが車の通れる道が整備してあり、上流から下流まで、ほとんどの釣り場が車を横付けして入川できる。

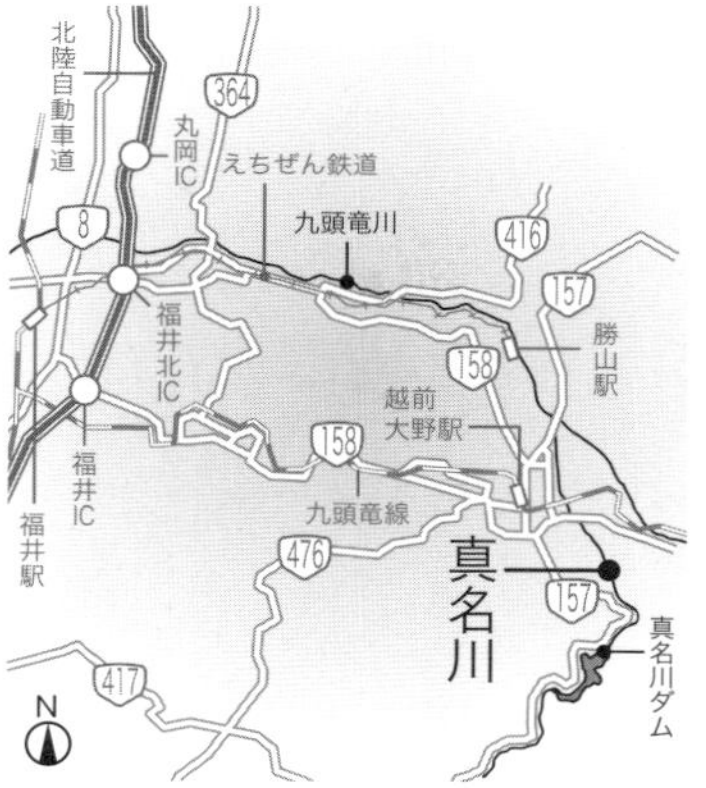

information

●河川名　九頭竜川水系真名川
●釣り場位置　福井県大野市
●解禁期間　6月20日～
●遊漁料　日釣券3000円・年券1万円
●管轄漁協　大野市漁業協同組合(Tel090-1396-5420)
●最寄の遊漁券取扱所　阪井販売所（Tel0779-66-4262）、野尻販売所（Tel0779-65-5510）、中島販売所（Tel0779-66-4175）、川端販売所(Tel0779-65-7383)、喫茶あまのじゃく（Tel0779-65-6606・遊漁券のみ）
●交通　北陸自動車道・福井北ICを降り、国道416、158号で各釣り場へ

アユはすべて放流であるが、流域上流には民家や工場がほとんどなく、澄んだ水で育ったアユは味がよく昔から珍重されてきた。そのせいか真名川にこだわりを持つ釣り人も多く、同じ大野市漁協管内で近くに九頭竜川があるにもかかわらず、シーズンを通して「真名川以外の川ではサオをださない」という釣り人も多い。

●真名川で釣果を得るコツ

大石が少なく水面から頭を出している個所がほとんどないため、すべて同じ流れに見えてくる。そのためポイントを見極めるのに苦労する。

「九頭竜川は石を見て釣れ、真名川は流れの筋を見て釣れ」とよくいわれるが、簡単そうで難しい流れの筋や波立ちを見極めることができれば釣果アップは間違いない。

友釣りエリア最上流部にある発電所から冷たい水が流れ込むため、水温が

富田大橋より下流を望む。流れの筋や波立ちを見極めることができれば釣果アップは間違いない

富田大橋より上流を望む。奥に見えるＪＲ鉄橋付近の瀬がねらいめ

横断ブロック下流の瀬を望む。良型の掛かるポイントだ

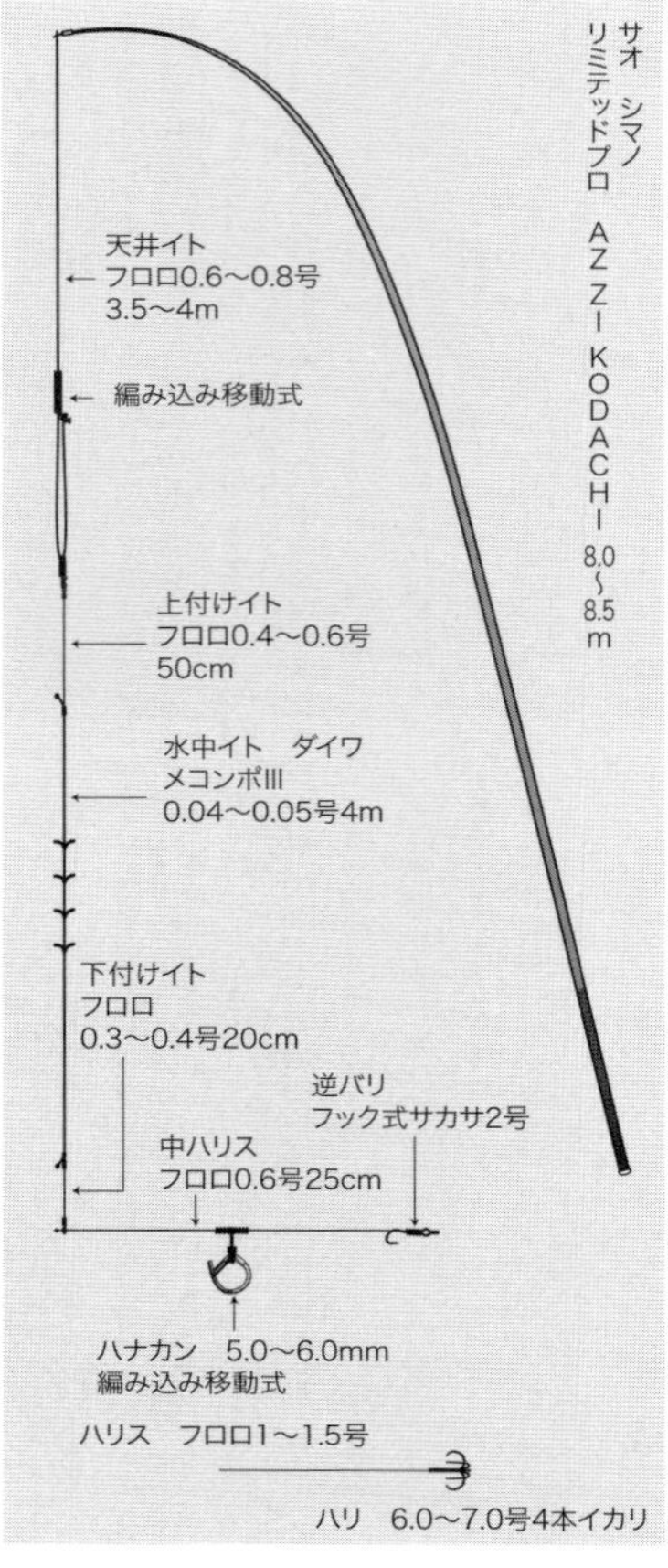

サオ　シマノ
リミテッドプロ　AZZI KODACHI 8.0〜8.5m
天井イト
フロロ0.6〜0.8号
3.5〜4m
編み込み移動式
上付けイト
フロロ0.4〜0.6号
50cm
水中イト　ダイワ
メコンポIII
0.04〜0.05号4m
下付けイト
フロロ
0.3〜0.4号20cm
逆バリ
フック式サカサ2号
中ハリス
フロロ0.6号25cm
ハナカン　5.0〜6.0mm
編み込み移動式
ハリス　フロロ1〜1.5号
ハリ　6.0〜7.0号4本イカリ

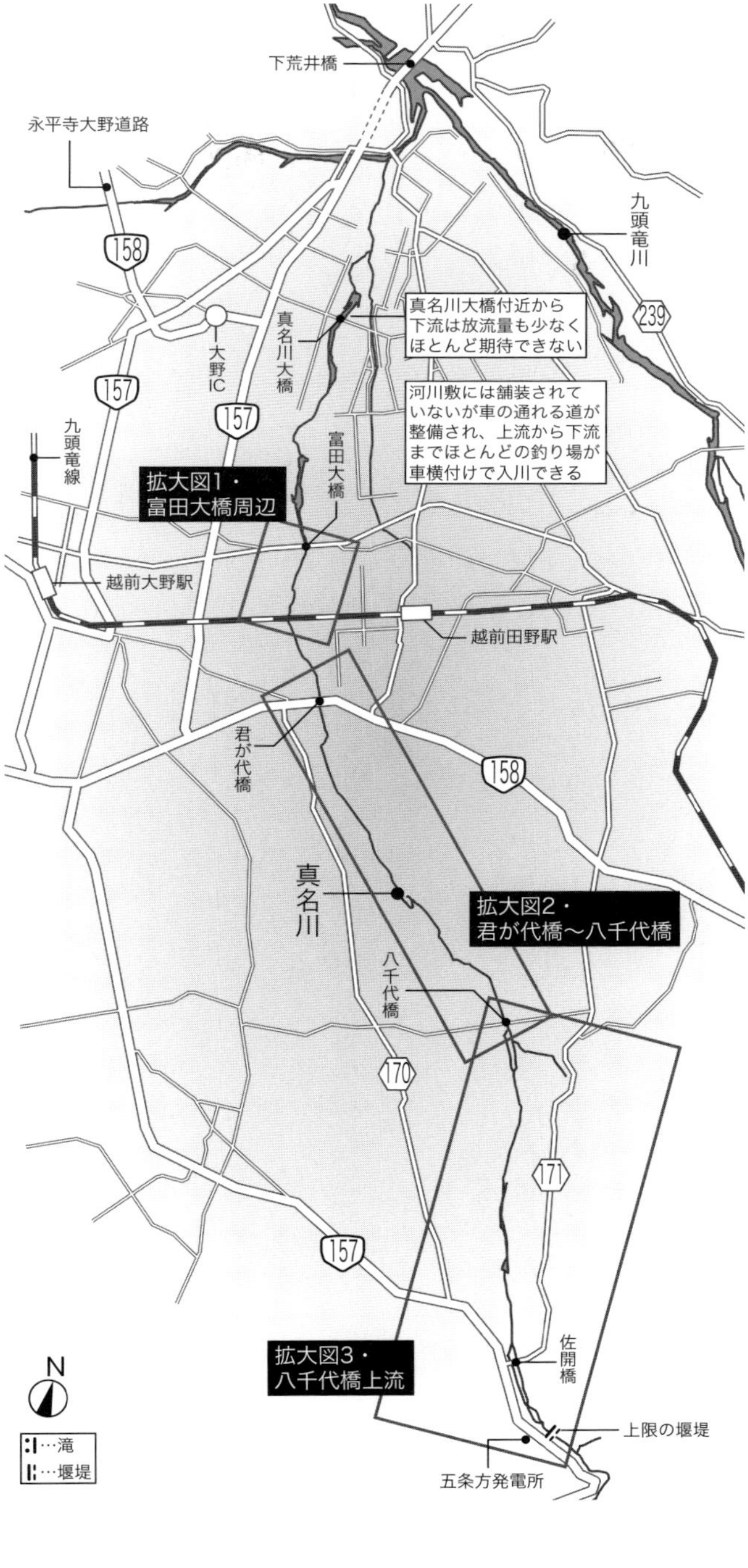
下荒井橋
永平寺大野道路
九頭竜川
158
239
真名川大橋付近から
下流は放流量も少なく
ほとんど期待できない
真名川大橋
大野IC
157
157
河川敷には舗装されて
いないが車の通れる道が
整備され、上流から下流
までほとんどの釣り場が
車横付けで入川できる
九頭竜線
富田大橋
拡大図1・
富田大橋周辺
越前大野駅
越前田野駅
君が代橋
158
真名川
拡大図2・
君が代橋～八千代橋
八千代橋
170
171
157
拡大図3・
八千代橋上流
佐開橋
上限の堰堤
五条方発電所
N
…滝
…堰堤

上昇するのは遅い。そのせいか、早朝からサオをだしてもあまり釣果は期待できず「午前中はサッパリだったが、午後から掛かりだし、夕方には入れ掛かり」という話をよく耳にする。

朝はゆっくりと家の用事をすませ、日が高く上ってからの重役出勤が効率のよい釣果アップにつながる。

近年、夏場の集中豪雨による増水の影響で底石の小さい真名川では、変化のあった瀬が一本瀬になったり、深場が石で埋まり浅くなったりと毎年のように川相が変わってしまう。

それに伴い、毎年必ず掛かっていた場所で掛からなかったり、また逆に、

八千代橋より上流を望む。この流れは友釣り専用区となっている

佐開橋より下流を望む。絞った急瀬と淵が交互に続くポイントで７月後半からが本番となる

今まで気にも留めていなかった場所でよく掛かったりする現象が起きている。地元の釣り人でさえその日の場所選びには苦労している。過去の実績だけにとらわれず、気になるポイントでは必ず一度はサオをだすようにしたい。

●富田大橋周辺

下流域となる富田大橋周辺の左岸側河川敷には、サッカーグラウンドやゲートボール場とともに舗装された駐車スペースが充分にある。また近くにはトイレも設置されている。

アユの放流量も多く、常に数人の釣り人がサオをだしており、そのようすを見に来るギャラリーも多い。

ポイントは橋上流にあるJR鉄橋下流の瀬と橋上下の瀬がおすすめだ。

●君が代橋～八千代橋

中流域のポイントとして、君が代橋～八千代橋の中間地点に川を横断して設置してあるテトラブロックを積んだ堰（通称・横断ブロック）下流の瀬がねらいめだ。ここは真名川では数少ない大きな石が点在する瀬が100mほど続き、良型の掛かるポイントである。

●八千代橋上流

大野市漁協では例年9月初旬から網漁とコロガシが解禁となるが、上流域となる八千代橋上流は友釣り専用区となっている。

橋上流エリアは極端に川幅が狭くなり、絞った急瀬と淵が交互に続くポイントだ。水質のよさはピカイチだが、水温が低いため初期は型が小さく7月後半からが本番（山内）。

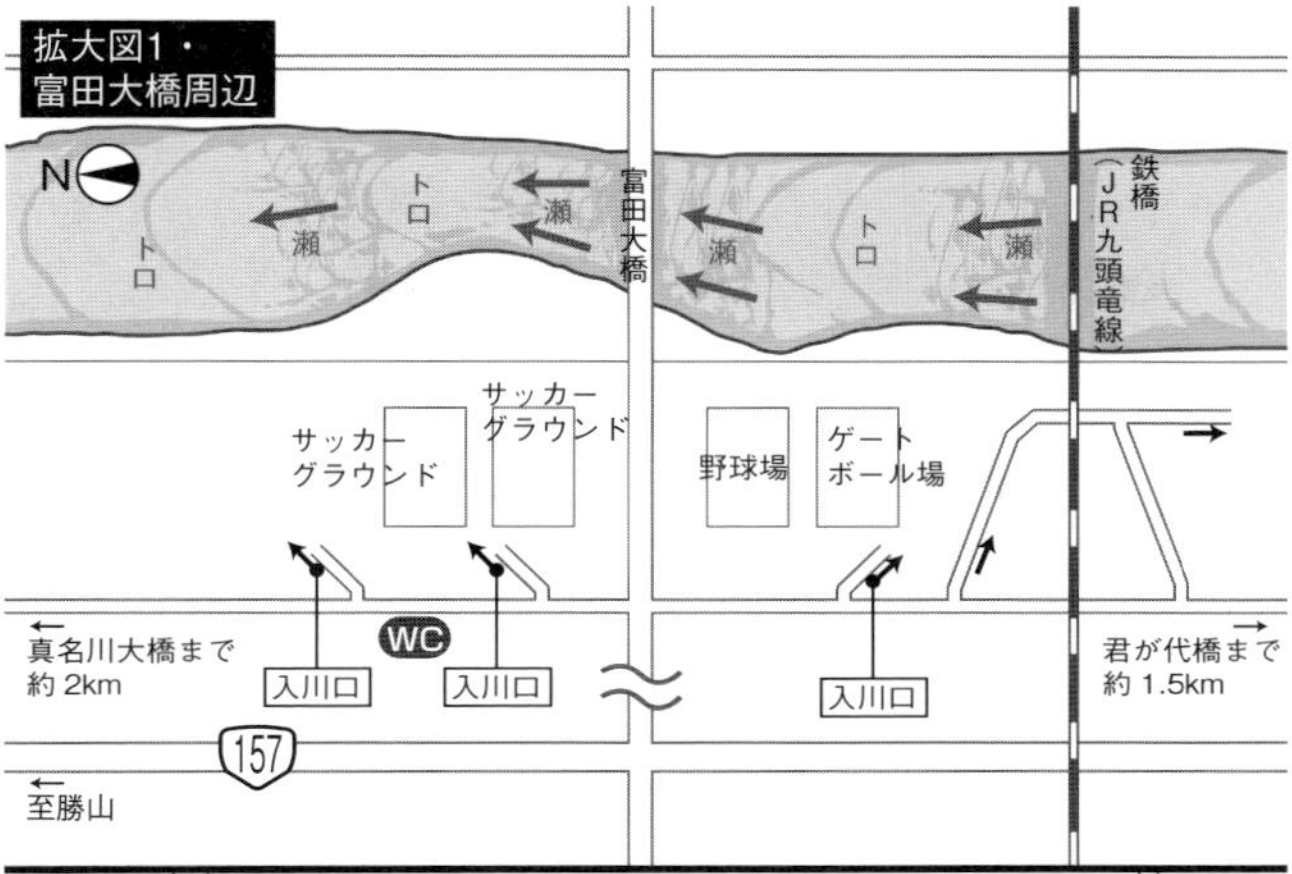

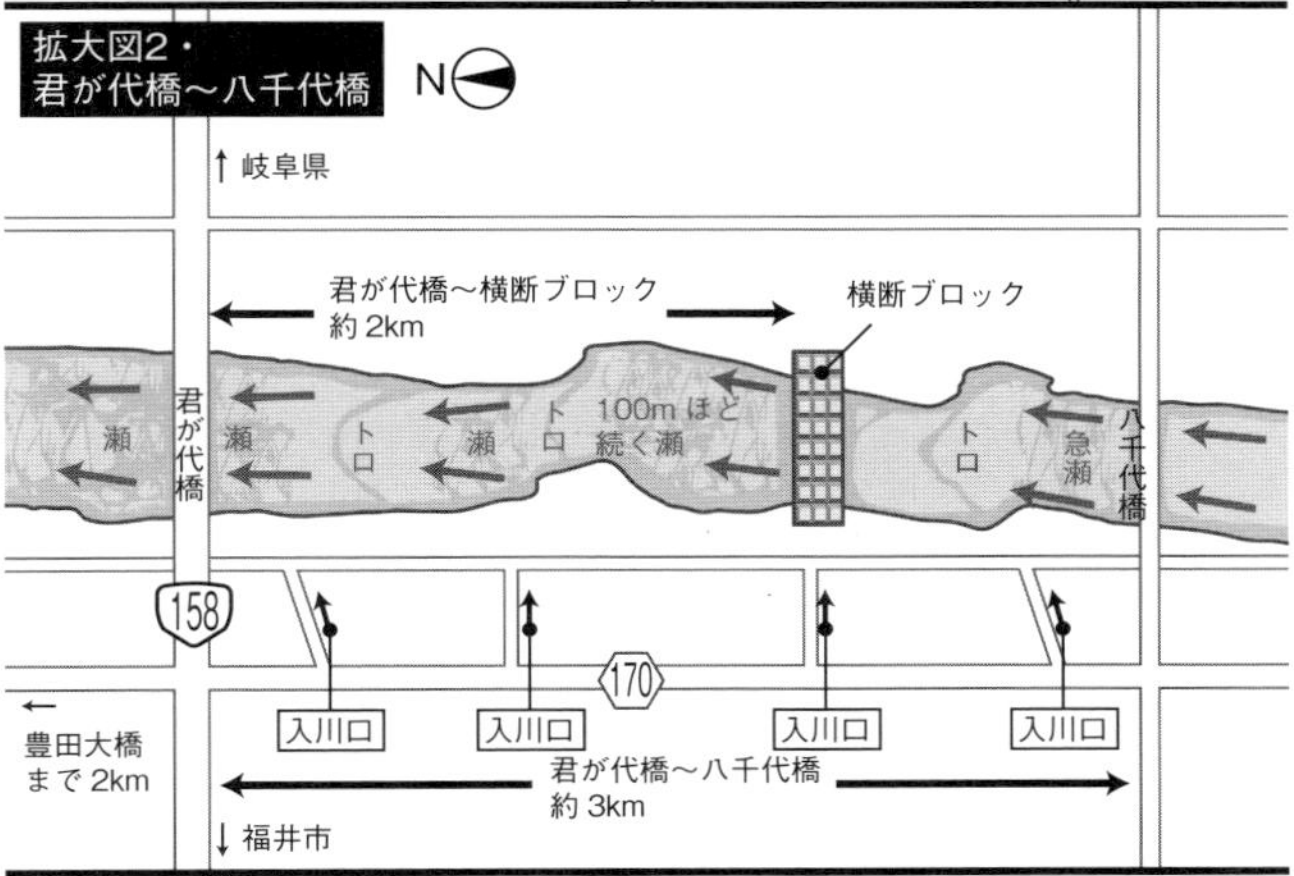

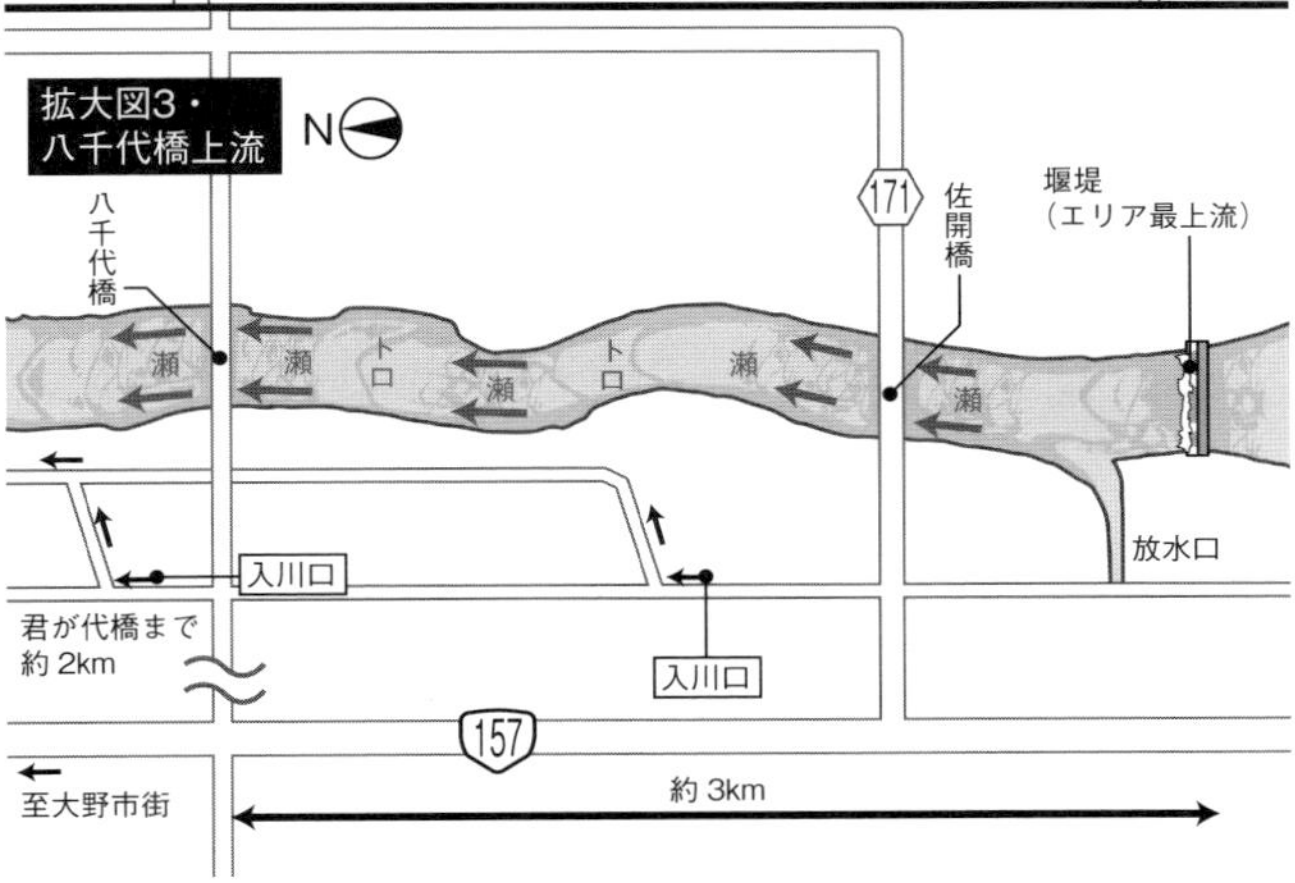

丹《に》生《ゆう》川

琵琶湖に注ぐ山間の小河川。流れは清冽、アユも美味 8mザオで充分楽しめる。上流は6mザオが扱いやすい

胡桃谷の水周辺の川相。大石、岩盤の瀬が続く流れは止め泳がせ釣りでピンポイントを探るとよい（写真協力：丹生川漁業協同組合）

丹生川は、滋賀県北部を流れ琵琶湖へと注ぐ姉川の支流・高時川の上流部を差す。上流にダムがなく清冽な流れは透明度も抜群だ。

川相は、小河川なので川幅は狭いものの、頭大の石が点在して岩盤、大岩、淵と変化に飛んでいる。自然の流れのため降雨後はすぐに増水するが水引きも早く、濁りもすぐに取れる。

タックルだが、8mザオで充分楽しめる。上流へ行くと6mの短ザオが扱いやすい。本来ならば渓流釣り場で、そこにアユが放流されている。当然、澄んだ水に棲むアユの味は格別だ。

エリアは下流の関西電力大見取水堰堤から上流が丹生川漁協の管轄となり、釣果は放流魚が主流となるが、台風や大水時には天然ソ上も望める。ここでは主な釣り場を下流から紹介したい。

●止め泳がせ釣りで探る

平篠橋周辺は比較的川幅が広く、4WD車なら河原に駐車できる。橋の上からのぞくと、ナワバリを持って追うアユが視認できる。頭大の石が多く、左岸側は木が覆い被さる。橋下流の瀬がおすすめで、右岸から左岸をねらって釣るのがベスト。流れに変化のある所にオトリを入れたい。

橋上流は泳がせ釣りで、左岸の少し

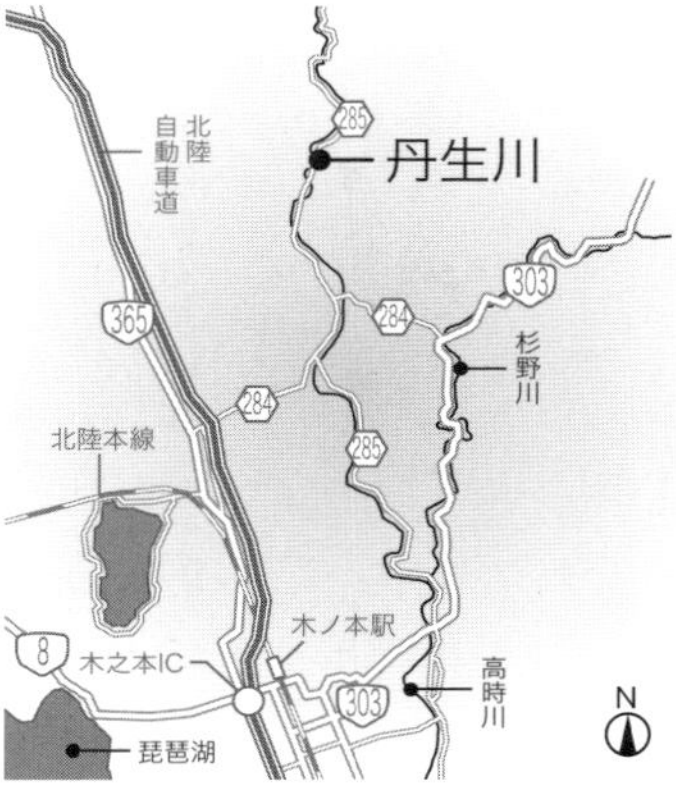

information

●河川名　姉川支流高時川（丹生川）
●釣り場位置　滋賀県長浜市
●解禁期間　7月5日（予定）～9月30日
●遊漁料　日釣券3000円（解禁日）、2500円（解禁日より14日間）、2000円（以降終期まで）・年券8000円
●管轄漁協　丹生川漁業協同組合（Tel0749-86-2607）
●最寄の遊漁券取扱所　丹生川漁業協同組合（Tel0749-86-2607）
●交通　北陸自動車道・木之本ICを降り、国道303号、県道285号経由で丹生川へ

深い所を下流から上流にオトリを泳がせて探るとよい。

大宮橋から野神橋までの区間は人気のポイントで、瀬中心の流れとなる。両側が樹木で覆われて釣り残しが多く、ヘチのボサぎりぎりや木の下にオトリを入れれば数釣りが期待できる。岩盤の淵もあり、良型も掛かってくる。駐車スペースは組合事務所から見える墓地の隣にある。

野神橋上流は淵、チャラ瀬の流れとなるが、頭上を木々が覆い釣りづらい。8mザオで天井イトを付けずにチョウチン釣りでピンポイントを探るか、6mのサオを使用したい。

蜷ヶ嶽橋下流は荒瀬で、右岸側に大石が並んで入っている。水深もあり良型が出るポイント。深場の岩盤や大石周りを念入りに探りたい。オモリを付けてオトリを止めて釣るのも効果的だ。

胡桃谷の水前下流は川幅も広くサオがだしやすい。大石、岩盤の瀬が続く人気の流れだ。浮き石が多くオトリが石の中に潜りやすいので、オモリを使って釣りをする時は根掛かりに注意したい。流れの中央付近に大岩があり、良型アユの付き場となっている。

　右岸のヘチすれすれにある柳の下は1級ポイント。川の中央に立ち込んでヘチをねらうと釣果が出る。石裏のヨレから石の頭でオトリを止めて待つ、止め泳がせ釣りでピンポイントを探るのが釣果を伸ばすコツだ。

　胡桃谷の水上流は小石や岩が存在する川相で、水深のある所で大石や岩が沈んでいる場所を泳がせ釣りで広範囲を探りたい。

●6mの短ザオが使いやすい

　菅並地区の中川原橋下流から宮前橋までの流れは人気のポイントで、毎年安定した釣果が期待できるため釣り人も多い。駐車スペースも中川原橋付近や宮前橋下流にあり、河原のすぐそば

菅並地区・中川原橋周辺の流れ。毎年安定した釣果が期待できるため釣り人も多い

菅並地区・宮前橋周辺を望む。川幅が狭く6m前後の短ザオでサオ抜けポイントをねらいたい

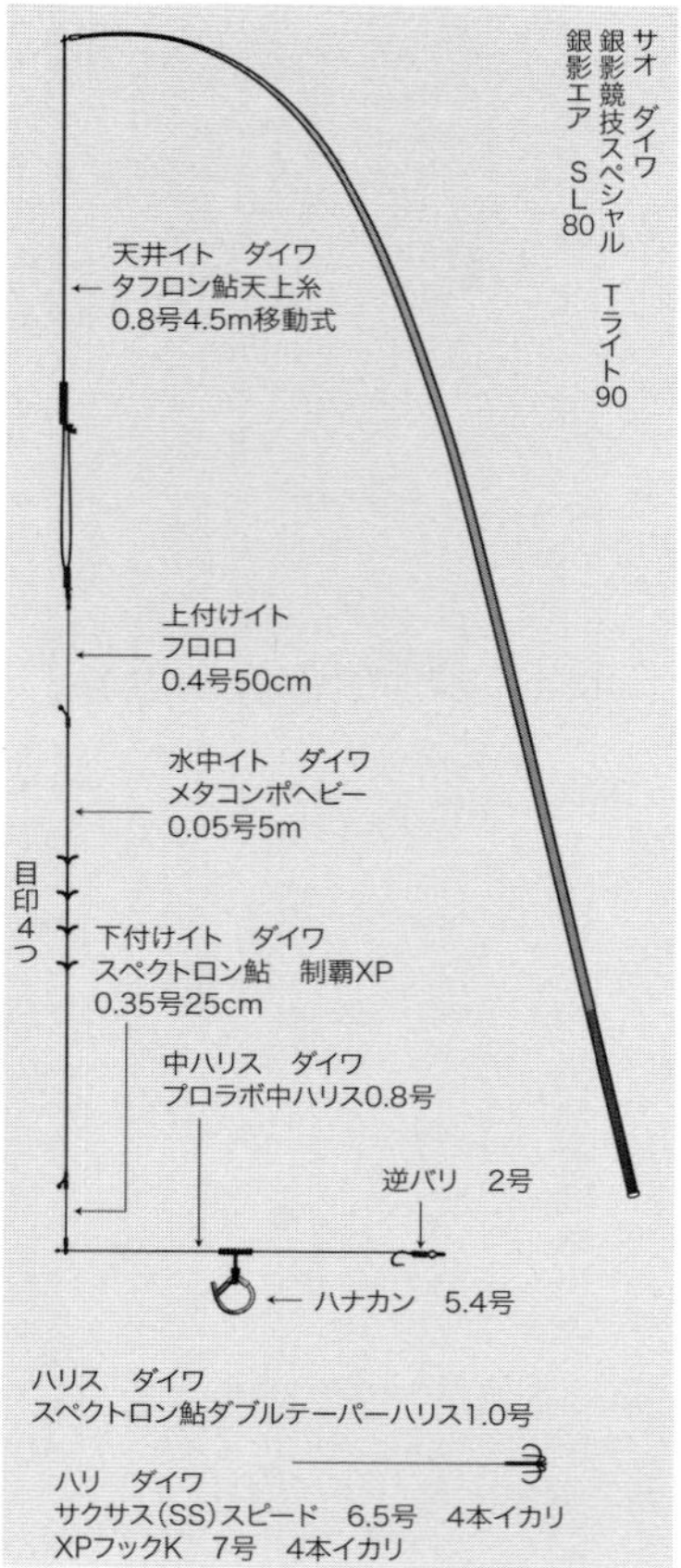
サオ　ダイワ
銀影競技スペシャル　Tライト90
銀影エア　SL80
天井イト　ダイワ
タフロン鮎天上糸
0.8号4.5m移動式
上付けイト
フロロ
0.4号50cm
水中イト　ダイワ
メタコンポヘビー
0.05号5m
目印4つ
下付けイト　ダイワ
スペクトロン鮎　制覇XP
0.35号25cm
中ハリス　ダイワ
プロラボ中ハリス0.8号
逆バリ　2号
ハナカン　5.4号
ハリス　ダイワ
スペクトロン鮎ダブルテーパーハリス1.0号
ハリ　ダイワ
サクサス(SS)スピード　6.5号　4本イカリ
XPフックK　7号　4本イカリ

まで入ることができる。

中川原橋下流はトロ場、瀬と続く。白泡のある瀬は10ｍあるかないかと短く、一人一瀬で競争率も高いので早朝一番でなければ入れない。

瀬と瀬の間のトロ場は空いていることもあり、瀬に先客がいたらこちらに入りたい。水面の波に変化がある所を重点的に探るとよい。必ず水中に石が入っていたり、カケアガリや馬の背など変化がありアユが付いている。

宮前橋上流は渓流相となり、川幅が狭く木々が河原を覆っているので、6ｍ前後の短ザオでサオ抜けポイントをねらいたい。

増水後、良型をねらうのであれば上流の小原地区がおすすめだ。大石や大岩の裏にアカが残っていることが多い。

最後に、丹生川は天然アユがほとんどソ上しない放流河川のため、解禁当初は数が釣れるが日が経つにつれ釣果も減少する。しかし、後期は型がよくなり美味しいアユが釣れるので、ぜひ足を伸ばしていただきたい（幸野）。

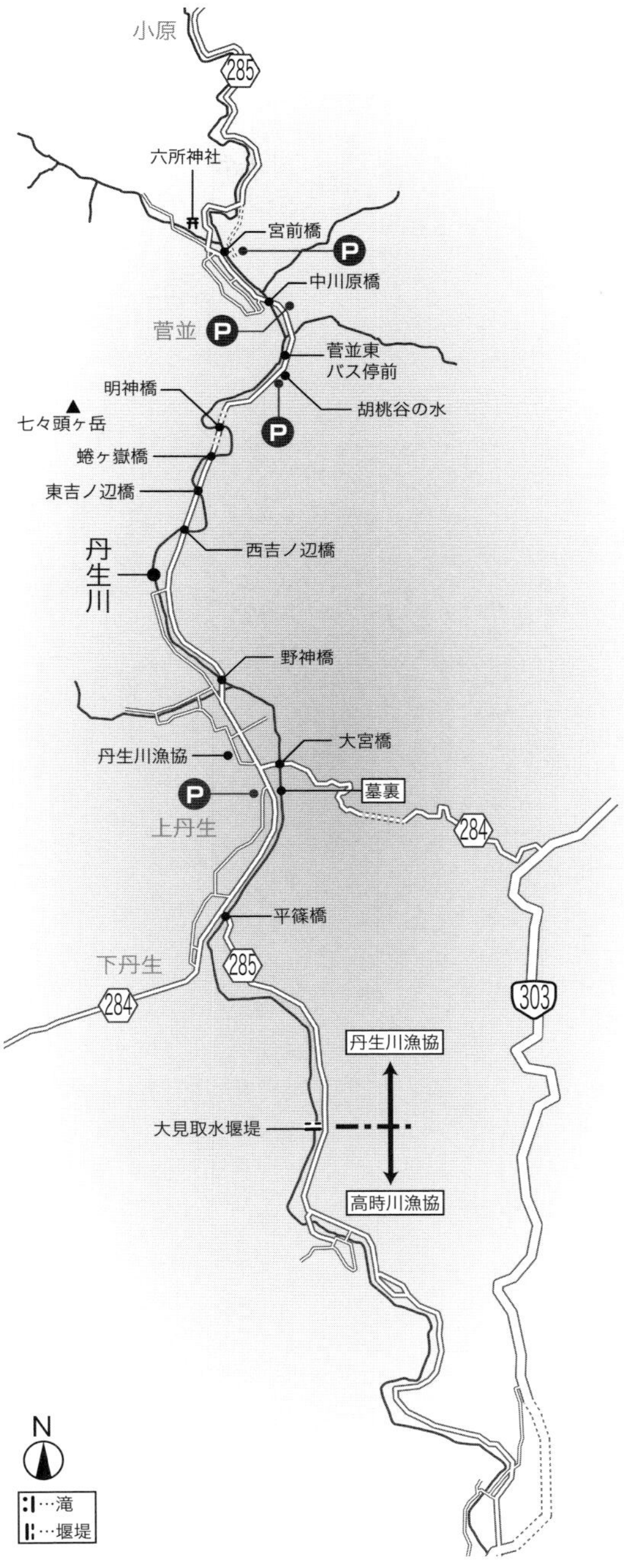

雨谷橋から下流を望む。緩やかな
右カーブを描いて流下する

●滋賀県

石《いし》田《だ》川

7・2m以下のサオで楽しみたい4〜7m幅の小河川
水量が減り工事の影響もあるがアユの味は県内でも屈指

滋賀県高島市の山間部を流れる石田川は、スキーでお馴染みの函館山と滝谷山の間を流れ、昭和45年に完成した石田川ダムに注いでいる。ダムから下流の角川地区、保坂地区は国道303号に沿って流れ琵琶湖へと至る。

三谷漁協の管轄で、ダム上流の落合地区から下流は追分橋までの間を管理。流域には民宿や旅館などの宿泊施設がなく、主に京阪神方面からの釣り人が日帰りで訪れる川だ。

近年はダムの影響もあって水量が少なく、河川改修などによる周辺環境の変化もアユの生育に大きな影響を及ぼしているようだ。

しかし、依然として京阪神地区からの根強いファンも見られるが、高齢化が進みその人数も減りつつある。

三谷漁協では2014年までは石田川と寒風川の2河川でアユとアマゴの放流を行なっていたが、2015年からアユの放流は石田川のみとなった。過疎化による地域住民の高齢化により、漁協だけでは河川の維持管理ができない状況にある。

通称・野田尾のポイントを左岸上流より望む

また、国道303号の福井県との境界から山間に入っていく天増川を管轄していた天増川漁協は廃止となっており、アユやアマゴの放流はされていないとのことだ。

天増川地区に釣りに行くことは可能だが、集落から奥は鎖が張られ、営林省の管理下となっているため、上流への釣行は徒歩になってしまう。

アユ河川としては、トーナメント志向の釣り人には不向きで、安全面からいうと高齢者向きの流れとなる。しかし、アユの質と味については、私個人の意見ではあるが滋賀県内では一番であると自負している。

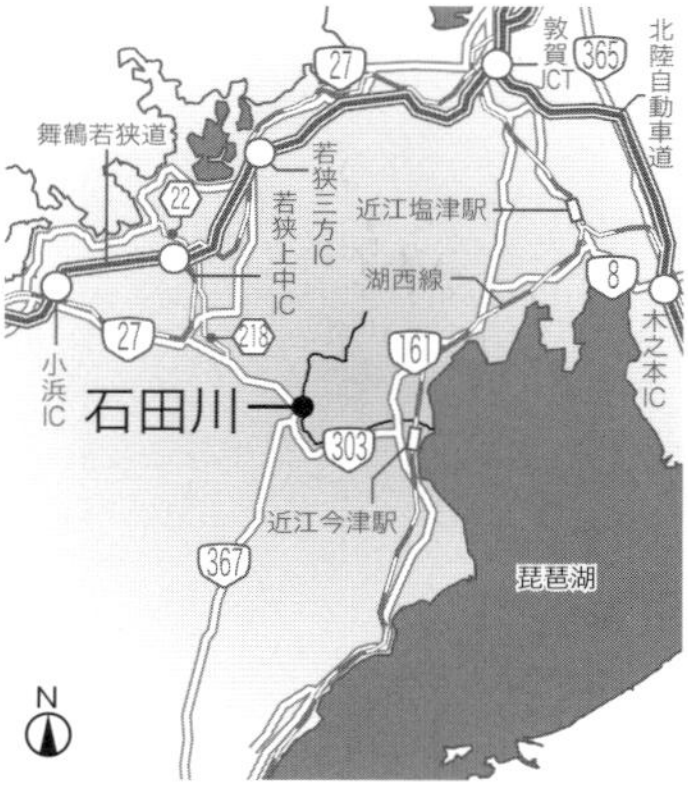

●終盤は良型の好釣果も期待

川相は4～7mの川幅で、水深は平均20～60㎝（一部深い所もある）ほどの小河川だ。そのため、サオの長さは5m前後でよく、長くても7・2mまで。それ以上長いと周りのブッシュや木の枝に引っ掛かってしまう。タモは袋ダモが便利で、引き舟も浅い川底に当たっても音が立たないタイプを選びたい。

梅雨の増水時などに天然ソ上も見込まれるが、釣れるアユはほぼ放流された湖産アユだ。そのため年によってアユの成育に差が生じることになる。

釣期については、その年の気候や水温にもよるが、平年並みの気候であれば解禁当初から型は小さいがよく釣れる。梅雨明け後は土用隠れとなって釣りにくくなるが、終盤の盆過ぎからは型も大きくなり、思わぬ好釣果も恵まれることもある。遊漁期間の9月末まで楽しめる。

以前は川の両脇に竹ヤブや胡桃の大木などが生い茂り、アユの隠れ家となる適度な淵もたくさんあったのだが、現在は丸裸の状態で、鵜などが飛来すればアユの数は激減してしまう。

また、山間部に2個所あった急カーブを避けるために海老坂トンネルが平成27年3月30日に開通した。684m

information

●河川名　石田川
●釣り場位置　滋賀県高島市
●解禁期間　7月5日～9月30日
●遊漁料　日釣券2500円（解禁日）、2000円（解禁翌日から）・年券8000円
●管轄漁協　三谷漁業協同組合（Tel0740-24-0348）
●最寄の遊漁券取扱所　釣りエサ　なかむら（Tel0740-24-0701）
●交通　北陸自動車道・木之本ICを降り、国道8、303、161号を経由して石田川へ。もしくは舞鶴若狭道若狭上中ICより県道22号、218号、国道303号利用

の区間がほぼ直線となるが、旧道が通行止めになると、追分橋から上流の通称・キリワリと呼ばれる流れまでサオがだせなくなるかもしれない。

●元気なオトリで瀬を泳がせる

ここでは保坂地区の下流部から上流の角川地区までの流れを紹介したい。

まず、海老坂トンネルを出てすぐの直線道路の右側に、水田を挟んで川が流れており、緩やかな左カーブを経て雨谷橋に至る。この直線の流れから雨谷橋までの間を海老坂という。廃墟のレストランと水田の間に入川道があり、駐車スペースもあるので入川は比較的楽だ。少し畔道を歩かなければならないが、水田の横には獣害フェンスが張ってあるので、絶対に触れないようにしたい。

雨谷橋を渡り、すぐ左折して道なりに進むと駐車スペース（2台ほど）があり、通称・野田尾のポイントとなる。

平田岩を上流より望む

幸田堰堤上流から下流側を望む

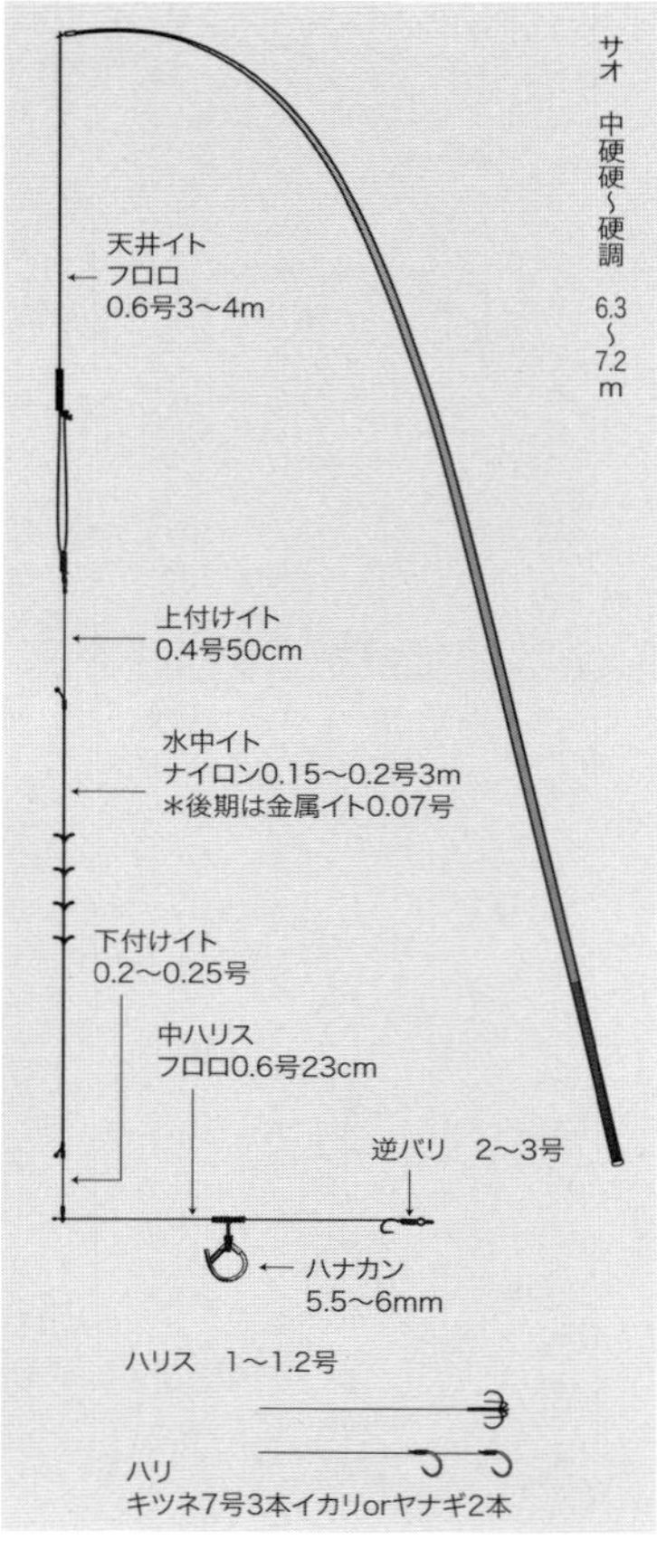

サオ　中硬硬～硬調　6.3～7.2m
天井イト
フロロ
0.6号3～4m
上付けイト
0.4号50cm
水中イト
ナイロン0.15～0.2号3m
＊後期は金属イト0.07号
下付けイト
0.2～0.25号
中ハリス
フロロ0.6号23cm
逆バリ　2～3号
ハナカン
5.5～6mm
ハリス　1～1.2号
ハリ
キツネ7号3本イカリorヤナギ2本

その上流に平田岩、幸田堰堤、向川原とポイントが続く。山神橋、蛭原橋周辺の流れもおすすめで堰堤などのアクセントもある。水坂トンネル手前にある救護施設前も探ってみたい。エリア最上流部となる縄手橋周辺でも釣果は望める。

全体的に、近年の増水により小石や砂利が流入して淵や岩盤が埋まってしまい、ほとんど瀬の流れとなる。泳がせ釣りのできるトロ場が少なく、瀬を泳がせるためにも元気なオトリの確保が大切だ。

シーズン初期は小型主体の釣果だが、痛がりのアユが多いのかアタリ、引きとも強烈。初期はナイロンイトがおすすめで、梅雨明けからは金属イト系も面白い。ハリなどはこだわる必要がなく3、4本イカリにヤナギやチラシ、オトリの負担が少ないマツバもおすすめだ（山脇）。

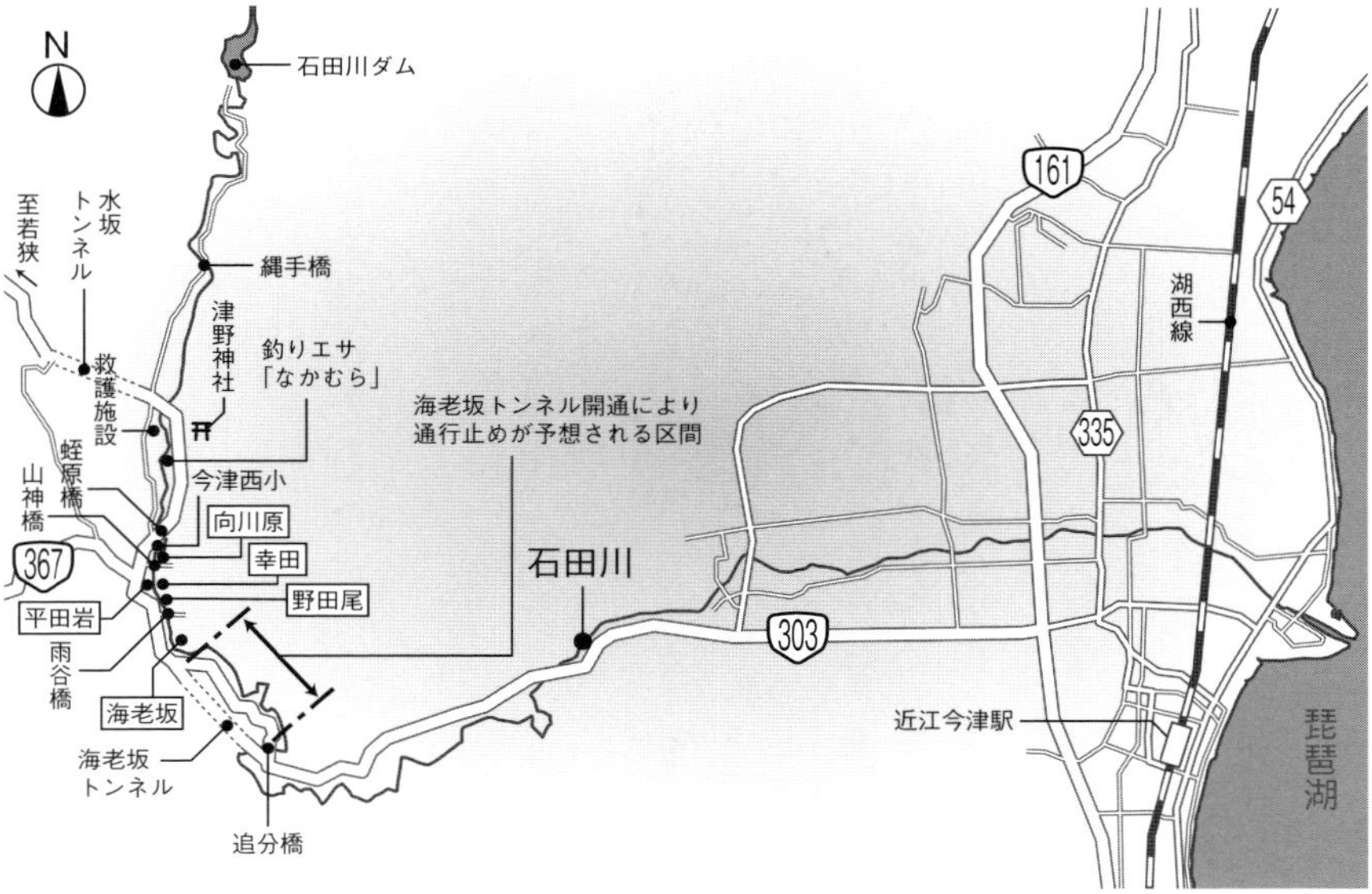

水坂トンネル手前の橋より上流を望む。右奥に見えるのが救護施設だ

山神橋より下流を望む。向川原のポイントとなる

●滋賀県

安《あ》曇《ど》川

全長約40kmの流れだが他府県の釣り人も多い人気河川
琵琶湖産天然ソ上と汲み上げ放流で数釣りが楽しめる

　安曇川は京都市左京区の山々から花折トンネルを経て滋賀県大津市を葛《かつら》川として流れ、滋賀県高島市朽木から安曇川町を安曇川と名前を変えて琵琶湖へと流れ込んでいる。

　全長約40kmの小規模河川ではあるものの、上流から葛川漁協、朽木《くつき》漁協、廣瀬漁協と3つの漁協区に分かれている。琵琶湖産天然アユのソ上が多く、また最下流の北舟木漁港のヤナ場にて採取したアユを上流部の各区に汲み上げ放流も行なっている。

　解禁日から9月30日まで小中型（15～22cm）の数釣りが楽しめるため、アユ釣り道場としてもよく知られ、またその味もよく、他府県の釣り人からも好評を得ている。タックルも大アユ用や激流用等は必要なく、自分のスタイルで釣果が得られる。

　2013年9月16日の台風で安曇川は壊滅的な被害を受け、復旧河川工事が進められていたが、2014年8月10日の台風により、復旧間近であった河川工事も振り出しに戻ることになってしまった。2015年現在も工事が続けられている。久多《くた》川、針畑《はりはた》川、麻生川、北川など魅力的な支流を有するが、足場が悪くなっており、ここでは本流のみを各漁協の管区ごとに紹介したい。

●葛川漁協区

　葛川漁協区の解禁は7月上旬で、26年度の放流量は800～1000kgと川相にしては多いように思われる。エリアは花折トンネルを越えた所から下流は葛川貫井《ぬくい》堰堤までの約7km。上流域は渓流相で足場のよい所は少なく、また川幅も狭いため友釣りは中流域（中村橋上流）からがおすすめだ。

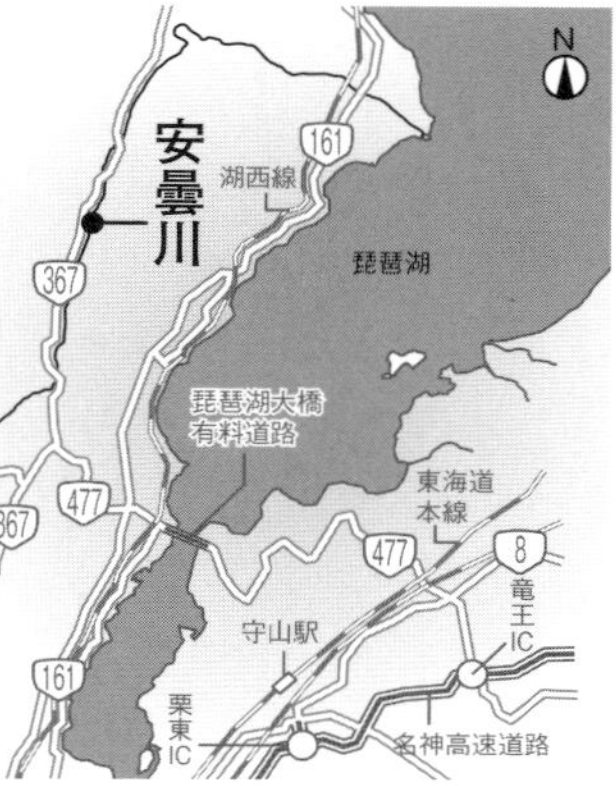

葛川漁協区·梅ノ木橋下流の流れ。水量も多く瀬やチャラなどの変化に富んだ川相を見せる

information

●河川名　安曇川
●釣り場位置　滋賀県高島市～大津市
●解禁期間　7月5日（葛川漁協）、6月13日（朽木漁協）、6月20日（廣瀬漁協）～9月30日
●遊漁料　日釣券＝解禁日から10日間2500円、11日目以降2000円（葛川漁協）、2000円（廣瀬漁協）、2700円（朽木漁協・日釣券のみ）、・年券8000円葛川漁協、広瀬漁協）
●管轄漁協　葛川漁業協同組合（Tel077-599-2120）、朽木漁業協同組合（Tel0740-38-2541）、廣瀬漁業協同組合（Tel0740-33-1288）
●最寄の遊漁券取扱所　上記の各漁協、谷口天然鮎オトリ（Tel090-8829-0717）
●交通　名神高速道路・竜王ICを降り、国道477号、琵琶湖大橋有料道路を経由して国道367号で安曇川へ

【中村橋上流】

道路側護岸が崩れたため、川の流れが右岸から左岸に変わり、人工的な川相を見せる。川幅が狭く全体的に水深も浅いため釣り荒れやすい。ここは短ザオで粘って釣るよりも、こまめにポイントを移動して探りたい。

【曙橋上流】

落ち込みから上流約50mの瀬落ちは水深があり、アユの溜まり場で周辺では粘って釣ると数が出る。漁協前から下流周辺は放流量も多く人気ポイント。左岸側の護岸工事のため、瀬を変えて人工的な流れとなった。足場がよく釣りやすいが、アユの補給場所となる深みがないため釣り荒れしやすい。

【梅ノ木橋下流（葛川キャンプ場前）】

久多川合流点下流になり、水量も多く瀬やチャラなどの変化に富んだ川相だ。キャンプ場に駐車できるうえ、入る際に係員に「アユ釣りです」と声を掛けると無料で駐車でき、車上荒し対策にもおすすめ。

●朽木漁協区

朽木漁協区は葛川貫井堰堤から長尾堰堤上流の水門までの約20㎞だが、釣り場に適しているのは大野堰堤から朽木野尻（高岩橋）までの約7㎞で、友釣り専用区ともなっている。

平成27年度の解禁は6月13日で、26年度の放流は約2500㎏なされた。毎年琵琶湖からの天然ソ上も多く、堰堤下流は魚が溜まるせいか魚影も多く安定して釣れる人気の高いエリアだ。

【大野堰堤下流】

こちらもキャンプ場があり、足場のよい川相。車で河原まで乗り入れられるので入川も容易だ。キャンプ場入口で係員にアユ釣りですといえば駐車料も無料となる。

桑野橋下流の古川堰堤上まで釣りが可能。大野堰堤下も護岸工事のため流れが一本瀬になり、大石もなく水深も

朽木漁協区・大野堰堤を下流から望む。車で河原まで乗り入れられるため入川も容易

朽木漁協区・古川堰堤より下流を望む。人気の高いポイント

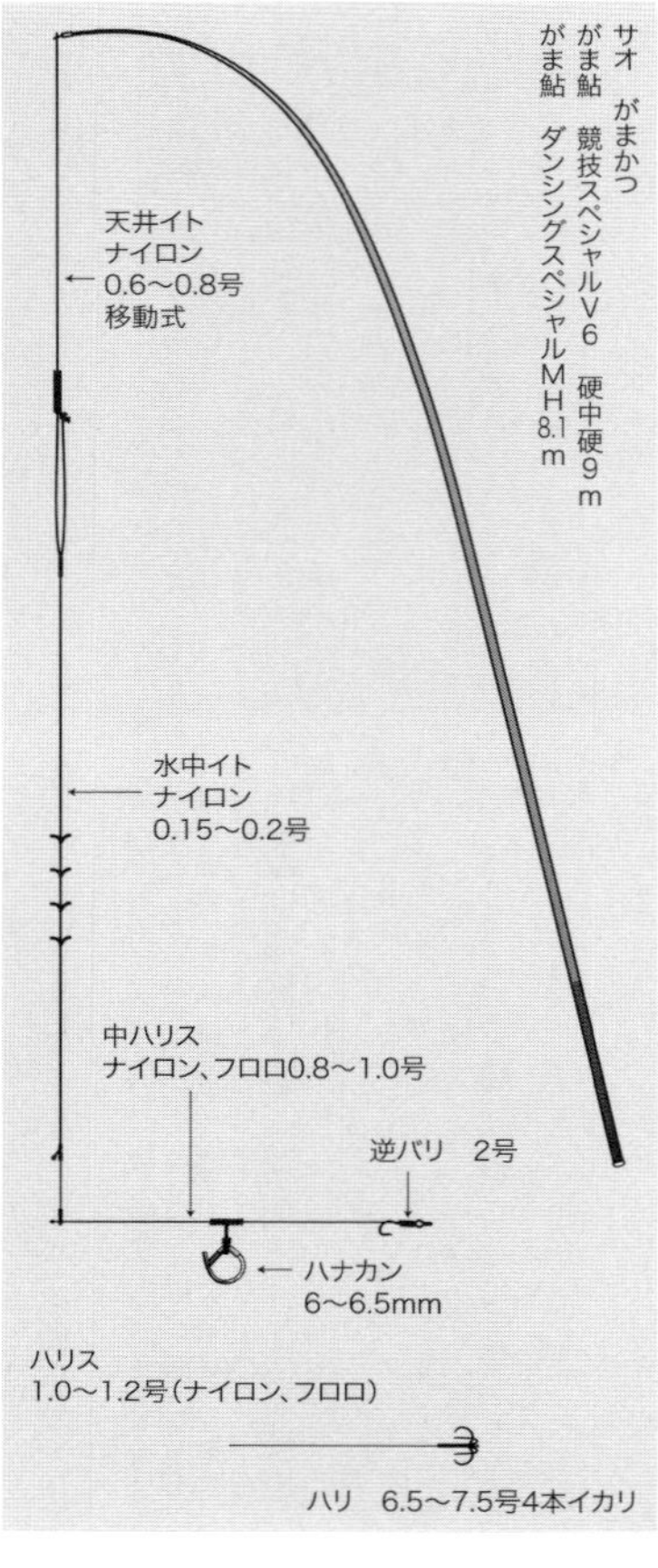
サオ　がまかつ
がま鮎　競技スペシャルV6　硬中硬9m
がま鮎　ダンシングスペシャルMH 8.1m
天井イト
ナイロン
0.6〜0.8号
移動式
水中イト
ナイロン
0.15〜0.2号
中ハリス
ナイロン、フロロ0.8〜1.0号
逆バリ　2号
ハナカン
6〜6.5mm
ハリス
1.0〜1.2号（ナイロン、フロロ）
ハリ　6.5〜7.5号4本イカリ

一定しているため釣り荒れしやすい。大野堰堤の下流１００ｍ辺りは水深、川幅もあるのでねらいめだ。

【古川堰堤下】

毎年アユが溜まり、朽木漁協区で一番の人気ポイント。堰堤から水管橋までは魚影も多く、下流約７００ｍの砂利採石場前の瀬やチャラ瀬もおすすめ。

【道の駅裏～北川出合】

川幅が狭く水深もあり、また流れが速いためナワバリを持った良型のアユが掛かる。足場もよく日並によっては数も見込めるので、一度はサオをだしてみたい。

船橋下流から北川出合までは、梅雨

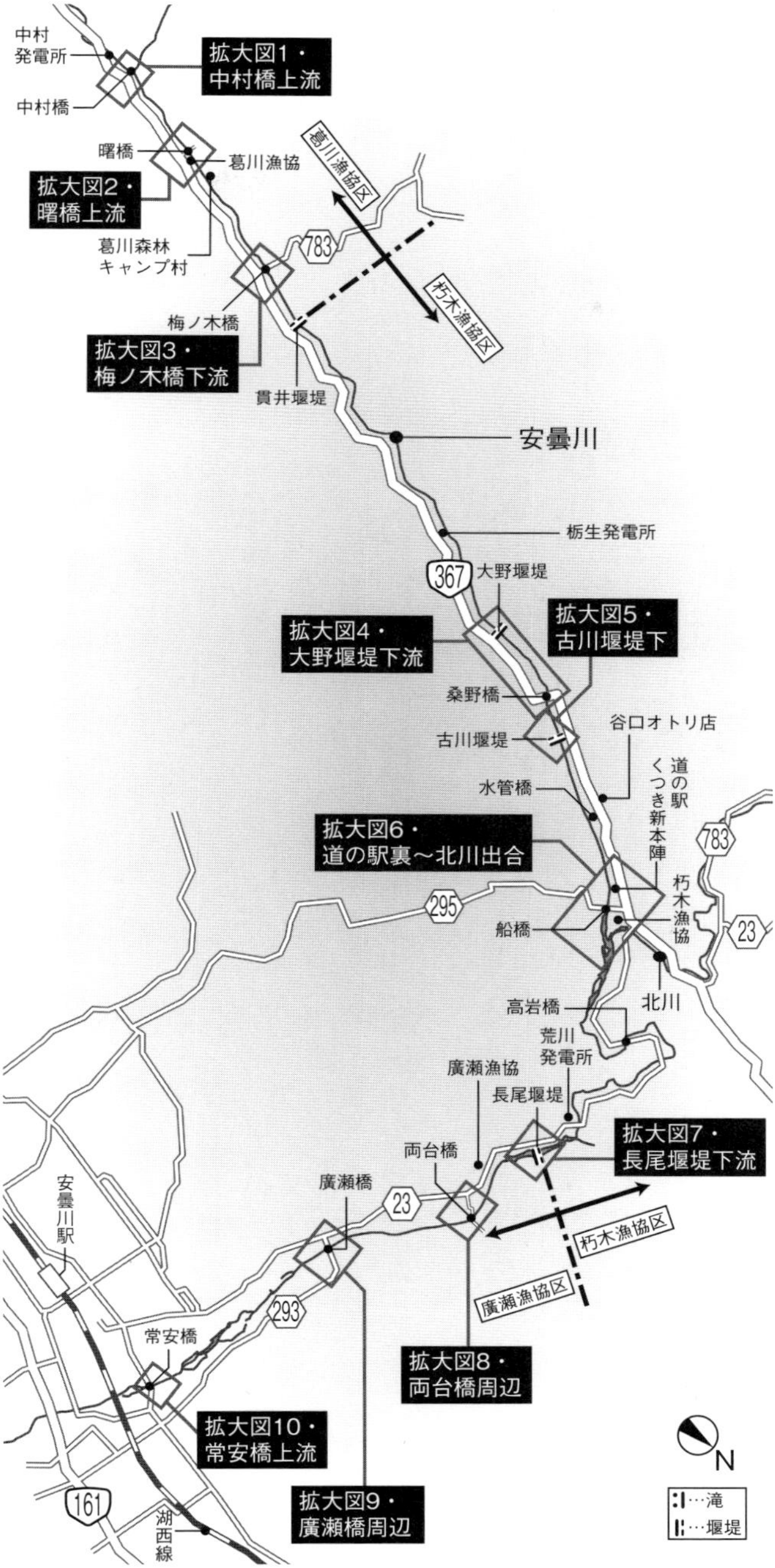

廣瀬漁協区・廣瀬橋より上流を望む。良型の数釣りも記録されている

廣瀬漁協区・長尾堰堤より下流を望む。魚影が多くねらいめのエリア

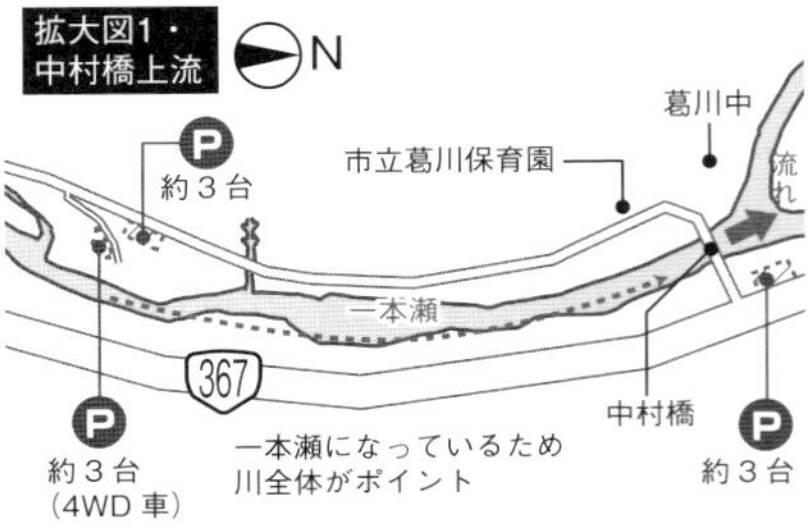

拡大図1・中村橋上流
N
葛川中
市立葛川保育園
約3台
流れ
一本瀬
367
中村橋
約3台
(4WD車)
一本瀬になっているため川全体がポイント
約3台

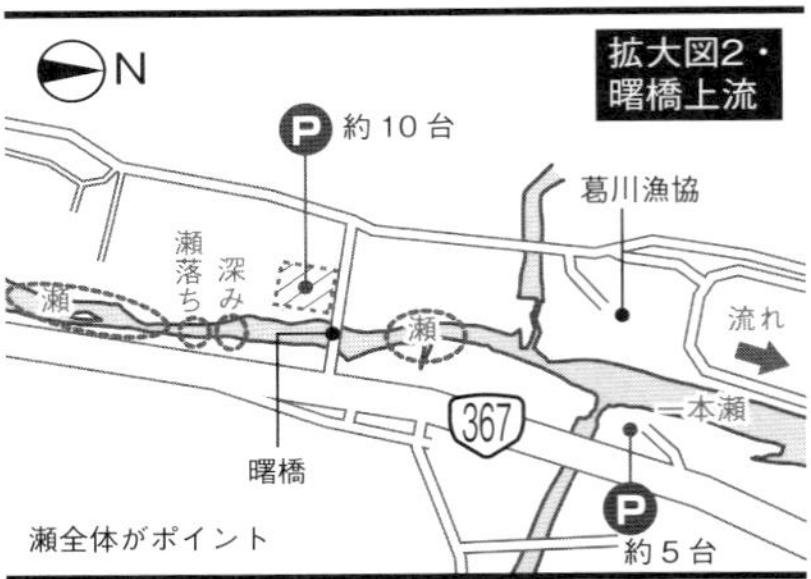

拡大図2・曙橋上流
N
約10台
葛川漁協
瀬落ち
深み
瀬
流れ
一本瀬
367
曙橋
瀬全体がポイント
約5台

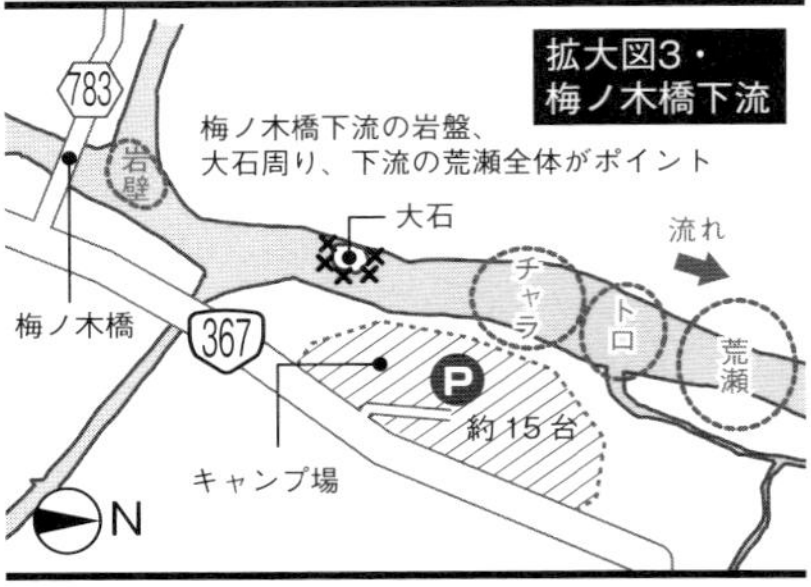

拡大図3・梅ノ木橋下流
783
梅ノ木橋下流の岩盤、大石周り、下流の荒瀬全体がポイント
岩壁
大石
流れ
チャラ
トロ
荒瀬
梅ノ木橋
367
約15台
キャンプ場
N

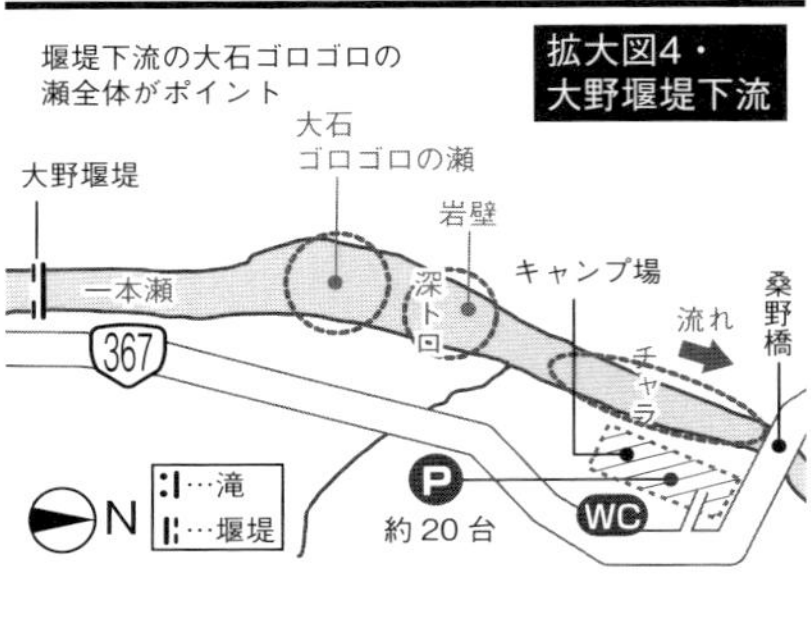

拡大図4・大野堰堤下流
堰堤下流の大石ゴロゴロの瀬全体がポイント
大石ゴロゴロの瀬
大野堰堤
岩壁
一本瀬
深トロ
キャンプ場
桑野橋
流れ
チャラ
367
…滝
…堰堤
N
約20台
WC

明けになると水量が減り全体がチャラ瀬の好ポイントとなる。深みもあることから右岸、左岸から静かに泳がせると好釣果が期待できる。

●廣瀬漁協区

廣瀬漁区は長尾堰堤上流約50mの水門から常安橋までの約7㎞。距離は短いが、深みの点在する変化に富んだ流れで、深み周辺の瀬がねらいめとなる。全川が友釣り可能区域だ。平成27年度の解禁は6月20日となる。

平成26年度の放流量は約800kgで、このほかに天然湖産アユがたくさんソ上するため魚影はかなり多い。

【長尾堰堤下流】

廣瀬漁区で一番の好ポイント。ソ上、放流にかかわらずアユが足止めされ、堰堤下の大きな深みに補給される。ただし、毛バリ釣りも多いのでトラブルのないように気を付けたい。

【両台橋周辺】

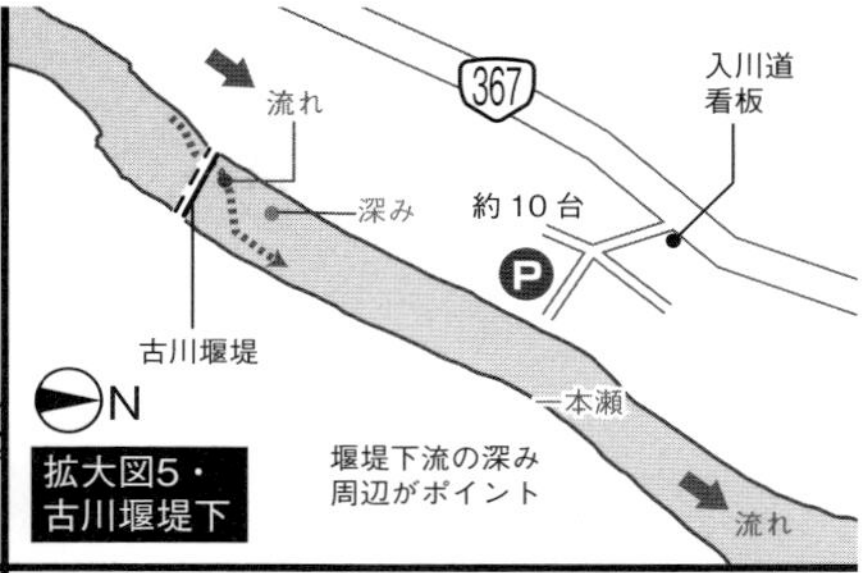

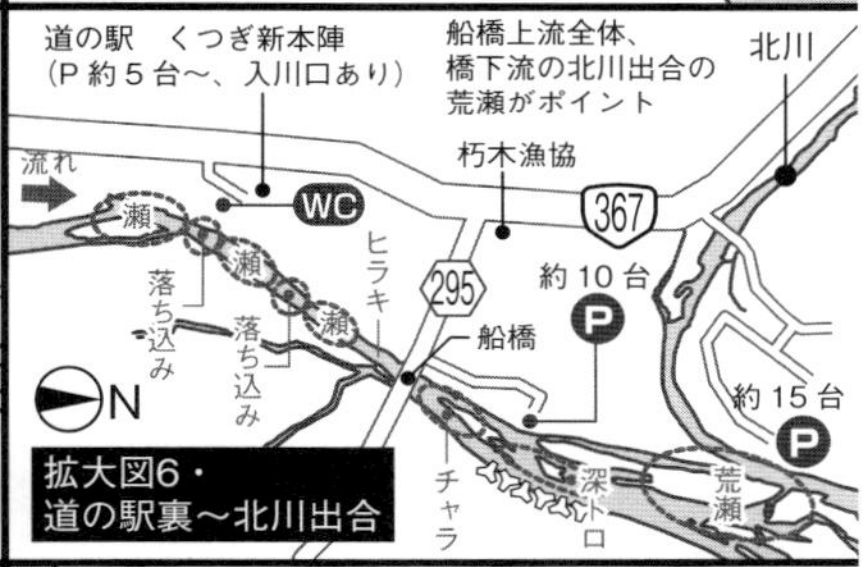

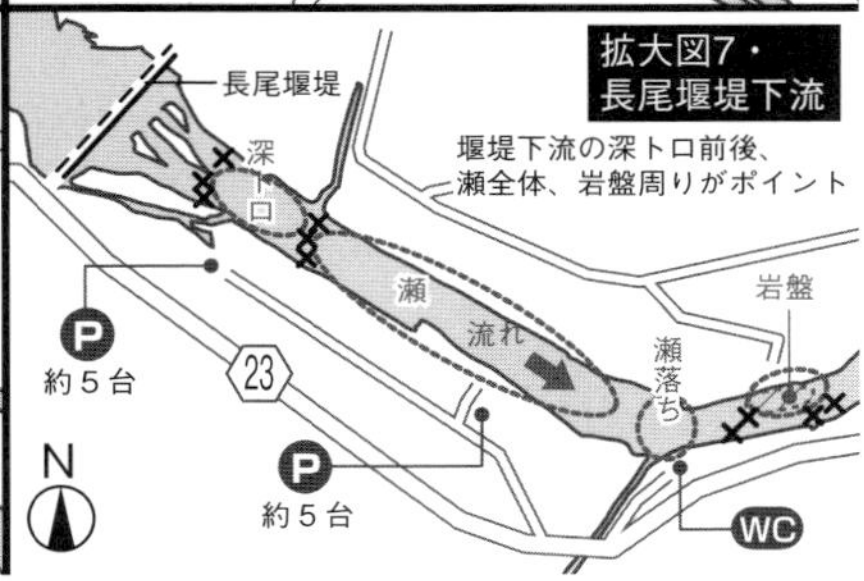

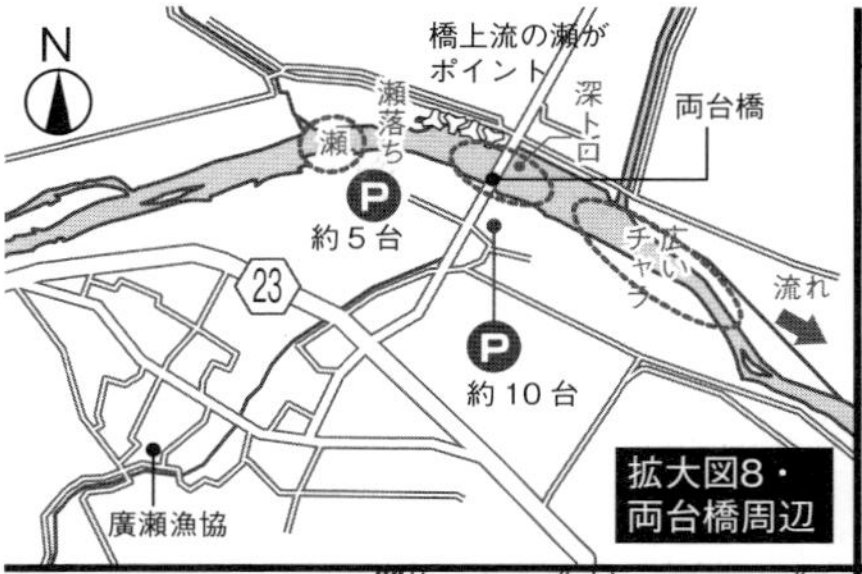

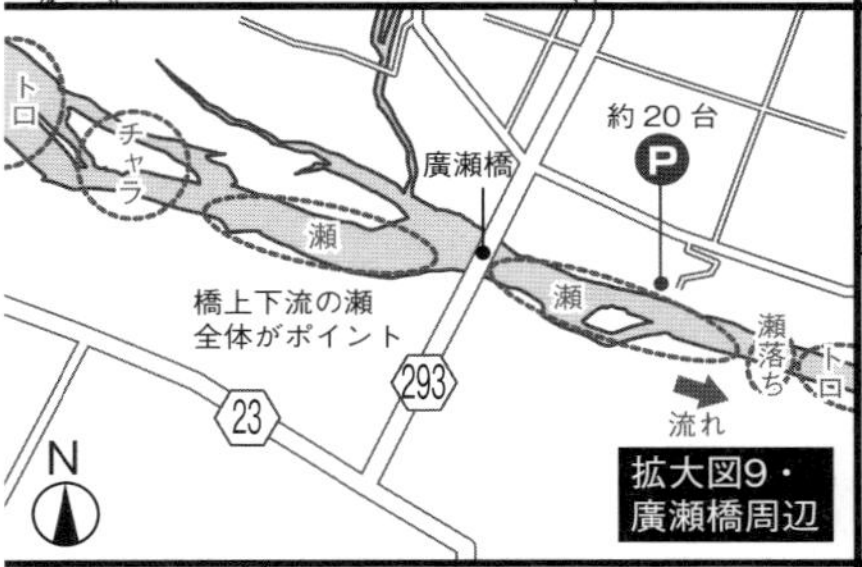

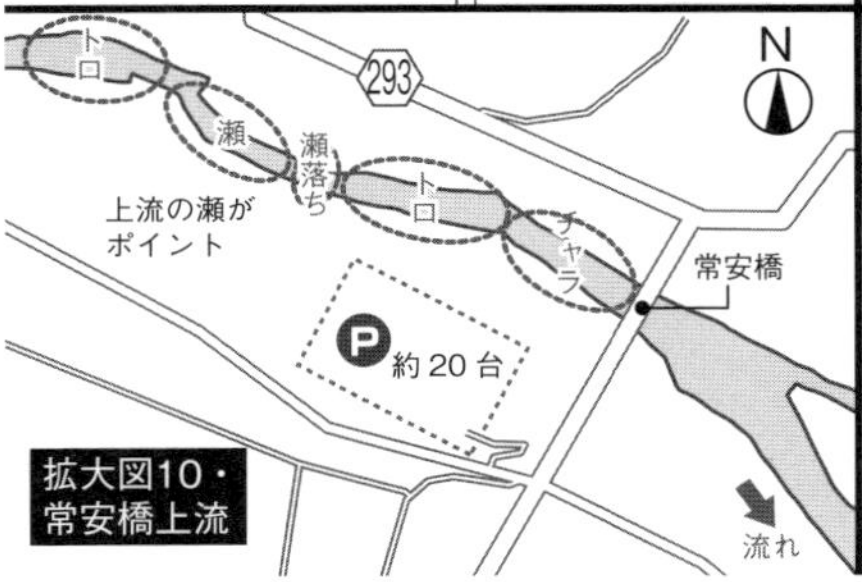

橋下は水深がありアユの補給タンクとなるので、上流のチャラ瀬から瀬の落ち込みまで探りながら1日楽しめる流れだ。下流は梅雨明けすると水深が浅くなりチャラ瀬が多くなる。そんな時は川全体が好ポイントだ。

【廣瀬橋周辺】

２０１４年度は良型がよく掛かり、絶え間なく釣り人で賑わったエリア。今後も期待できる流れだ。

【常案橋上流】

廣瀬漁区の最下流となる。２０１４年度はソ上アユが少なく、川相が非常に悪かったため解禁当初から釣果が振るわなかった。２０１５年現在、川の流れが大きく変わり、水深もあるため期待が持てそうだ。

最後に、２０１５年度は護岸復旧工事も進んでおり、川の状態も水の濁りもなく水量も豊富。北舟木漁港ヤナ場ではアユのソ上が早くから確認されているので期待大だ（谷口）。

頭首工（通称・池田前）より上流の流れ。
左岸のテトラが入った瀬がねらいめ

●滋賀県

愛《え》知《ち》川

下流域となる愛知川漁協管轄、約10㎞の流れを紹介
天然ソ上が多い年は安定した釣果が望める穴場的エリアも

愛知川は滋賀県の水瓶でもある琵琶湖に注ぐ一級河川の1つで、琵琶湖東部に位置する。鈴鹿山系を水源にいくつもの支流が合わさる流れは、愛知川上流漁協と愛知川漁協がそれぞれ管理している。ここでは下流域となる愛知川漁協の漁区を紹介したい。上流側は永源寺ダム上流にある如来堂堰から、下流側は名神高速下流・御河辺橋までの約10㎞の流れとなる。

琵琶湖からの天然ソ上は多いが、ソ上時期が稲作の植え付け時期と重なり、上流にある永源寺ダムの水がほとんど川に流れず田園の用水として使われるため、天然ソ上の量は5月の降雨量で左右される。

天然ソ上が多い年は、国道３０７号（春日橋）より名神高速下流まで安定した釣果が望めるうえ、水がほとんど流れていない状態になるため釣り人の姿のない穴場的な釣り場と化す。

ただし、近年雨が多い年には天然ソ

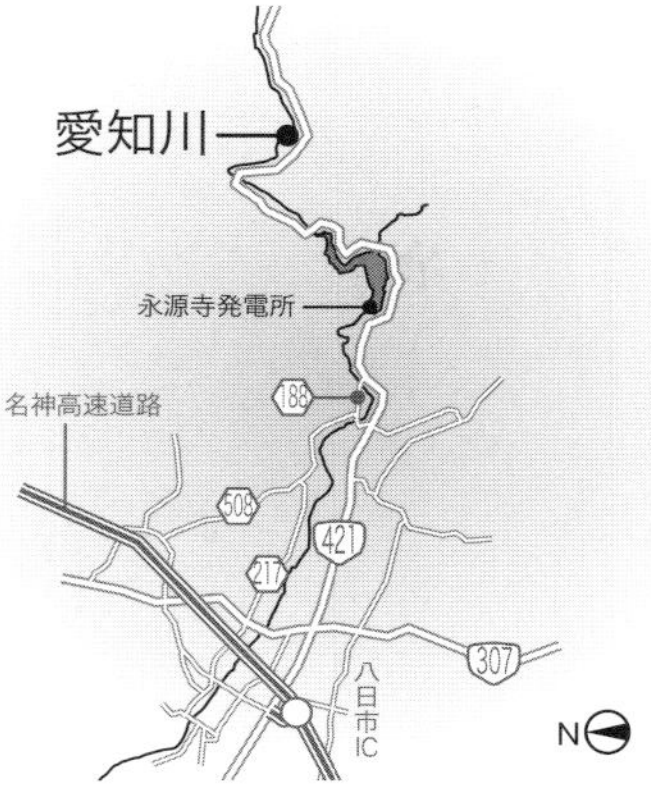

information

●河川名　愛知川
●釣り場位置　滋賀県東近江市
●解禁期間　6月6日（永源寺ダム上流は7月11日）〜9月30日
●遊漁料　日釣券2000円・年券8000円
●管轄漁協　愛知川漁業協同組合（Tel050-5801-7897）
●最寄の遊漁券取扱所　霜錦館（Tel0748-27-0026）
●交通　名神高速道路・八日市ICを降り、国道421号で各ポイントへ

上をねらってカワウの大群がやってくることが多く、漁協関係者の悩みの種となっている。また2015年度より頭首工より下流は解禁日よりエサ釣りが可能となるので注意されたい。以下、下流域よりおすすめの釣り場を解説したい。

●見釣りも楽しめるドウサンジ

エリア最下流に位置する頭首工上流（通称・池田前）は、左岸にテトラが入った瀬が続く。比較的石も大きく流れも速いが、見た目より底の流れは緩いのでオトリが流れに馴染みやすい。サオを立て石裏のヨレから白泡の中を泳がせたい。

天然ソ上が主体で、14〜16㎝がアベレージだ。ソ上がない年は釣果も期待できない。駐車スペースがないため、堤防沿いの道の端に迷惑にならないように停めたい。

小倉前は上流からチャラ瀬、早瀬、

トロ場、瀬と続く変化に富んだ流れ。放流場所でもあり瀬落ちからトロ場にかけてアユが群れていることが多い。

ドウサンジは流域で一番強い流れの瀬で、チャラから瀬に入りテトラ前で瀬落ちとなり、トロ場へと続き淵になる。ここは河原に粘土が出ていて、その中に木の化石が多く見られる場所。粘土は流れの中にもあり根掛かりしやすい。

左岸側の並んだテトラ上からはアユの付いている石が見える。テトラ前の瀬落ちからトロ場にかけてがねらいめで、ナワバリを持ったアユがオトリを追う姿も視認できる。型は15〜17cmと小振りだが数釣りが期待できる。駐車場は左岸堤防道の下に5台ほどのスペースがあり、幅の広い堤防道にも駐車可能だ。

●変化に富んだ永源寺温泉前

紅葉橋周辺は放流量が最も多い人気

小倉前の川相。放流場所で、瀬落ちからトロ場にかけてアユが群れている

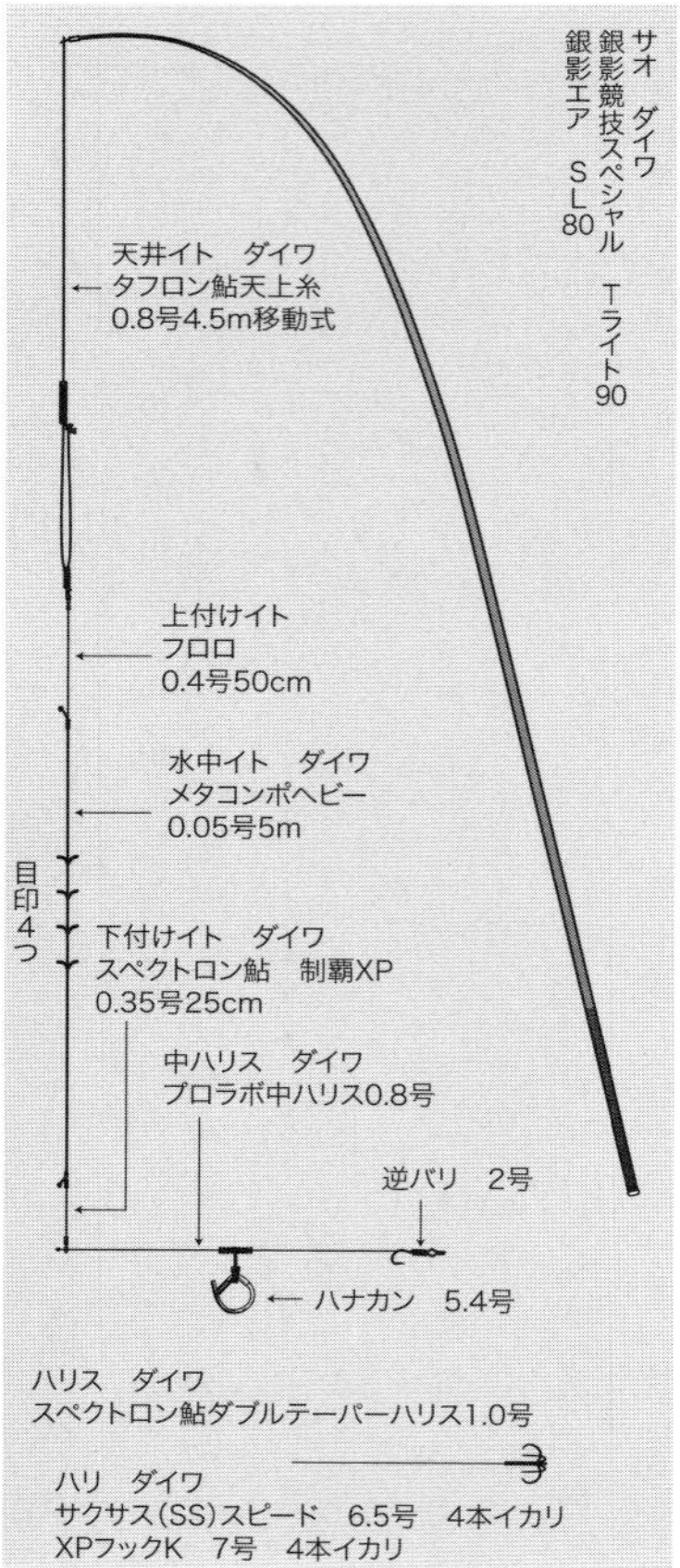
サオ　ダイワ
銀影競技スペシャル　Tライト90
銀影エア　SL80
天井イト　ダイワ
タフロン鮎天上糸
0.8号4.5m移動式
上付けイト
フロロ
0.4号50cm
水中イト　ダイワ
メタコンポヘビー
0.05号5m
目印4つ
下付けイト　ダイワ
スペクトロン鮎　制覇XP
0.35号25cm
中ハリス　ダイワ
プロラボ中ハリス0.8号
逆バリ　2号
ハナカン　5.4号
ハリス　ダイワ
スペクトロン鮎ダブルテーパーハリス1.0号
ハリ　ダイワ
サクサス(SS)スピード　6.5号　4本イカリ
XPフックK　7号　4本イカリ

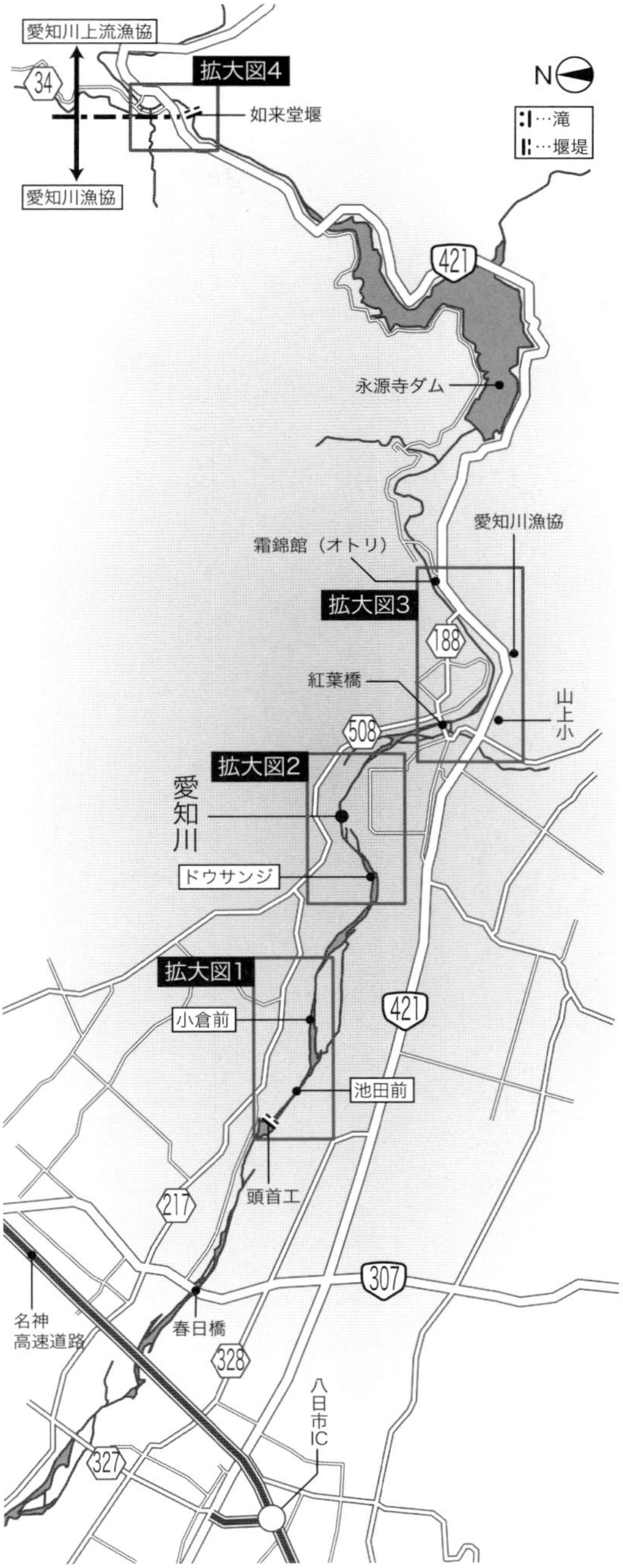

のポイント。橋の上流は瀬が続き、石裏の流れが緩いポイントに放流アユが群れていることが多いので、石裏のヨレを探って釣りたい。

近年のアユは追うというよりも、一緒に泳いでいるうちに掛かってくる感じで、オトリの泳ぎが速すぎると掛かりが悪い。ピンポイントでオトリを泳

ドウサンジ下流の流れ。
左岸側の並んだテトラ上
から見釣りも楽しめる

紅葉橋下流の流れを望む。
放流量が最も多い人気のポイント

がせる釣り方が効果的だ。駐車スペースは紅葉橋左岸の公園にある。

永源寺温泉前は大石の入った流れが瀬、トロ、渋川合流点と続き変化に富んでいる。水深も腰の高さで釣りやすく、強烈なアタリと引きが楽しめる。上流には堰があり、その上の流れでは毎年多くの放流アユが群れている。堰の肩で食むことが多く、静かに泳がせると好釣果も期待できる。

ダム上流の如来堂堰堤は、愛知川上流漁協との境となる。堰堤下流は澄んだ流れで見た目より水深があり、大石の瀬、岩盤の淵、玉砂利と流れも変化に富む。水深3mを超える淵もあり、水温が下流に比べて低いせいか、釣れるアユも美味である。解禁はダム下流より1ヵ月遅い7月上旬となる。

堰堤のタタキからテトラの石畳がポイントになる。普通の釣り人は石がないのでサオをださない場所だが穴場だ。アユのほかにイワナやアマゴも掛かっ

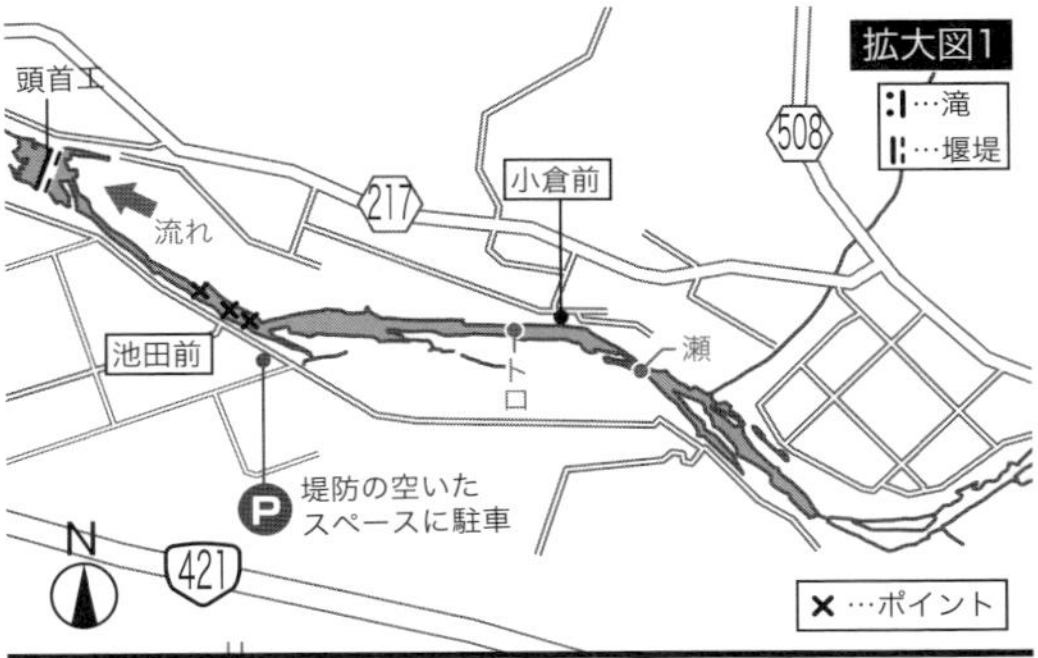
拡大図1
…滝
…堰堤
頭首工
508
217
小倉前
流れ
池田前
トロ
瀬
堤防の空いた
スペースに駐車
N
421
×…ポイント

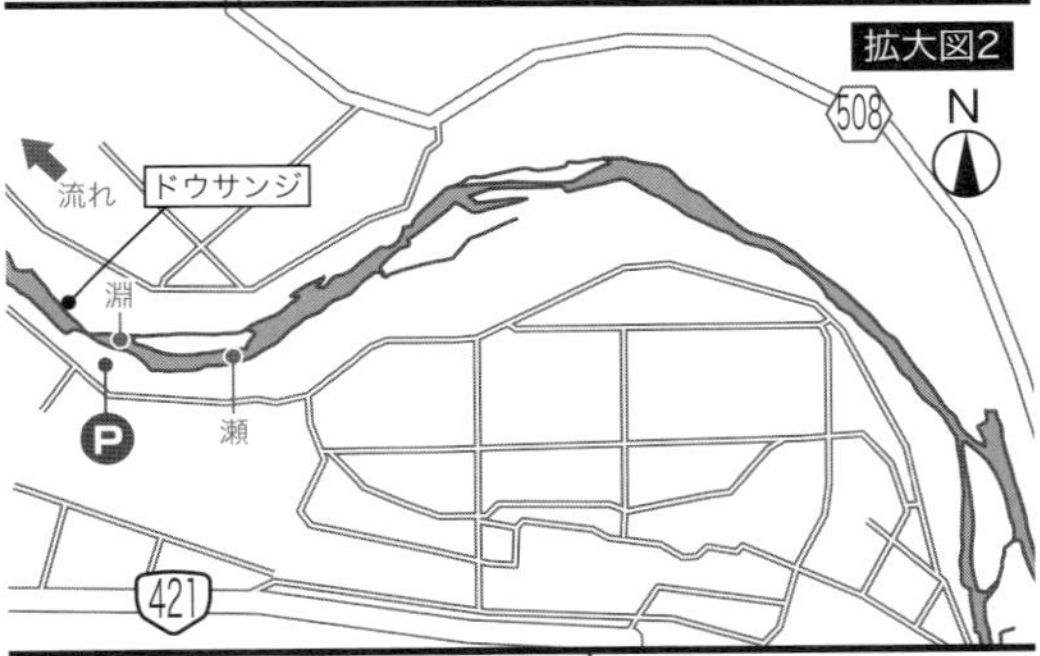
拡大図2
508
N
流れ
ドウサンジ
淵
瀬
421

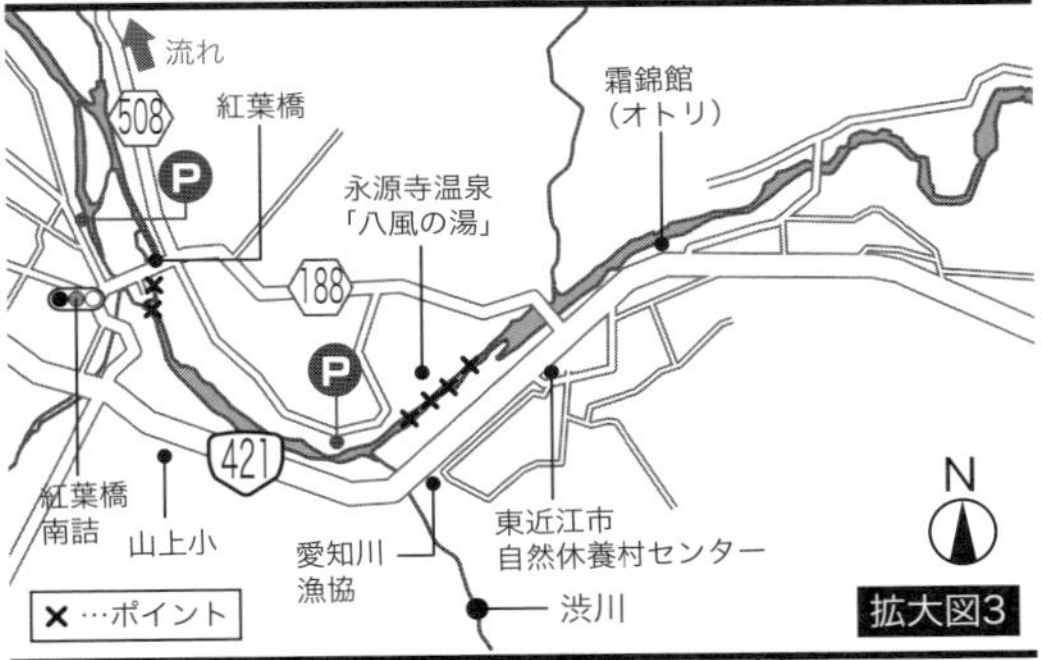
流れ
508
紅葉橋
霜錦館
（オトリ）
永源寺温泉
「八風の湯」
188
421
紅葉橋
南詰
山上小
愛知川
漁協
東近江市
自然休養村センター
渋川
N
×…ポイント
拡大図3

421
愛知川漁協
愛知川上流漁協
N
淵
如来堂堰
拡大図4
…滝
…堰堤
泳源寺ダム
×…ポイント
流れ

永源寺温泉前は大石の入った変化に富んだ流れが続く

如来堂堰堤を下流より望む。堰堤より上流は愛知川上流漁協の漁区となる

てくる。淵では岩盤に潜むアユがねらえる。

ダムのバックウオーターではブラックバスも掛かるが、アユは放流のみなので数釣りは期待薄。しかし、きれいな水と新緑の景色の中での釣りは最高で、何よりも澄んだ水に育まれたアユは美味だ（幸野）。

●滋賀県

野《や》洲《す》川

琵琶湖産天然ソ上の強烈なアタリと引きを楽しめる下流域
穏やかな流れの上流域は初心者や年配の方にもおすすめ

野洲川は、鈴鹿山脈の御在所山付近を源に滋賀県南部を流下して琵琶湖に注ぐ川で、毎年多くの天然ソ上アユを釣ることができる。流程約65㎞の流れは2つの漁協によって管理されている。甲賀バラス（生コンの会社）を境に上流は甲賀市土山漁協、下流は野洲川漁協の漁区となる。両漁区とも毎年多くの友釣りファンで賑わいを見せている。

甲西中央橋より下流を望む。トロ場が多く泳がせ主体の釣り場だ

●野洲川漁協管区・下流域

最初に下流域・野洲川漁協の管理するエリアを紹介したい。石部頭首工から甲賀バラスまでの約20㎞の区間は、琵琶湖産の天然ソ上が主体で、小型ながら強烈なアタリと引きが楽しめ、数も期待できる。

中郡橋下流から石部頭首工のバック

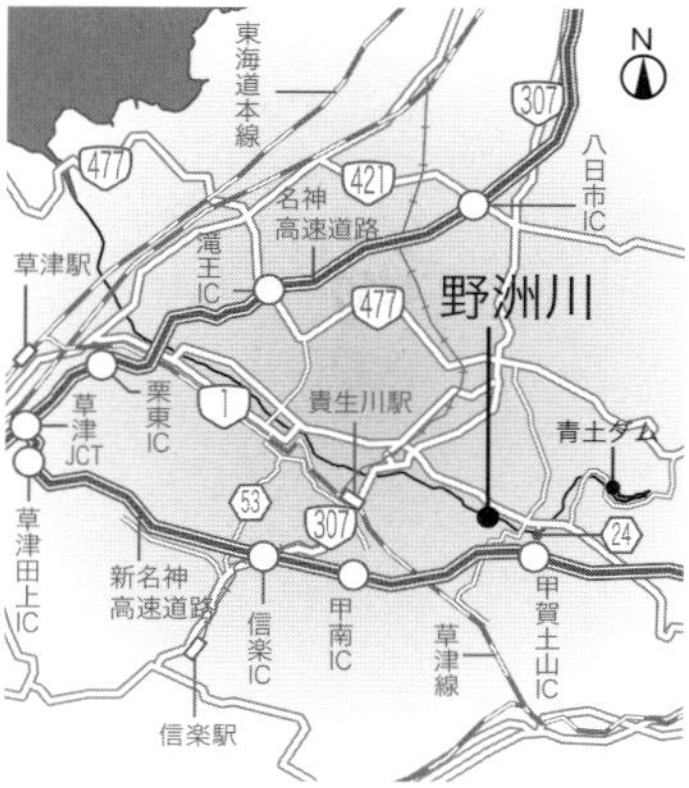

information

●河川名　野洲川
●釣り場位置　滋賀県野洲市、湖南市、甲賀市
●解禁期間　6月13日～9月末（野洲川漁協）、甲賀市土山漁協は6月14日特別解禁（オトリ2尾付き3000円）、6月20日一般解禁
●遊漁料　日釣券2000円・年券8000円
●管轄漁協　野洲川漁業協同組合（Tel0748-72-1185・テレホン釣り情報Tel0748-72-6000）、甲賀市土山漁業協同組合（Tel0748-68-0068）
●最寄の遊漁券取扱所　三雲釣具店（Tel0748-72-0398）
●交通　名神高速道路・栗東ICを降り、国道1号で下流部へ。中上流部へは新名神高速道路・信楽IC、甲賀土山ICを降り国道1号利用

中郡橋より上流を望む。チャラ瀬から瀬で初期から終盤まで数が望める

ウオーターまでの区間は、解禁から数が釣れるポイント。川幅が広々とした場所でチャラ瀬、瀬の流心がねらいめだ。小石の中に点在する頭大の石周りでナワバリアユが掛かってくる。下流にアユが溜まる石部頭首工が控えているので終盤まで楽しめるが、投網の解禁が早く釣果は減少する。駐車スペースは石部頭首工上流右岸側にある。

中郡橋上流にある国本建設前も人気のポイントだ。チャラ瀬から瀬が100mは続き、初期から終盤まで数が望める。

甲西大橋から甲西中央橋間は比較的穏やかな流れで、トロ場が多く泳がせ主体の釣り場だ。水温が上昇する頃から追いが活発になり、釣果も上向く。

新生橋上下は車横付けで釣りが楽しめ、流れも変化に富んでいる。下流は両岸とも粘土質で通称・象の足跡（足跡の化石が見つかったため）と呼ばれている。川底の粘土上にある小石や頭大の石周りにアユが付くため、ピンポイントでオトリを止めてねらう。

　新生橋の上流に堰があり、その下にアユが溜まりやすく、そこから橋まで続く瀬も人気が高い。瀬は釣り人も多いので、足元、ヘチ、人の歩いた場所などサオ抜けになりやすい所がねらいめだ。

　横田橋周辺は、下流域では唯一オトリ店（橋のたもとに三雲釣具店）がある所だ。橋下流は瀬からトロでサオを立てて泳がせ釣りでねらいたい。橋上流は左岸のテトラ前が人気だ。水深もあり押しが強く流れもあるので、瀬釣り好きにはおすすめだ。

　杣川合流から常夜灯前は車で河原まで行けるが、杣川出合は4WD車でないとスタックする怖れがあるので注意。川相はチャラ瀬、岩盤、早瀬が続き、解禁当初から終盤まで釣れる。また杣川合流点から甲西中央橋までは友釣り専用漁区となり、数釣りがメインで終

新生橋より上流を望む。ここは車横付けで変化に富んだ流れを楽しめる

横田橋より下流を望む。瀬からトロを泳がせ釣りでねらいたい

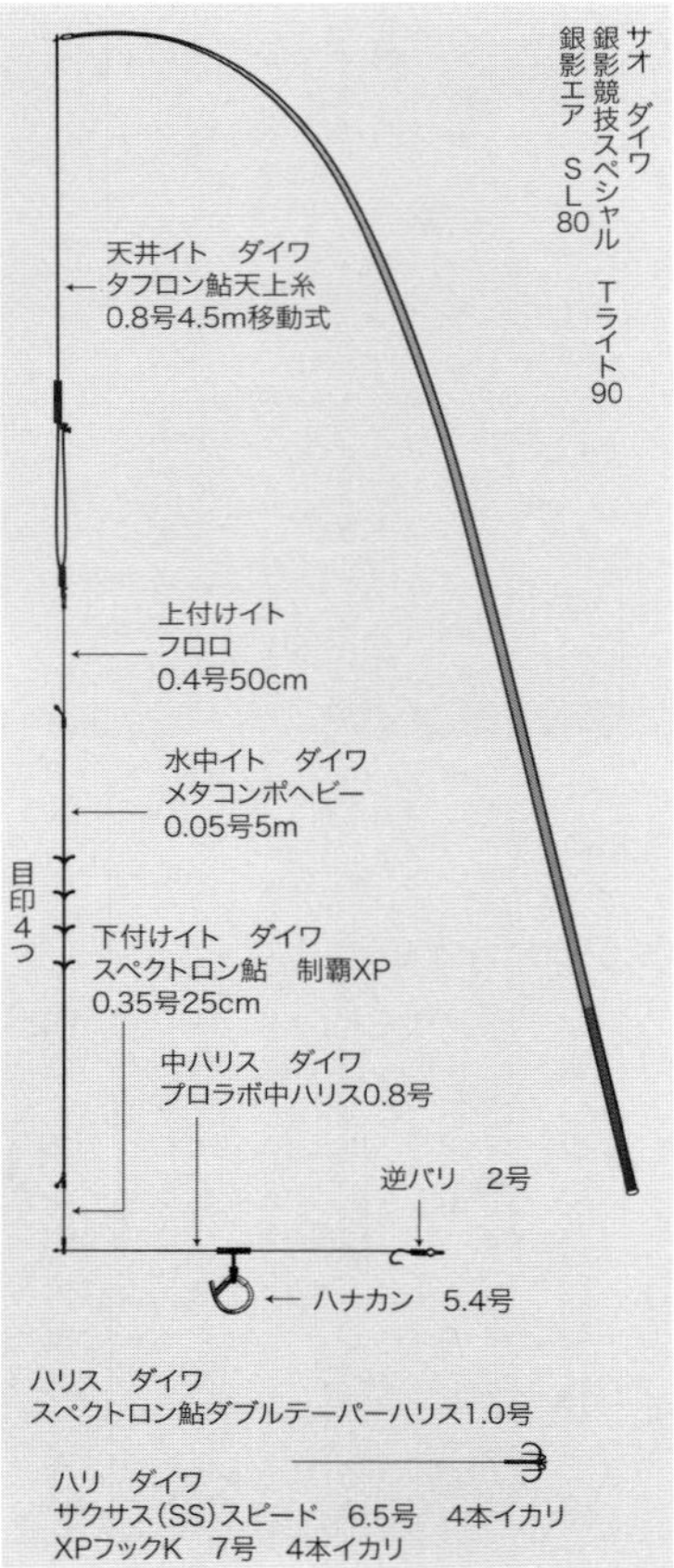
サオ　ダイワ
銀影競技スペシャル　Tライト90
銀影エア　SL80
天井イト　ダイワ
タフロン鮎天上糸
0.8号4.5m移動式
上付けイト
フロロ
0.4号50cm
水中イト　ダイワ
メタコンポヘビー
0.05号5m
目印4つ
下付けイト　ダイワ
スペクトロン鮎　制覇XP
0.35号25cm
中ハリス　ダイワ
プロラボ中ハリス0.8号
逆バリ　2号
ハナカン　5.4号
ハリス　ダイワ
スペクトロン鮎ダブルテーパーハリス1.0号
ハリ　ダイワ
サクサス(SS)スピード　6.5号　4本イカリ
XPフックK　7号　4本イカリ

盤には23cm超の良型も期待できる。

新岩上橋上流のポイントは、下流に水口頭首工があり、ここで天然ソ上のアユはほとんど足止めされる（台風の大水の時は堰を開放）。ただ、梅雨の雨量が多い時は堰を越えてソ上する。甲賀バラスまでが野洲川漁業組合の漁場で、最上流にあたるポイント。川幅

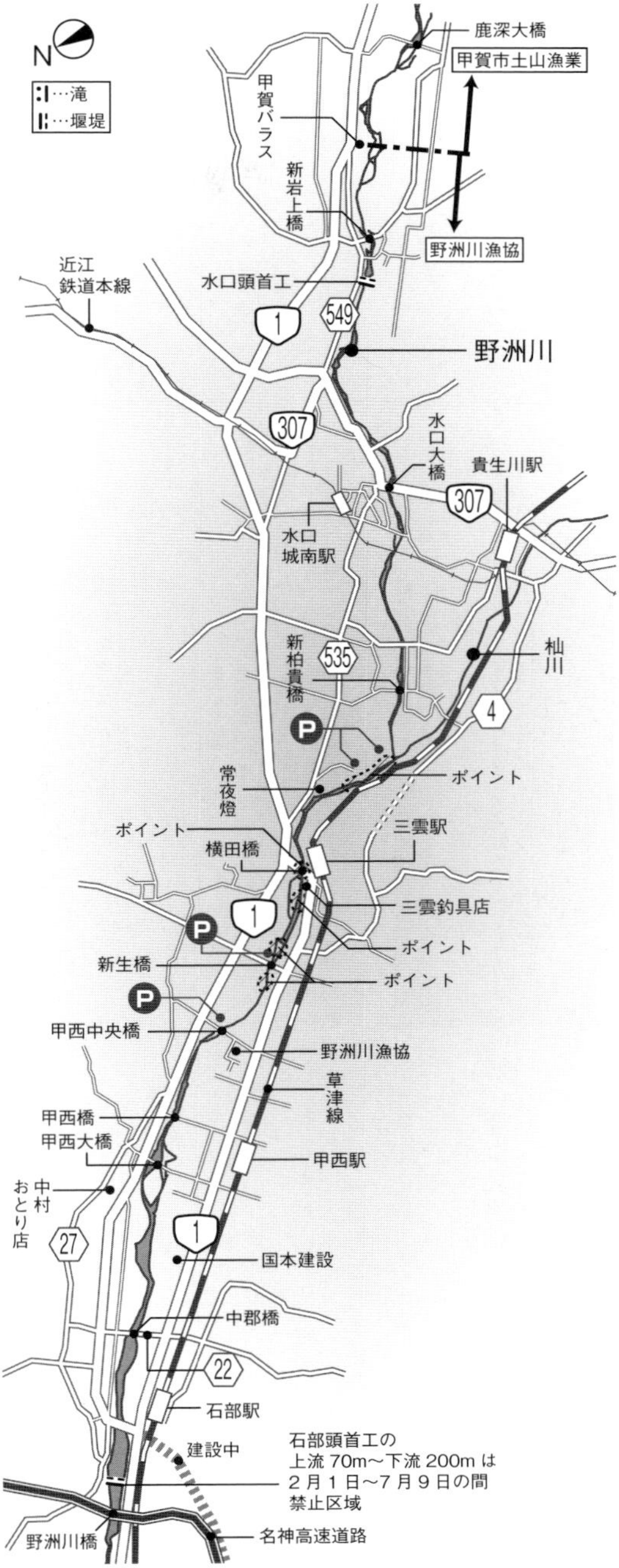

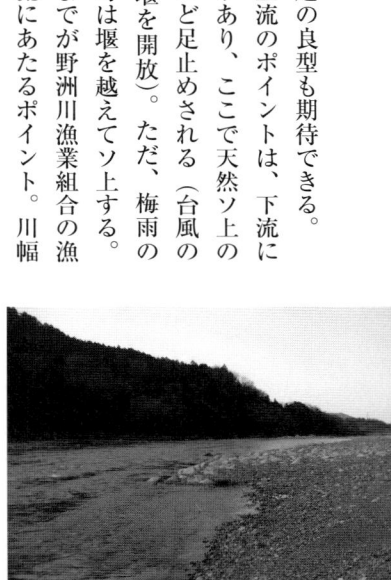

杣川合流点。常夜燈付近は４ＷＤ車でないとスタックする怖れがあるので注意

常夜燈上流の流れ。チャラ瀬、岩盤、早瀬が続き解禁当初から終盤まで釣れる

鹿深大橋上流の流れ。
川幅も広く小石底の瀬やトロが続く

岩室橋より上流を望む。
チャラ瀬がねらいめで数釣りが楽しめる

が広く瀬が続く場所で、良型がねらえる。

●甲賀市土山漁協管区・上流域

甲賀バラスから青土ダム上流、支流の田村川、野洲川（松尾川）を管理するのが甲賀市土山漁協。川相は水量も少なく、流れが比較的緩いので初心者や年配の釣り人が多い。釣れるアユも美味だ。

鹿深大橋周辺は、川幅も広く小石底の瀬やトロが続く。天然ソ上が多い年は数釣りが期待できるが、放流魚のみの場合は釣果も振るわないので釣り人も少ない。しかし、広範囲を足で探り、アユの付き場を見つければ大釣りも夢ではない。

岩室橋周辺は駐車スペースも多く、釣り人で賑わうポイント。上流のチャラ瀬がねらいめで数釣りが楽しめる。橋下はアユが多く見えるが、河原に釣り人が立つとすぐに散るので、水際か

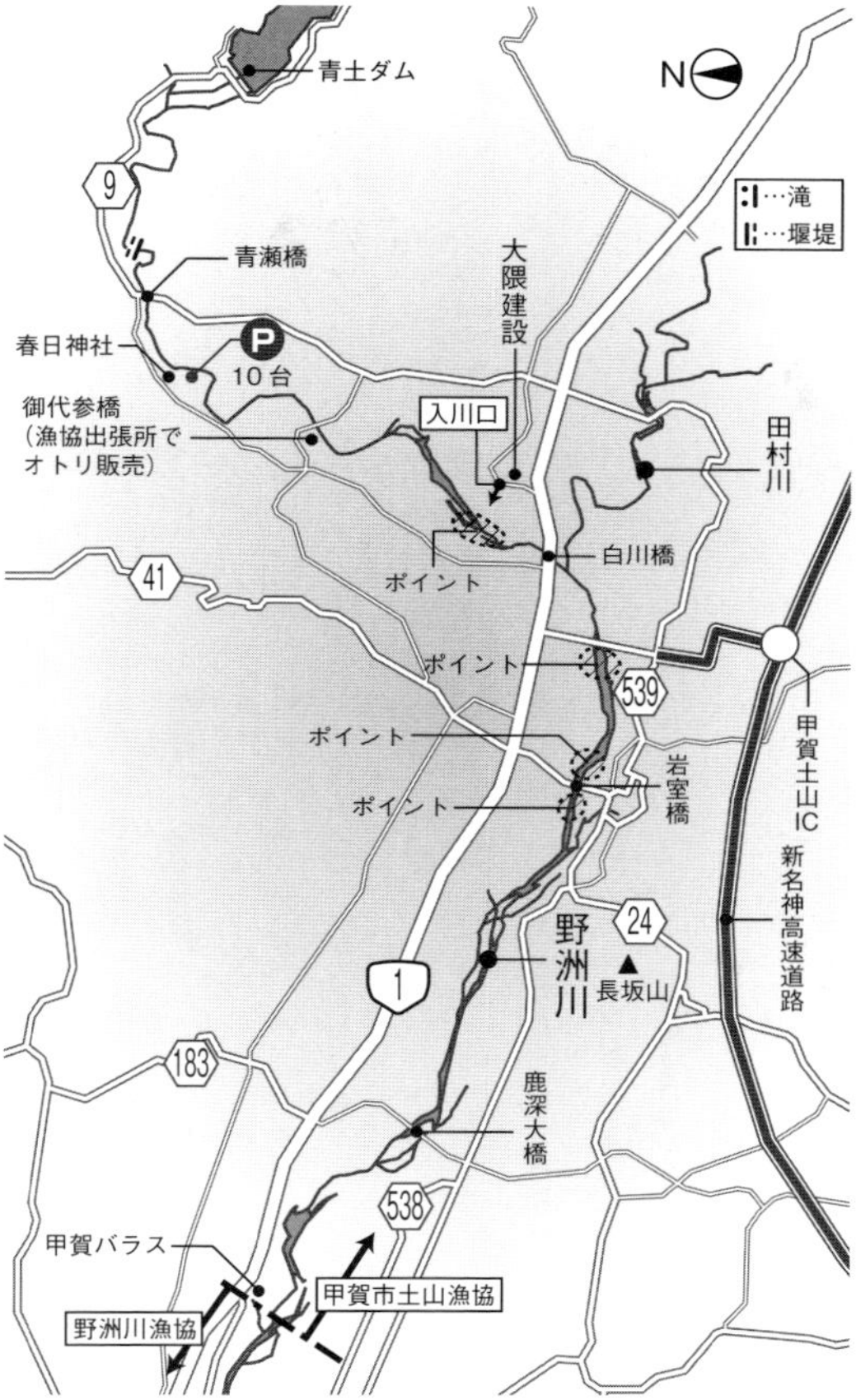

御代参橋より上流を望む。奥に見えるカーブの先にある瀬がおすすめ

春日神社前の川相。河川工事でテトラが設置され、今後に期待したい

ら離れてサオをだすのが釣果のカギ。

御代参橋周辺には、漁協のオトリ出張所が２０１４年度より設けられた。おすすめのポイントは、御代参橋の上下流にある川が曲がって見えなくなる場所の瀬だ。いずれも下流にアユの溜まる所があり、釣り返しが利くので数がねらえる。橋から歩くと距離があるせいか釣り人も少なく、のんびり楽しめる。

春日神社前は２０１４年度に河川工事が行なわれ多くのテトラが入ったので、今後に期待したいが、下流は以前よりアユが付くポイントが増えたように思われる。

青瀬橋上の堰からダムにかけては川幅も狭く、木々が川を覆う場所や両岸岩壁となる川相もあるため、サオも８ｍほどが使いやすい。入川口、車の駐車スペースが少ないため釣り人の姿もあまり見られず、一人一瀬で楽しめる（幸野）。

●京都府

美《み》山《やま》川（由良川上流）

サオをだすだけでも心が洗われる山間の美しい流れ
小中型中心だが京都の料亭で重宝される抜群の食味

上流から赤い平屋大橋を望む。橋のたもとに美山漁協がある。多彩なポイントが狭い区間に点在する

　京都・美山川は、関西の友釣りファンにはよく知られた名前だが、地図やカーナビにその名はなく、初めて遠方から来られる方は多少戸惑われるかもしれない。美山川とは、一級河川・由良川の上流部、由良川源流から大野ダムまでの美山漁協管轄部分の俗称である。由良川（美山川）は京都・滋賀・福井の府県境にある自然豊かな芦生原生林を源とし、南丹市美山町を西へ流れ、綾部市・福知山市など１４６㎞を経て、宮津市と舞鶴市の境界となる若狭湾へと注ぎ込む。『まんが日本昔ばなし』に出てきそうな山里の中を縫うように流れる美山川は日本の原風景。このきれいな川でサオをだすだけでも心が洗われると絶賛してくれる釣り人も多い。

　源流部を形成する芦生原生林は、多種多様な植物が生息する日本有数の自然の宝庫であり、そこから流れ出す川の水質は抜群。とてもきれいで透明度が高く、上流部なら淵底のアユまではっきりと見ることができる。

　その透明度の高さゆえに水深を見誤る方も多く、「底まで見えているからもっと浅いと思ったのに……」と全身びしょ濡れの釣り人も時々見かけるので、気を付けていただきたい。

　この水の恩恵を全身に受け、抜群の環境で育ったアユの味はとても美味しく、京都の料亭などでは、「美山川のアユ」ブランドがすでに確立され他河川産とは区別される。特に上流部で釣れるアユは、香りやヌメリが違う。アユの味を競う「清流めぐり利き鮎会」

での準グランプリ3度受賞も伊達ではない。釣ったアユは、ぜひ家族と味わっていただきたい。大きさは18～23㎝の小中型が中心だが、食べて一番美味しいサイズといえる。

　アクセスもずいぶんよくなり、高速道路を利用するなら、名神高速とつながった京都縦貫道を利用すれば非常に便利。京都市街地から国道162号を利用の場合も、トンネルが多数できており、約1時間の道のりは景色のよい快適なドライブコースだ。

　美山にコンビニはない。それらしき店といえば、夜中には閉まるヤマザキショップ1軒のみであるが、道の駅や「美山かやぶきの里」などの観光地には、食事やトイレなどの施設がしっかり整っているので、上手く利用しながら快適に釣りを楽しんでいただきたい。アユタイツのまま入れる食堂も随所にあるので、オトリ購入時にそんな情報も入手するとよいだろう。

●美山漁協周辺

information

●河川名　由良川水系美山川
●釣り場位置　京都府南丹市
●解禁期間　6月6日～12月31日
●遊漁料　日釣券3500円・年券1万3500円
●管轄漁協　美山漁業協同組合(Tel0771-75-0210)
●最寄の遊漁券取扱所　ひまわりオトリ店(Tel0771-77-0123)、江和ランド(Tel0771-77-0330)、湯浅店(Tel0771-75-0028)
●交通　京都縦貫自動車道・園部ICを降り府道19号で美山川へ

便利さ抜群でありながら、シーズンを通して安定した好釣果が望める1級ポイント。美山川で開催される競技会の決勝エリアでもある。

　国道162号から来ると、美山川に架かる通称・赤橋と呼ばれる赤い欄干の平屋大橋が目印。その橋のたもとに美山漁協がある。向かいにある道の駅・美山ふれあい広場をナビに入力すれば簡単に着ける。道の駅にはパンやお弁当なども売っており、清潔なトイレもあるので便利。名産の美山牛乳から作ったジェラートショップなど行列の人気店もある。漁協隣の「レストラン　芦生」も、ひとこと断ればアユタイツ姿でも食事させてくれる場所の1つ。ここの唐揚げメニューは絶品だ。

　橋の下には、普通車でも安心して駐車できるスペースがある。漁協で遊漁券やオトリを購入して真下の川に降りれば、すぐにでも釣りを始められる。

　このエリアは上流に高い堰堤があり、

ソ上するアユが止まるタンクとなる場所が随所にあるのでいつも魚影は多い。橋の上下流は変化に富み、瀬・チャラ・淵・トロなど多彩なポイントが狭い区間に点在しており、1日飽きずに友釣りが楽しめる。

漁協から降りたトロ場はカガミになっており、アユの動きが見やすいポイントなので、初心者の友釣りデビューには最適な場所だ。野アユの追いからハリ掛かりする瞬間まで見られるので興奮する。

橋の下流は岩盤底になっている場所が多く良型が掛かる。特に盛期の増水後などはねらいめだ。逆に橋の上流にある竹ヤブ前のチャラ瀬などは、やや小振りだが数が出る。

この周辺は全体に川幅が広くないのでサオをだす方向が一方方向になりやすい。そんな所では足下がサオ抜けとなっている場合が多いので、まずは手前をきっちり探り、元気なオトリにチェンジしてから本命ポイントをねらうのがベスト。

夕方にも強いポイントなので、目標の釣果に届かない時など、起死回生をねらってここを最終ポイントに選ぶと、思わぬ好釣果に恵まれることもある。

●ひまわりオトリ店裏

漁協から約8㎞上流、美山かやぶきの里を過ぎて数百m行くと、釣り具メーカーの幟《のぼり》旗がたくさん並んだ「ひまわりオトリ店」がある。店主は地元の

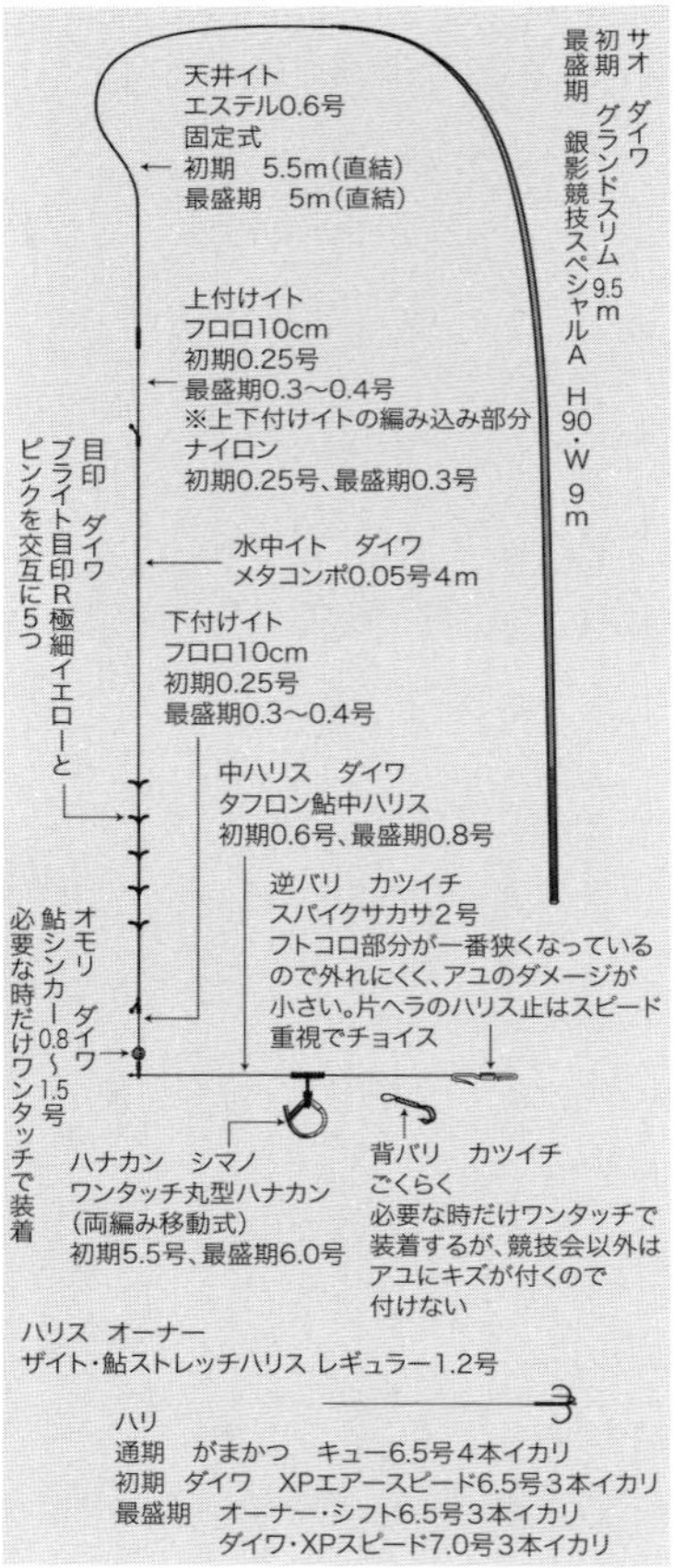

サオ　ダイワ
初期　グランドスリム 9.5m
最盛期　銀影競技スペシャルA　H90・W 9m
天井イト
エステル0.6号
固定式
初期　5.5m(直結)
最盛期　5m(直結)
上付けイト
フロロ10cm
初期0.25号
最盛期0.3〜0.4号
※上下付けイトの編み込み部分
ナイロン
初期0.25号、最盛期0.3号
目印　ダイワ
ブライト目印R極細イエローと
ピンクを交互に5つ
水中イト　ダイワ
メタコンポ0.05号4m
下付けイト
フロロ10cm
初期0.25号
最盛期0.3〜0.4号
中ハリス　ダイワ
タフロン鮎中ハリス
初期0.6号、最盛期0.8号
逆バリ　カツイチ
スパイクサカサ2号
フトコロ部分が一番狭くなっているので外れにくく、アユのダメージが小さい。片ヘラのハリス止はスピード重視でチョイス
オモリ　ダイワ
鮎シンカー0.8〜1.5号
必要な時だけワンタッチで装着
ハナカン　シマノ
ワンタッチ丸型ハナカン
(両編み移動式)
初期5.5号、最盛期6.0号
背バリ　カツイチ
ごくらく
必要な時だけワンタッチで装着するが、競技会以外はアユにキズが付くので付けない
ハリス　オーナー
ザイト・鮎ストレッチハリス レギュラー1.2号
ハリ
通期　がまかつ　キュー6.5号4本イカリ
初期　ダイワ　XPエアースピード6.5号3本イカリ
最盛期　オーナー・シフト6.5号3本イカリ
ダイワ・XPスピード7.0号3本イカリ

ひまわりオトリ店裏にある中潜没橋周辺の流れ。魚影は多くよく釣れるが、腕の差が出やすい

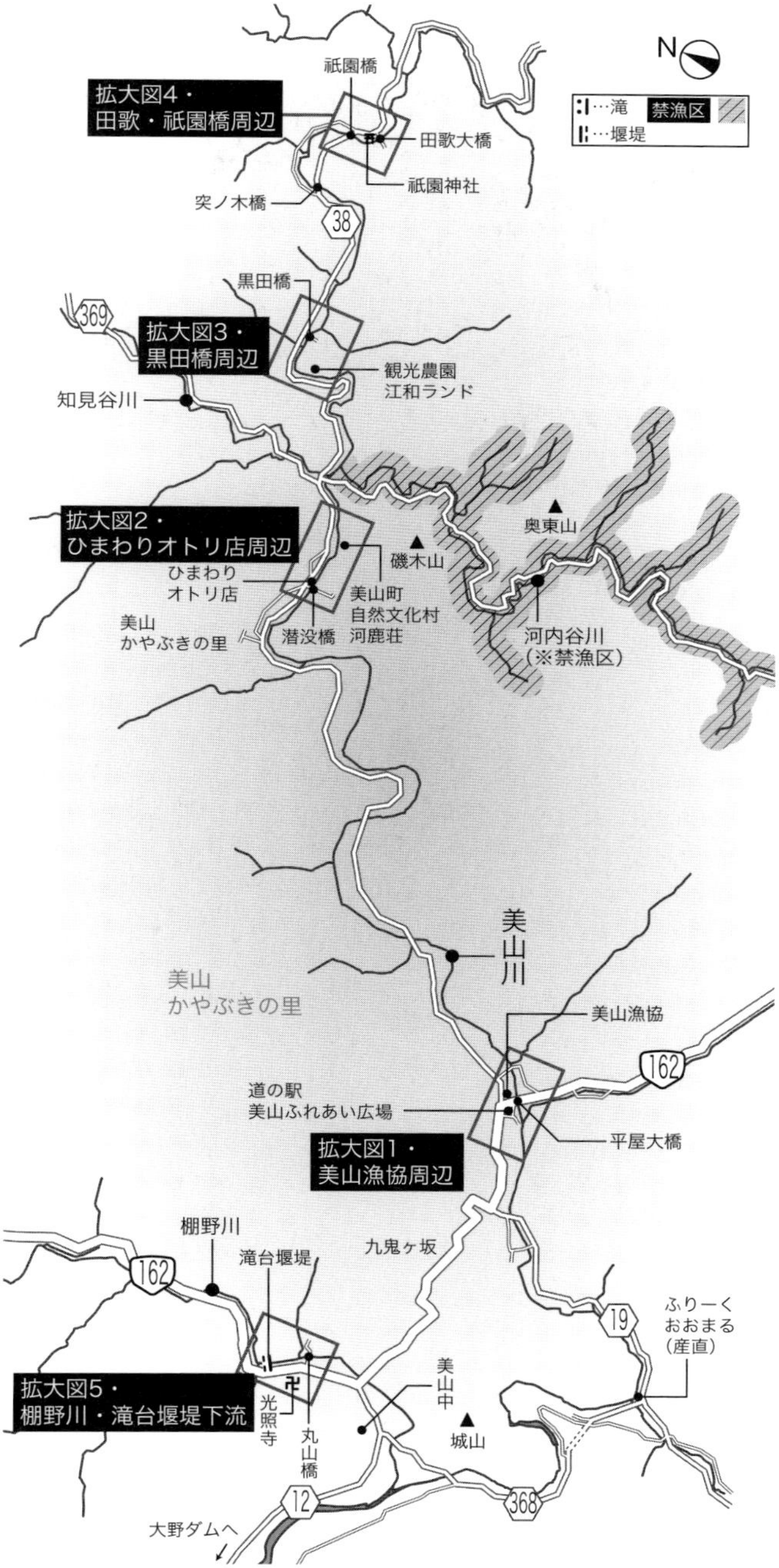

トップトーナメンター兼アユ漁師なので、確かな最新情報が入手できる。そのうえオトリ選びにも厳しく、常に元気なオトリしか扱わないので、釣り人の信頼がとても厚い人気店だ。

店裏の河原は広く、普通車でも駐車可能。河原からも歩いて上がれるので、トイレやオトリの追加など、困った時には頼れる便利な場所だ。

中潜没橋を渡れば、美山町自然文化村のキャンプ場で、宿泊施設・河鹿荘もすぐ。家族とキャンプしながら、食材調達を言い訳に友釣り三昧も可能だ。大釣りならお株が上がるし、たとえ撃沈してもひまわりオトリ店の天然オト

清冽な水の恩恵を全身に受け、抜群の環境で育った美山川のアユ

黒田橋から下流を望む。初期におすすめとなる竹ヤブ前の瀬

りという心強い味方がある。帰りには、河鹿荘の日帰り入浴で冷えた身体を温めて疲れを癒やすのが常連客のパターンとなっている。

　このポイントは、上下流に堰堤があり、どちらもその手前に大きな淵が控え、常にアユの供給が利く絶好の釣り場環境にある。魚影は多くよく釣れるが、腕の差が出やすいポイントで、地元の釣り人にとってもよき練習場所となっている。

　人気のある場所なので、野アユには常にプレッシャーが掛かっているが、川底の変化やアユの通り道を意識して、ていねいに泳がせると追ってくる。ただし、ベタサオでなければオトリが沈まない、止まらないような流れも混在しているので、オールラウンドな釣りをしないと全体を探りきれない。

　さらに、ヤナギやアシなどの植物、壊れた橋脚のコンクリートなどアユが隠れられる障害物が多くある場所ほど魚影が多く、その際をきっちり流すことができるかどうかが釣果の差になる。良型も障害物の際ぎりぎりや、きつい絞り込みに潜んでいるので、根掛かりや親子どんぶりを恐れずにねらいたい。

　夏休みになると、上流部にアユのつかみ取りの特設会場ができるなど、川遊び客で昼間は賑わうので、夕方静かになった頃を見計らって浅瀬に食《は》みに出てきたアユをねらうのも面白い。

●江和ランド（黒田橋）周辺

　漁協から約10㎞上流、カーナビに「観光農園・江和ランド」と入力すれば、到着直前に渡る橋が黒田橋である。江和ランドは、オトリの販売だけでなくロッジで宿泊もできる。

　このエリアは競技会の予選によく使われるだけあって、上下流に歩いて行ける好ポイントが長く続くため、大人数での入川時には重宝する。友釣り専用区に指定されることも多く、毎年放流量も多めだ。

　黒田橋下流で初期におすすめなのが竹ヤブ前の瀬や、突き当たりの淵（突き回し）上の岩盤と大石が混在した瀬など、波立ちの大きい流れ。盛期になると岩盤底が面白い。突き回しの淵底岩盤に付く良型だけにねらいを絞った釣り人が一日居座っていることもある。

　淵をさらに下ると福岩の瀬と呼ばれる長い瀬があり、ここは時期を問わず安定した釣果が望める。橋上流は淵と瀬が交互に入り混じる流れで、上江和堰堤まで釣り上がることができる。他のエリアよりもポイント間が広めでゆったりと釣りを楽しめるが、この広さを活かすには少し見切りを早めにしたテンポよい釣りで、できるだけ多くのポイントを探るのが有効。逆に混雑している場合は、少し掘れ込んだ流れや瀬の落ち込みなど、多くの釣り客に驚いたアユが逃げ込みそうな場所を静かにねらってみるのもよい。どちらかといえば泳がせ釣りに軍配が上がる。

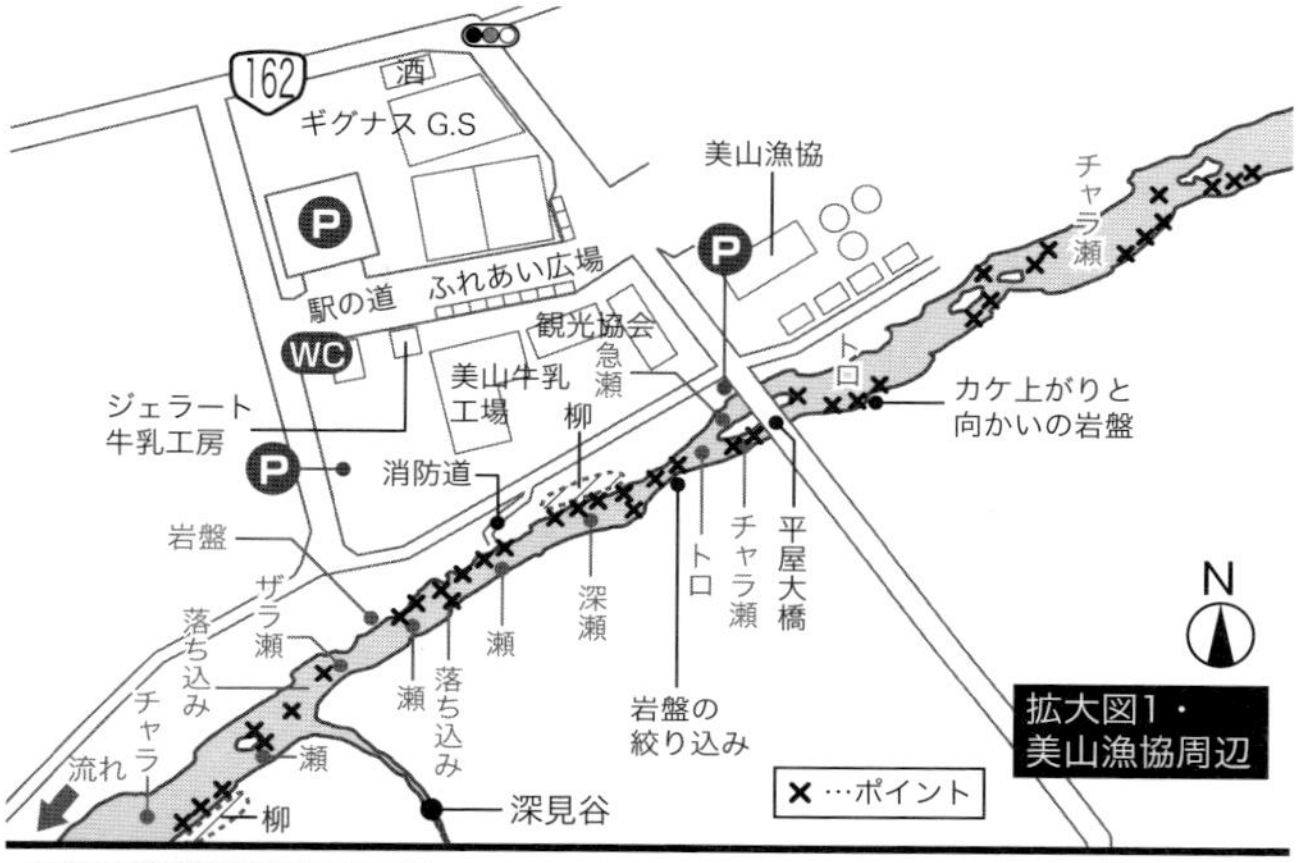

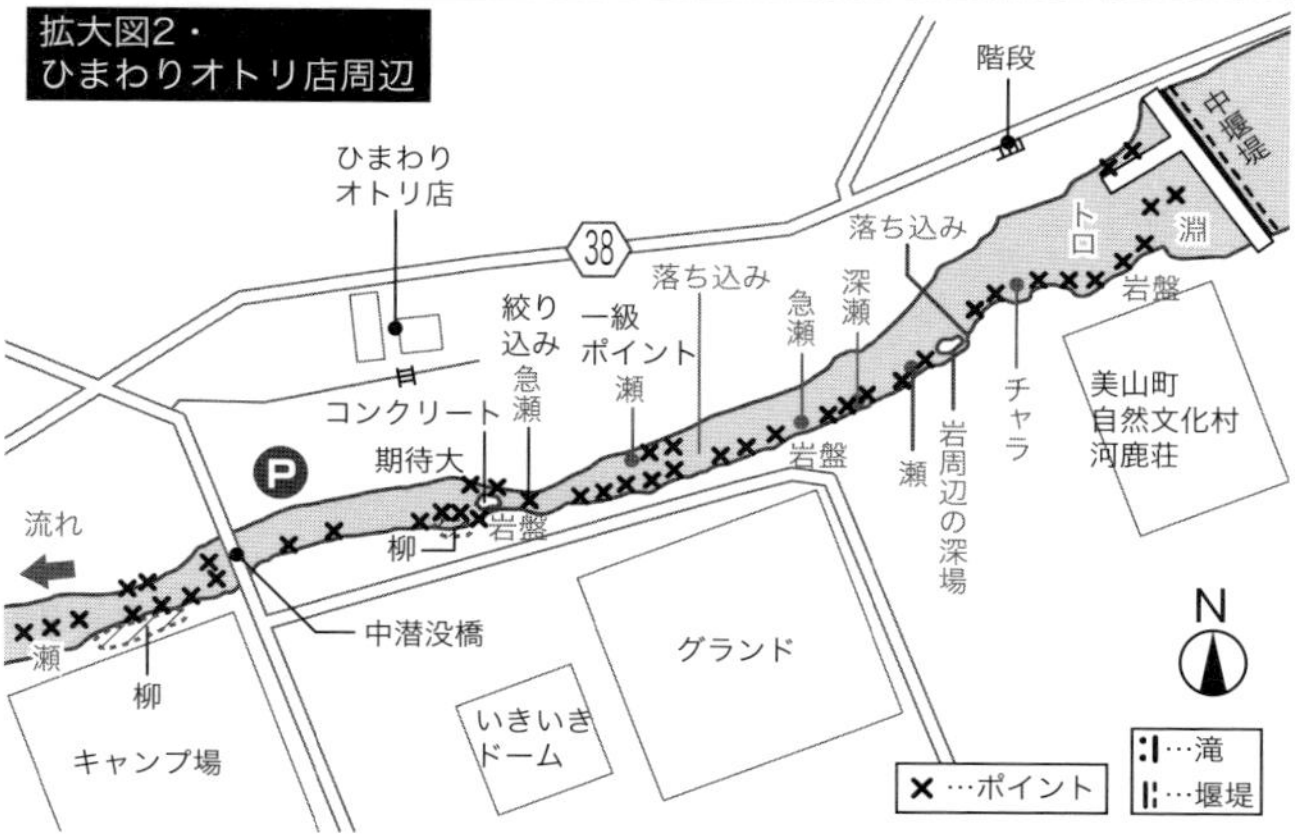

●田歌・祇園橋周辺

　美山川の美味しいアユの中でも、この辺りから上流は格別となる。味はもちろん、背ビレの大きな美形アユが抜群の引きを楽しませてくれる。田歌地区はシーズン初期によく掛かる印象だが、豊富な伏流水の恩恵を受けて渇水時にも強いポイントだ。アユも環境も最高だが、ここまで上流に来ると自販機すらない。一日粘るなら飲食物は行く道中で調達し、持ち込む必要がある。

祇園橋上流は、祇園神社下の淵に溜まるアユが常に供給されるため、いかにも釣れそうな瀬となっている。頭大の石がゴロゴロしているので、隙間を縫うように泳がせたり、上で止めたりしながら往復すると、多少の釣り返しが利く。橋の真下は釣りづらい絞り込みだが、釣り残しが多くねらいめ。

淵の上流にある田歌大橋までの瀬も好ポイント。DVD『鮎の王国』で村田満名手が爆釣しているポイントは、この瀬である。台風災害で道が流され、護岸復旧工事が行なわれたばかりだが、いくら川をいじってもそのシーズンから必ず復活してくれる頼もしい場所なので、今回も即刻復活に期待したい。

祇園橋の下流も、突ノ木橋まで好ポイントが続くので、きっちり足で稼ぐと満足のいく釣果が手にできる。

ここから上流は、石が大きく落差のある渓流相となり、アユの数よりも質を望む釣り人に人気のエリアとなる。

下流より祇園橋を望む。下流側は突ノ木橋まで好ポイントが続く

●支流・棚野川

美山川の一番大きな支流で、狭い川幅ながらも良質のアユが育つ川としてファンが多い。増水後の回復が早く、本流が濁りでダメな場合でも、いち早くサオがだせる。アカが飛ばずに残る程度の増水ですむ場合も多く、増水が続くような状況では頼みの綱的存在。逆に極度の渇水時には静かな釣りを要求されるので難しくなる。

河原がほとんどなく川幅も狭いため、最近注目されている短ザオが活躍するエリア。9mを超えるサオだと、木の枝などが邪魔になり釣りづらい個所も多い。オトリは棚野川最下流の湯浅店などを利用されたい。上流にはオトリ店がないので要注意。

人気のポイントは、滝台堰堤下流や伯耆《ほうき》橋下流（元・市川釣具店前）、五味田橋上下流など障害物が比較的少なく釣りやすい場所が中心となるが、飛び越せるくらいの川幅になる上流域までアユは釣れるので、隠れた穴場的ポイントも多い。生い茂った枝などを気にしない、谷川が大好きな釣り人にはパラダイスとなる。

支流・棚野川。下流から滝台堰堤を望む。川幅が狭いので短ザオが活躍する

本流に比べればアユは多少小振りだが、黄色い追い気のある魚が多く勝負が早い印象だ。

最後に、全体にいえることだが、通常の美山川なら入川前に高い所からじっくり観察すれば、多少の波立ちの中でさえアユが確認できるはずだ。ガンガンに追い気のあるアユが数尾見付けられれば、川に立った時にでも位置が分かるような目印も一緒に覚えておくと、最初のオトリ交換に手間取ることが少なくなる。早くサオをだしたい気持ちを抑えて、ぜひ実践していただきたい（大隅）。

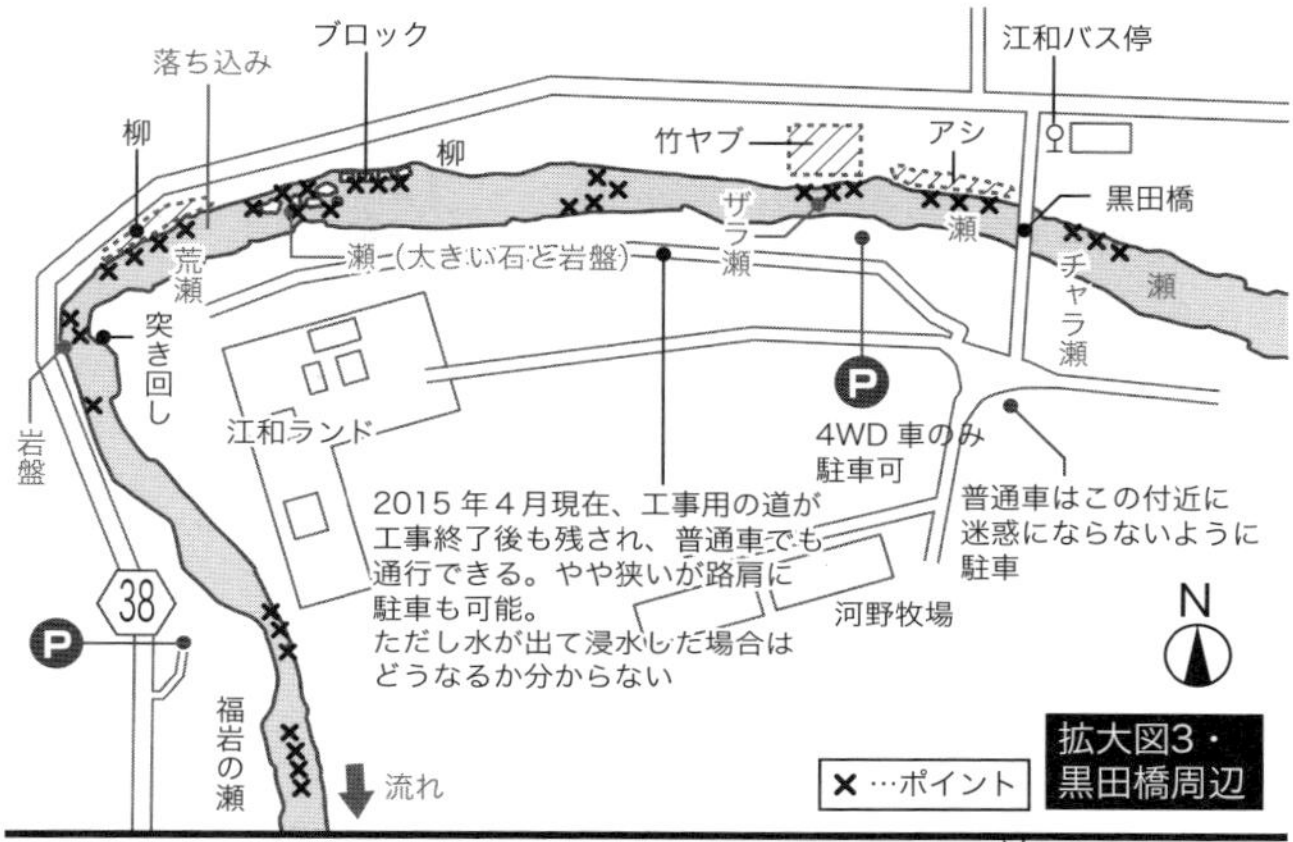

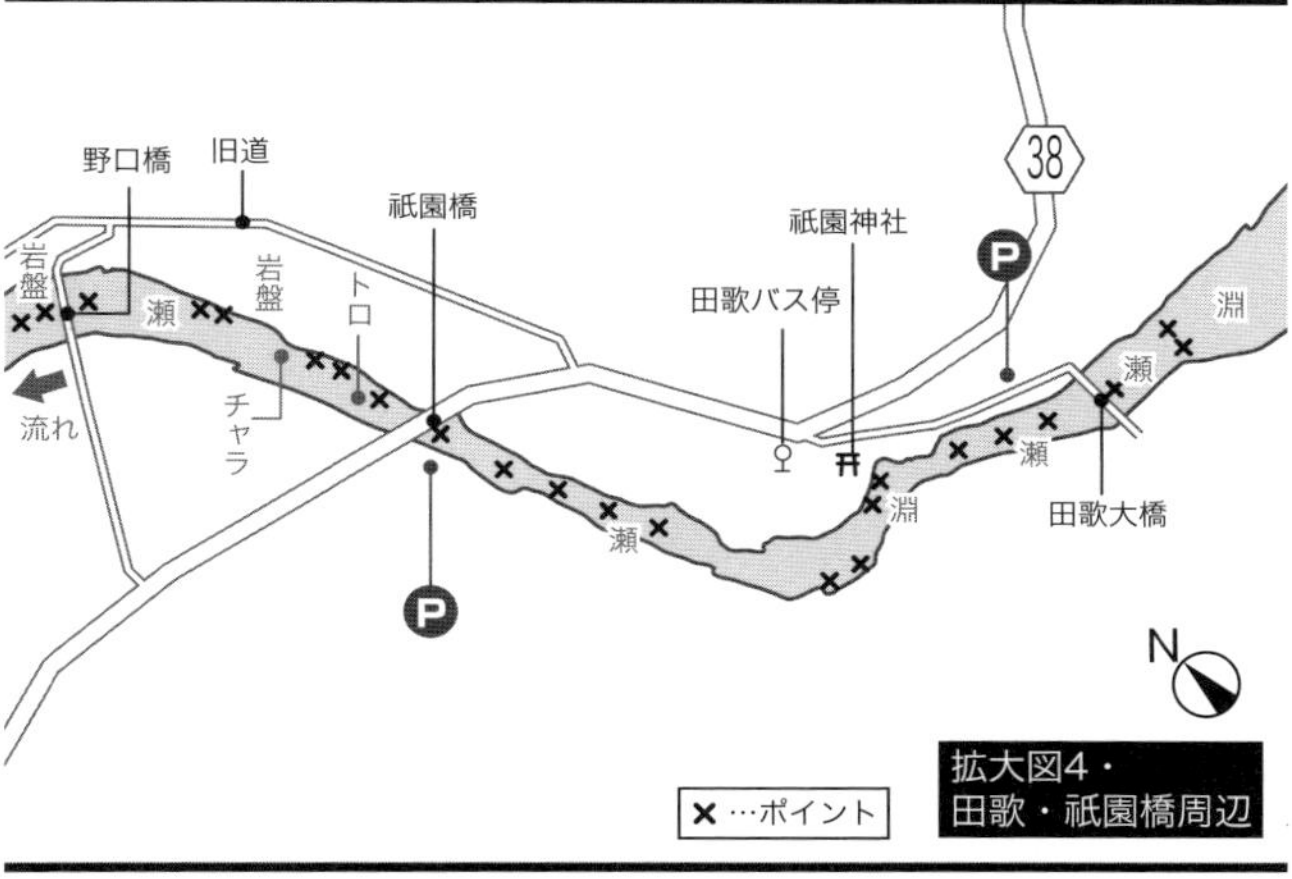

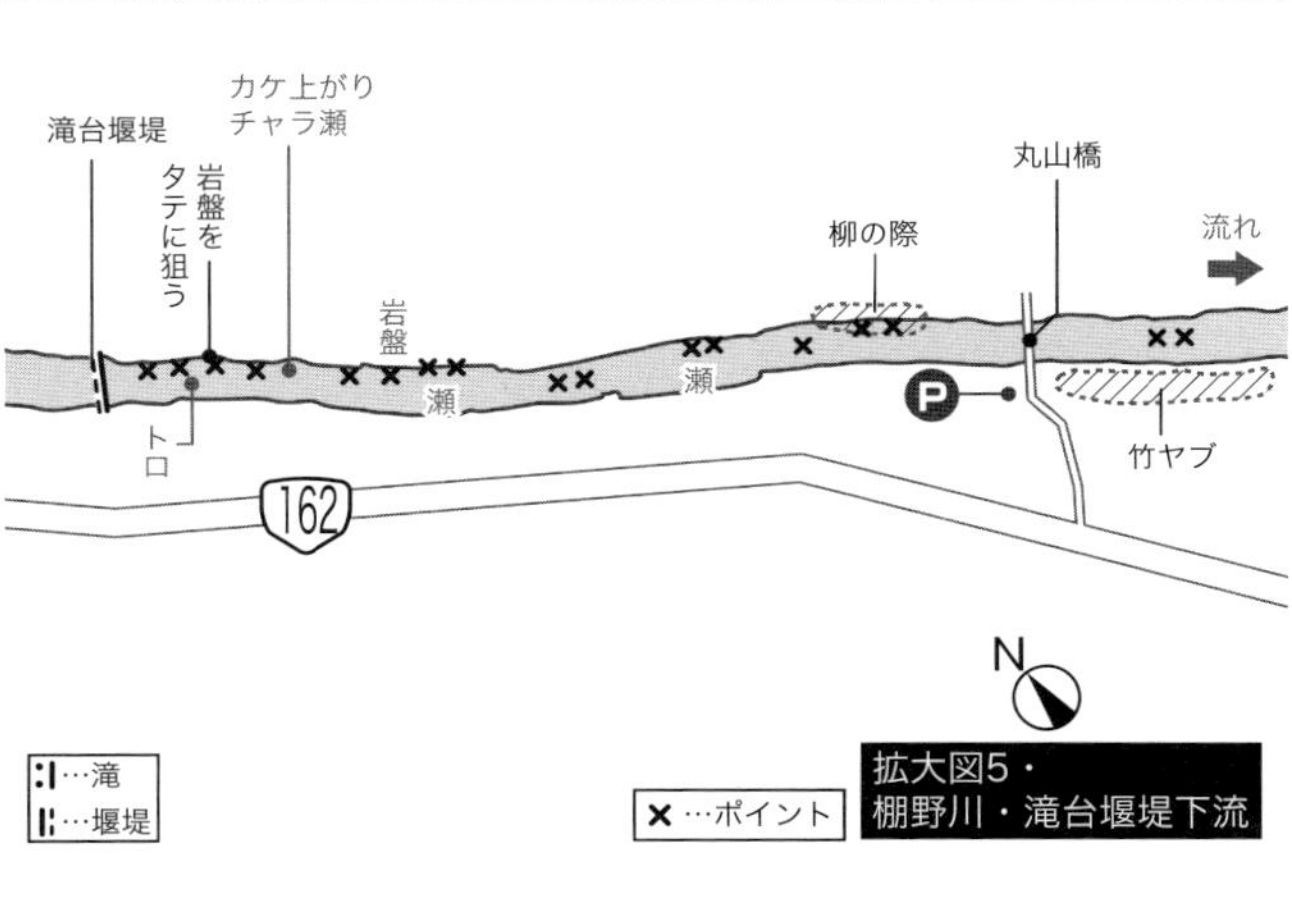

●京都府

上桂川《かみかつら》

釣りやすい川相だが友釣りマンの技術も試される人気河川
解禁直後から3ケタ釣りもある追いのよさを堪能したい

山陵橋周辺の流れ。右岸寄りの岩盤底にオトリを沈めて待つとガツンと野アユが掛かる

京都市内北部、山間部を流れる上桂川の漁区は上流の左京区広河原から右京区天若ダム（世木ダム）までの48㎞と、支流・細野川の10㎞。そのうちアユ釣り場は本流では近年下流の宇津地区の調子が上がらず、上流の広河原から周山地区までが中心となる。網解禁が8月下旬、素掛け（コロガシ）解禁が9月1日なので、友釣りファンは解禁日から8月の網解禁前日まで全川が友釣り専用区として楽しめる。

上流から下流まで、平水時なら基本的にどこのポイントにもオトリが入れられる中規模の川相。京都市内から1時間以内でサオをだせるため、府内でも人気の混雑河川である。

谷で水温が低い上流の花脊《はなせ》～広河原間は、ヌメリの多い香り高いアユが釣れる。上桂川の漁区では漁協事務所がある周山地区から、上流の花脊地区までの本流が友釣りの本命ポイント。放流される稚魚の数も多い。

支流の細野川は谷のアユ釣り場。ていねいに各所に放流されているが釣りにくいポイントが多く、短ザオで拾い釣ると20cm前後の良型が飛び掛かってくることがある。訪ねる人が少ないが、「細野川にしか行かない」ファンと地元の人が通う。

かつては放流稚魚のすべてが湖産由来の種苗であり、今もその傾向は変わらないが、最近は魚病対策として放流方法、時期などをいろいろと工夫されていると聞く。

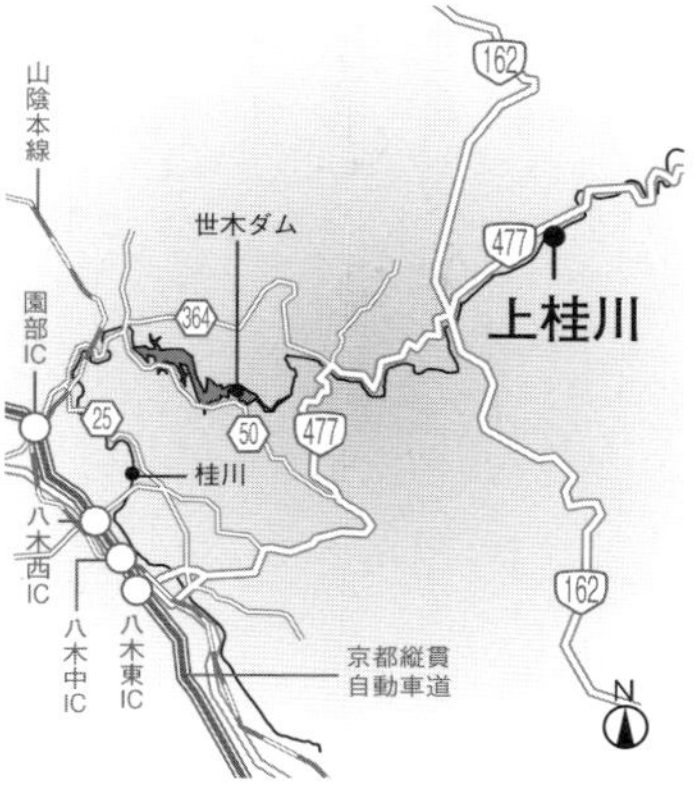

アユのサイズは初期で16～17cm、7月中旬から8月も17～20cmが中心。川の水量からいえば放流量が多いため魚影を確認することは容易で、釣れなくても「魚がいなかった」という常套句は通用しにくい。また、昔から市中の高級料亭に活けアユを卸す季節職漁師もいて、川相は釣りやすいがスレたアユも多い。

そんな川ではあるが、初めて訪れる方を意識して本流で釣果が安定しているポイントを紹介したい。

information

●河川名　淀川水系桂川
●釣り場位置　京都府京都市
●解禁期間　6月21日～8月28日
●遊漁料　日釣券4500円・年券1万3600円
●管轄漁協　上桂川漁業協同組合（Tel075-852-0134）
●最寄の遊漁券取扱所　上桂川漁業協同組合（Tel075-852-0134）、鮎屋（Tel090-3268-4600）
●交通　京都縦貫自動車道・八木東ICを降り、国道477号で上桂川へ

●八千代橋周辺（周山地区）

上桂川流域では中核的な施設が集中しており、漁協事務所もすぐ下流の左岸側にあるため放流量が多い。河原、川幅とも広く、チャラ瀬が至る所にあるため泳がせ釣り、引き釣りとも通用する。２０１３、２０１４年と2年続けて解禁直後に3ケタ釣りも記録され、初期から追いがよいのもうれしい。周山大橋下のカーブ付近に支流の弓削川が流れ込むため、水温が本流でも少し高いことが影響しているのかもしれない。すし米（料理旅館）裏を筆頭に、良型が混じるのも魅力だ。

毎日通う人、泊まり込みグループの姿も初期には見られる。ポイントを熟知すれば、周山大橋上流から漁協付近までを釣り歩くだけで、30尾以上の釣果が期待できる。

●殿橋上下流（下地区）

殿橋から上流、こきの橋までの間は

流れが河原の右岸側から左岸側に蛇行したり、チャラ瀬が続くなど変化に富んだ穏やかな流れで釣りやすく魚影も多い。

殿橋真下から下流はトロ、瀬が交互に続く変化のある流れで良型が揃う。殿橋を渡り、左岸側を下流に5分ほど走った高野周辺も型がよい。上桂川全体にいえるが、車によるアプローチがしやすく入川も楽だ。

●中江橋周辺（山国地区）

右岸側の橋下に広場があり、駐車が容易なため上桂川で大会が開かれると本部に指定されることが多い。当然、放流量が多く、数釣りが期待できる反面、小型が中心になる。

橋から上流50mは浅い淵で友釣りには不向き。淵上から上流の飛び石が配置された前後のチャラ瀬は周年釣り人の姿が見られるが、泳がせ釣りで丹念に探ればコンスタントに掛かる。

八千代橋周辺の川相を望む。２年続けて
解禁直後に３ケタ釣りも記録された

八千代橋より下流を望む。チャラ瀬が至る所に
あるため泳がせ釣り、引き釣りとも楽しめる

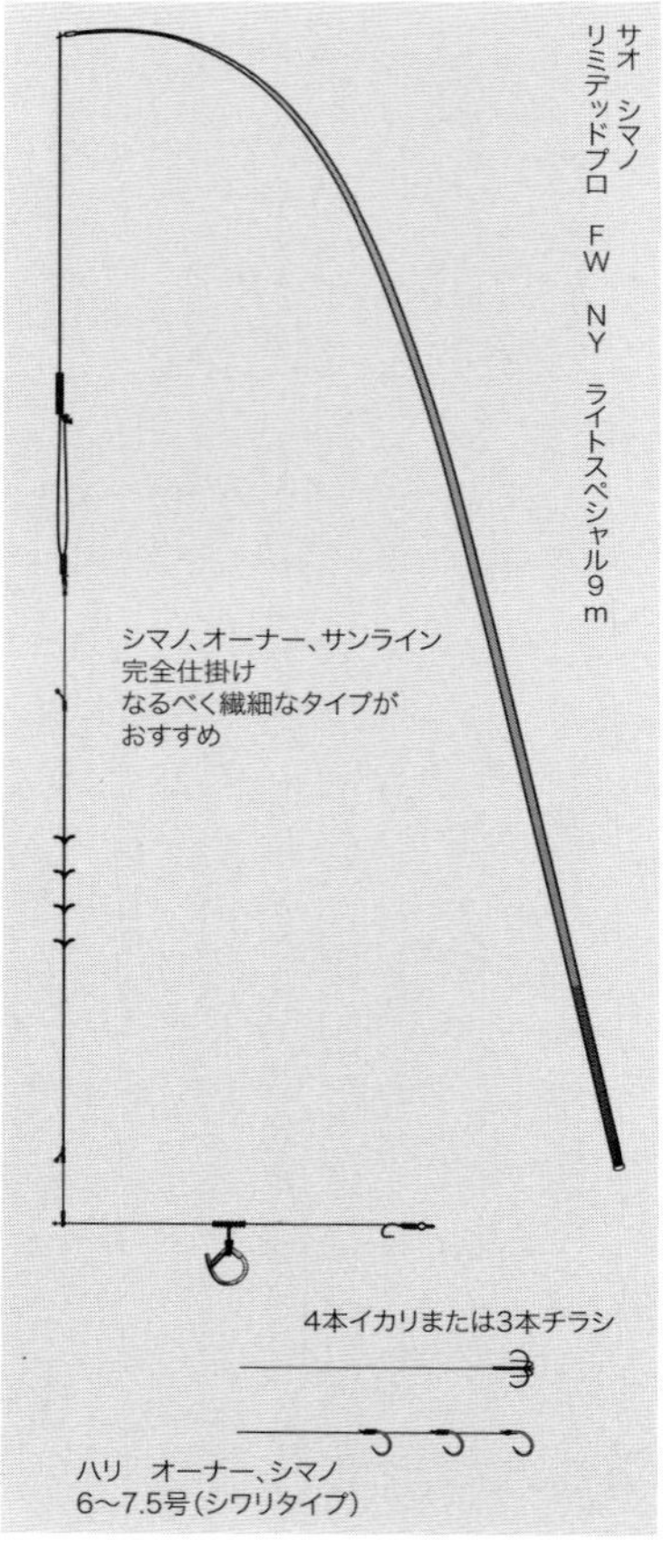
サオ　シマノ
リミテッドプロ　FW　NY　ライトスペシャル９m
シマノ、オーナー、サンライン
完全仕掛け
なるべく繊細なタイプが
おすすめ
4本イカリまたは3本チラシ
ハリ　オーナー、シマノ
6～7.5号（シワリタイプ）

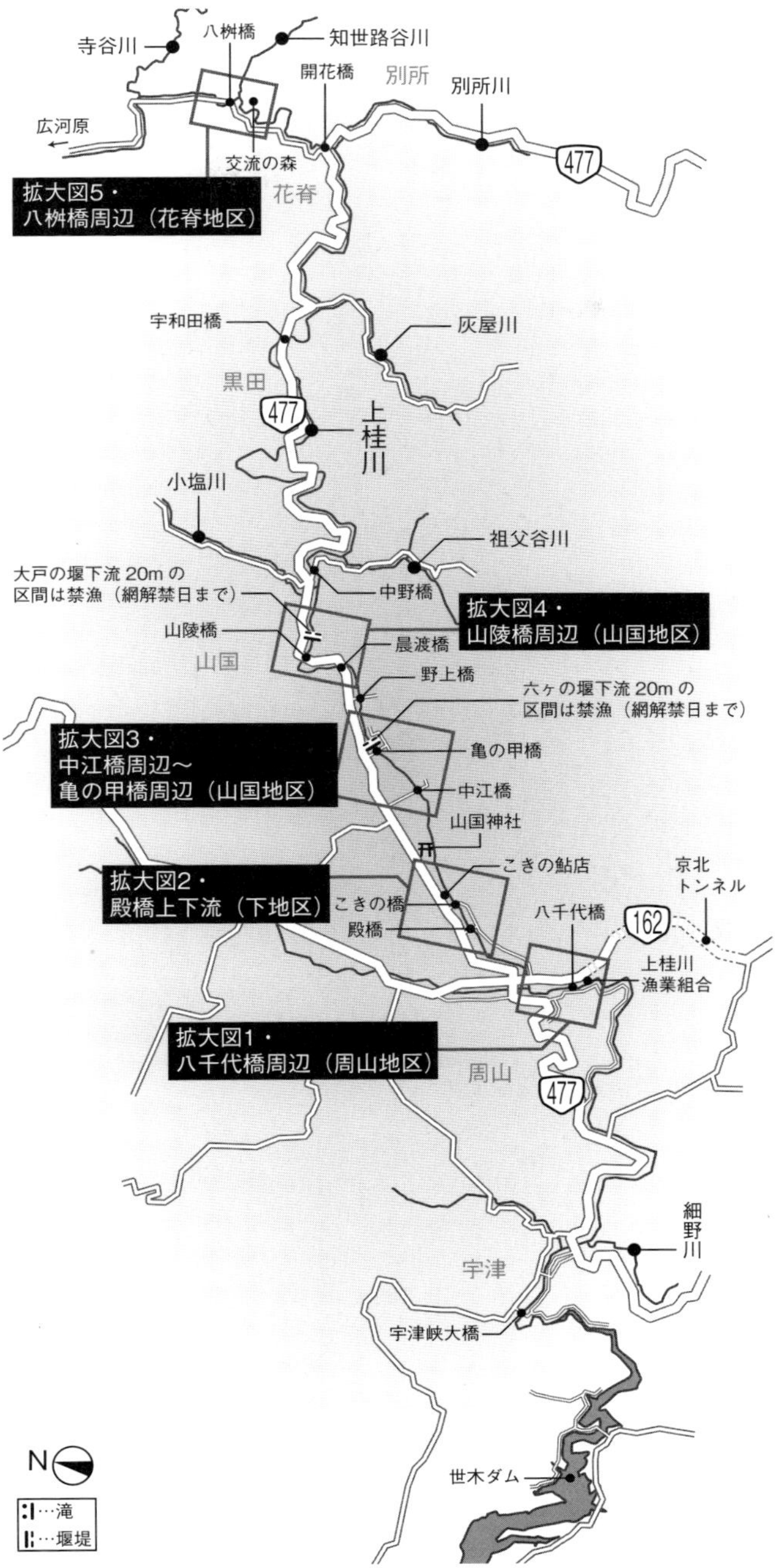

橋から下流200mほどもチャラ瀬が続き、小型ながら数が釣れる。その下流、水没橋から流れが絞られ良型がねらえる。山国神社北側に公衆トイレが設置されている。

●亀の甲橋周辺（山国地区）

亀の甲橋の魅力は上流に堰（六ケの堰）があるため、下流からソ上する魚が一時的に留まる。橋自体は数年前に建て替えられ、その時の河川改修の影響か、淵から流れ出す岩盤の釣果は最近ムラがある。

50mほど下流から中江橋にかけては人気のポイントで混雑しやすい。

橋上流から堰までは岩盤底があちこ

亀の甲橋周辺の流れ。上流に堰がありソ上するアユが一時的に留まるポイント

ちにあり、流れも幾筋かに分かれポイントが増える。夕方、岩盤に現われる出食みのアユが入れ掛かることもあるからチェックしておきたい。堰に近づくほど魚は多いが小型が中心。また堰から20m以内は遊漁規則で釣り禁止になっているので立ち入らないこと。

●山陵橋周辺（山国地区）

モミジと桜の名勝、常照皇寺の入口にあるのが山陵橋。左岸下流側から河原に車が入れるので水遊びや野外バーベキューも盛んだ。上流側の土手上にはトイレや駐車スペースもしっかり確保されている。

釣り場としてはあちこちに岩盤が露出しており、その上に砂利やグリ石が乗って付きアユが多い。ここのアユは川遊びのバチャバチャ音に慣れているようで、足下で子供が水遊びしていてもヘチで食む魚がオトリに絡んでくる。子供たちが帰った午後3時以降や早朝には入れ掛かりも経験している。

橋のすぐ上流は左岸寄りに岩盤の溝が走り良型が掛かる。左岸100mほど上流に大岩がいくつかあり、右岸寄りの岩盤底にオトリを沈めて待つとガ

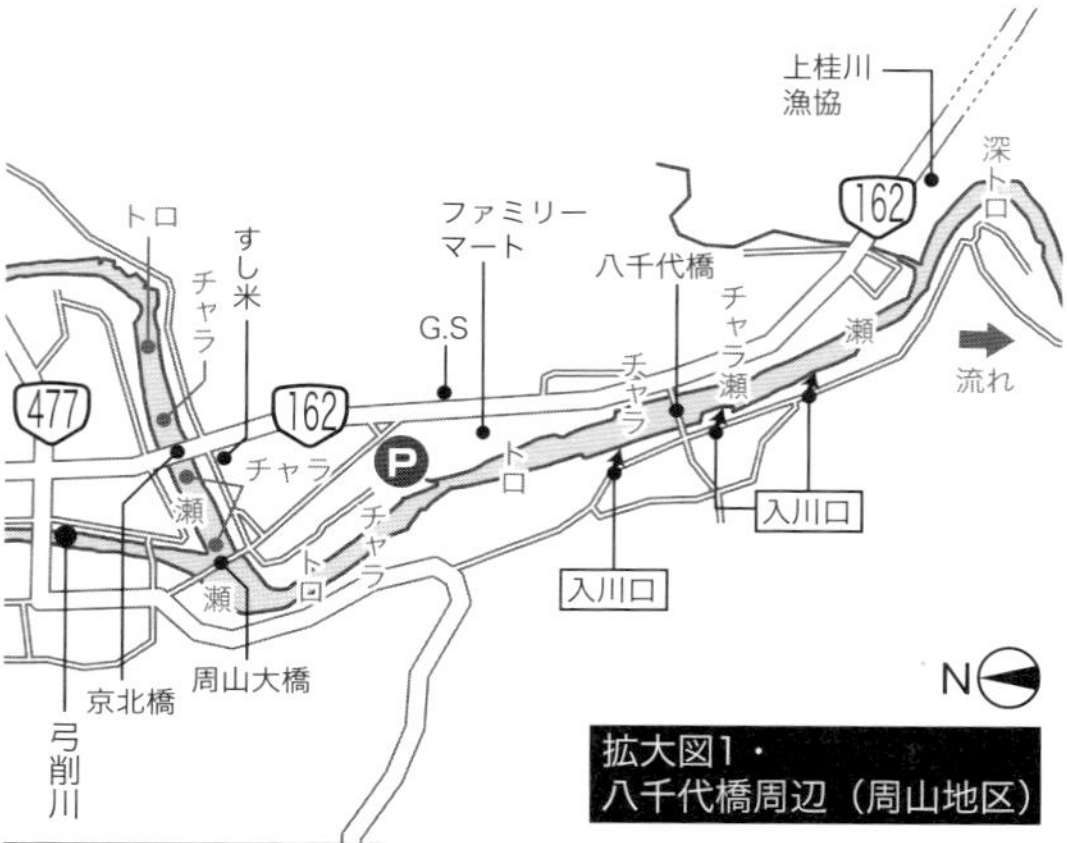

拡大図1・
八千代橋周辺（周山地区）

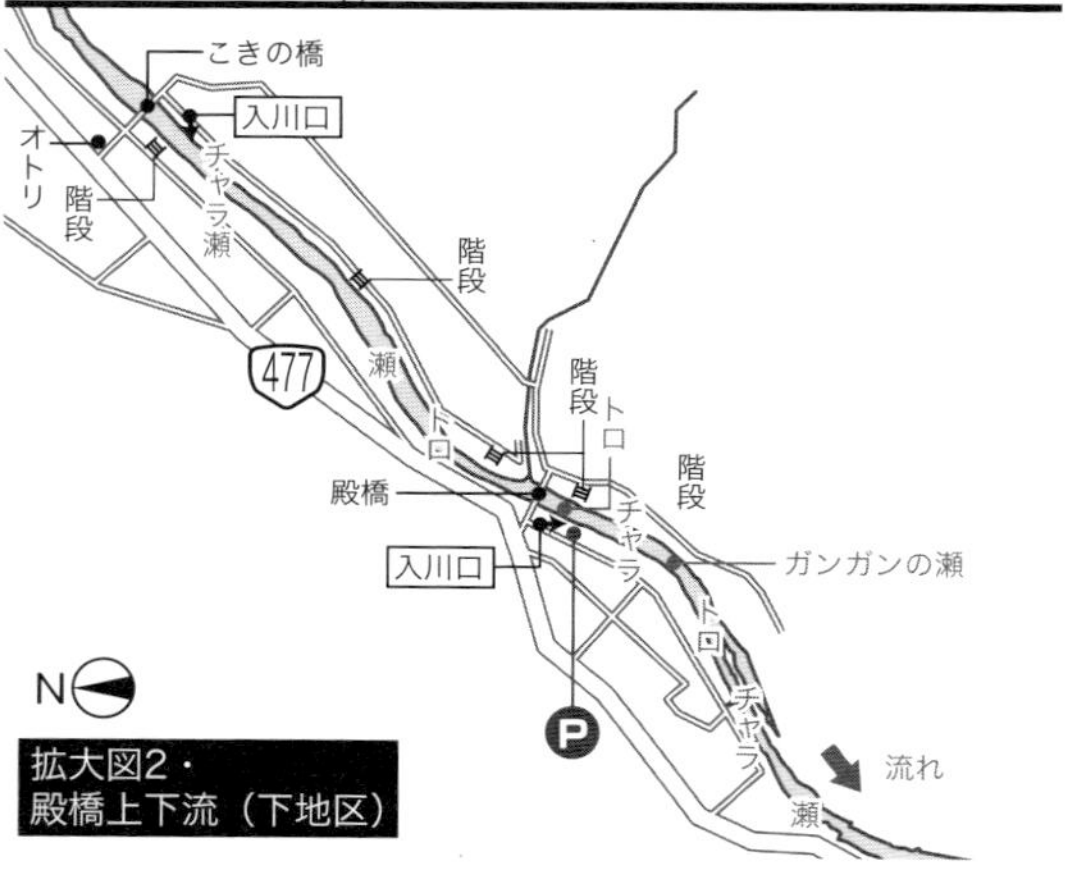

拡大図2・
殿橋上下流（下地区）

ツンと野アユが掛かる。岩盤帯からさらに50ｍほど上流に堰（大戸の堰）があり、この付近は魚の密度が高い。

ここ数年は釣果が伸びていないが、橋から100ｍほど下流で流れが左に曲がり、サオ1本分見当の間隔で岩盤の段々瀬が続く。良型が期待できる。

●八桝橋〜交流の森（花脊地区）

花脊地区のアユは、冷たい水と良質のコケがエサとなるため味がよく、花脊でしかサオをださないファンも少なくない。魚体は総じて小振りとなる。

流れの幅が狭いので1個所で粘るのは得策でない。拾い釣るような感覚で河原を移動したい。交流の森付近は比較的河原が広く釣りやすい。八桝橋〜交流の森間は花脊地区では釣りやすいポイントの筆頭で放流量も多い。

最上流の広河原地区は増水している時の逃げ場として覚えておくと、面白い釣りができることがある（小倉）。

拡大図3・
中江橋周辺〜
亀の甲橋周辺（山国地区）

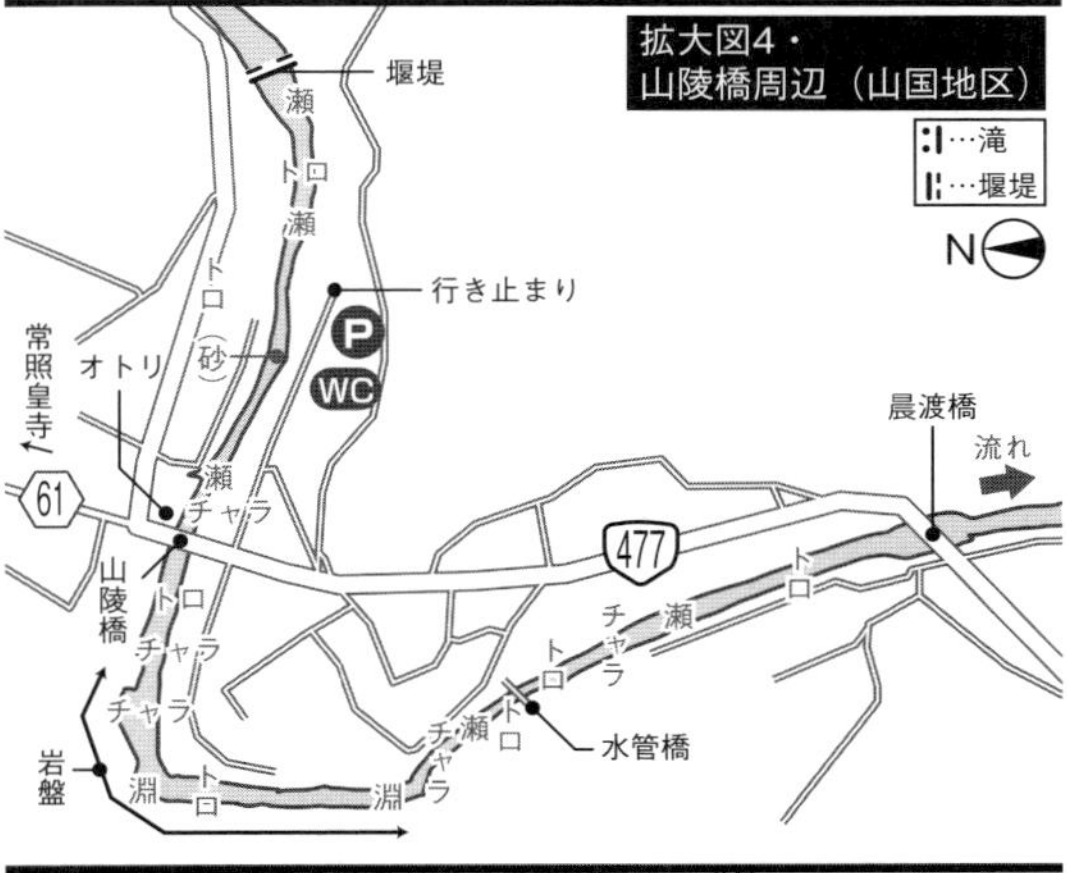

拡大図4・
山陵橋周辺（山国地区）

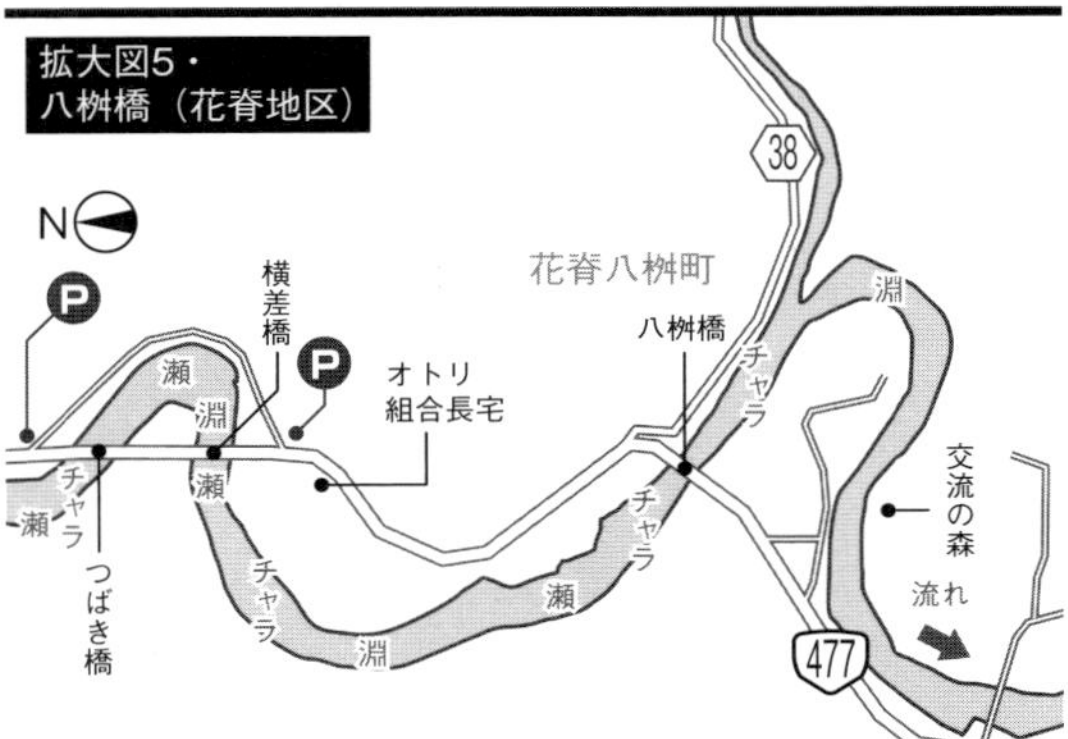

拡大図5・
八桝橋（花脊地区）

●兵庫県

矢《や》田《だ》川

数釣りで知られる流れは天然ソ上も多く束釣りも期待
ダム放水が河川の水位とアユの活性を大きく左右

上弁天の流れ。比較的浅いが弁天岩の淵にアユが溜まる

矢田川は兵庫県北部を流れ、湯舟川などの支流を合わせて日本海に注ぐ小中規模河川。漁業、水産加工、農業と自然豊かな香美町を穏やかに流れる美しい川でもある。

管轄漁協により早くから天然アユ親魚保護の取り組みが行なわれ、その成果もあり6月1日の解禁当初より天然ソ上のアユがよく釣れる。

上流に矢田川発電所を控えた流れは、ダムの放水で様相を一変させる。放水が始まると下流域は午前中、午後と水量が変わり始め、午後には全く違う流となるのだ。水位が変化するだけでなく、放水が始まるとアユの活性もコロリと変わるので、頭に入れておきたい。

午前中チャラチャラの流れにオトリ缶を浸けておくと、午後に水量が増して流されてしまうことも度々あるので、頑丈に石を置いて確保することが大切。

シーズン初期は、上流域の高津地区から下流の矢田川発電所までの区間で天然、放流アユがサオを絞ってくれる。私がメインに釣行している中〜下流域では天然ソ上の魚影が多く、数釣りが楽しめる。2014年度はソ上量が少なく、数は期待したほど望めなかったものの、魚が少ないぶんエサが豊富だったのかアユは大型化し、終盤には25〜29㎝が強烈にサオを絞ってくれた。

基本的に矢田川は数釣りで知られており、例年束釣りもチラホラ聞かれ、釣り人の胸を高鳴らせている。

中流域では小原地区の上弁天、下弁天がおすすめの流れだ。規模は小さいが多彩なポイントが入り混じる。シーズン初期は13〜20㎝の真っ黄色なアユが飛び付いてくる。サイズは天然アユのためバラツキがあるので、仕掛けや釣り方などは各自の好みでよい。

下流域では大乗寺橋下流から油良橋までの区間がねらいめだ。シーズン初期は毛バリ釣りが盛んなので、トラブルにならないように気を付けたい。河口近くの矢田橋から大乗寺橋の上流にある森井堰堤間は、9月15日以降は全面禁漁となるので注意されたい。

●上弁天

実績も高く車でも入りやすいポイント。香住鶴工場の前に小さな入川口があり、車が置けるスペースも充分ある。左岸側から入川できる。

川相はトロから瀬と続く流れで、比較的浅いが弁天岩の淵にアユが溜まる。淵から大野井堰までの流れがメイン。例年なら瀬60%、トロ40%ほどの比率だが、河川工事が行なわれているためどのように変化するか分からないが、きっちり探ればアユがサオを絞ってくれるはずだ。ここは左岸からサオをだすことができる。瀬肩、瀬の中には浮き石が多いので注意が必要。

●下弁天

ポイントとしては上弁天と比較すると広い。チャラ、トロ、瀬と多彩な流れが入り混じる。下流側にある小さな

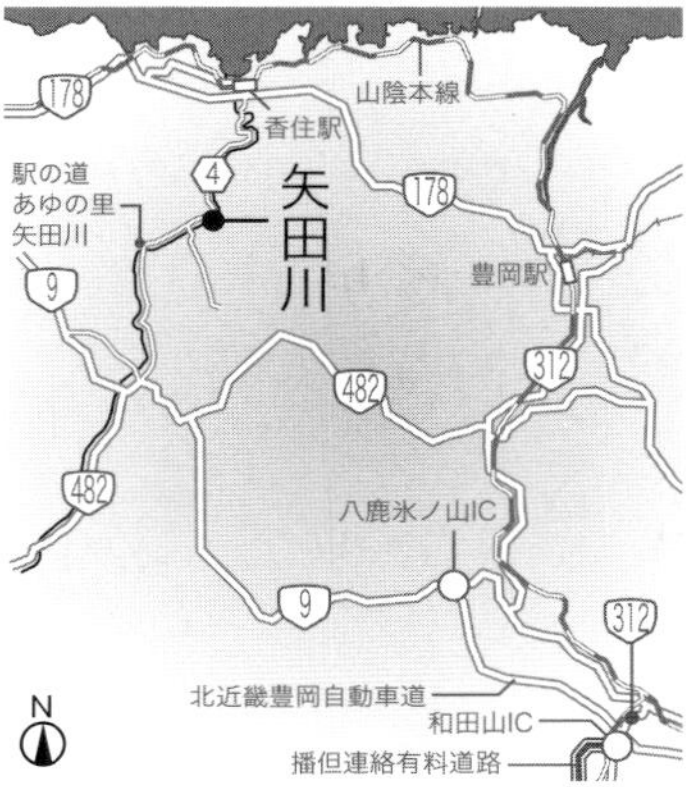

information

●河川名　矢田川
●釣り場位置　兵庫県美方郡香美町
●解禁期間　6月1日〜10月19日（矢田橋から森井堰堤間は9月15日以降は全面禁漁）
●遊漁料　日釣券3500円・年券1万5000円
●管轄漁協　矢田川漁業協同組合（Tel0796-95-1065）
●最寄の遊漁券取扱所　鮎小僧（Tel0796-37-1561）
●交通　播但連絡有料道路・和田山ICより北近畿豊岡自動車道経由で八鹿氷ノ山ICを降りる。国道9、482号利用で上流部へ。下流部へは県道4号利用

支流が流れ込む青色の水門が目印。

水門の前も平瀬で、流れが下るにつれトロになる。上流は瀬から落ちたヒラキ、チャラと続き、右岸から左岸へと流れを変える。ヒラキから上流で実績が高く、ていねいに探りたい。入川もしやすく、目印となる石屋さん前の広場に駐車スペースがある。

●大乗寺橋～油《ゆ》良《ら》橋

大乗寺橋を渡り、右岸側は川に沿って道がある。ポイントの目印は左岸に少し大きな建物がポツンと1軒だけある。建物前に駐車スペースがあり、何台も停まっているので判断できる。駐車場から川までも近く、入川しやすいことから年配の釣り人に人気が高い。

川相は大きな淵から瀬が続き、ポイントも多く数も掛かる。年長者に一歩譲りたい気持ちもあるが、サオをだすスペースがあるようならチャレンジしてみたい流れだ（松本）。

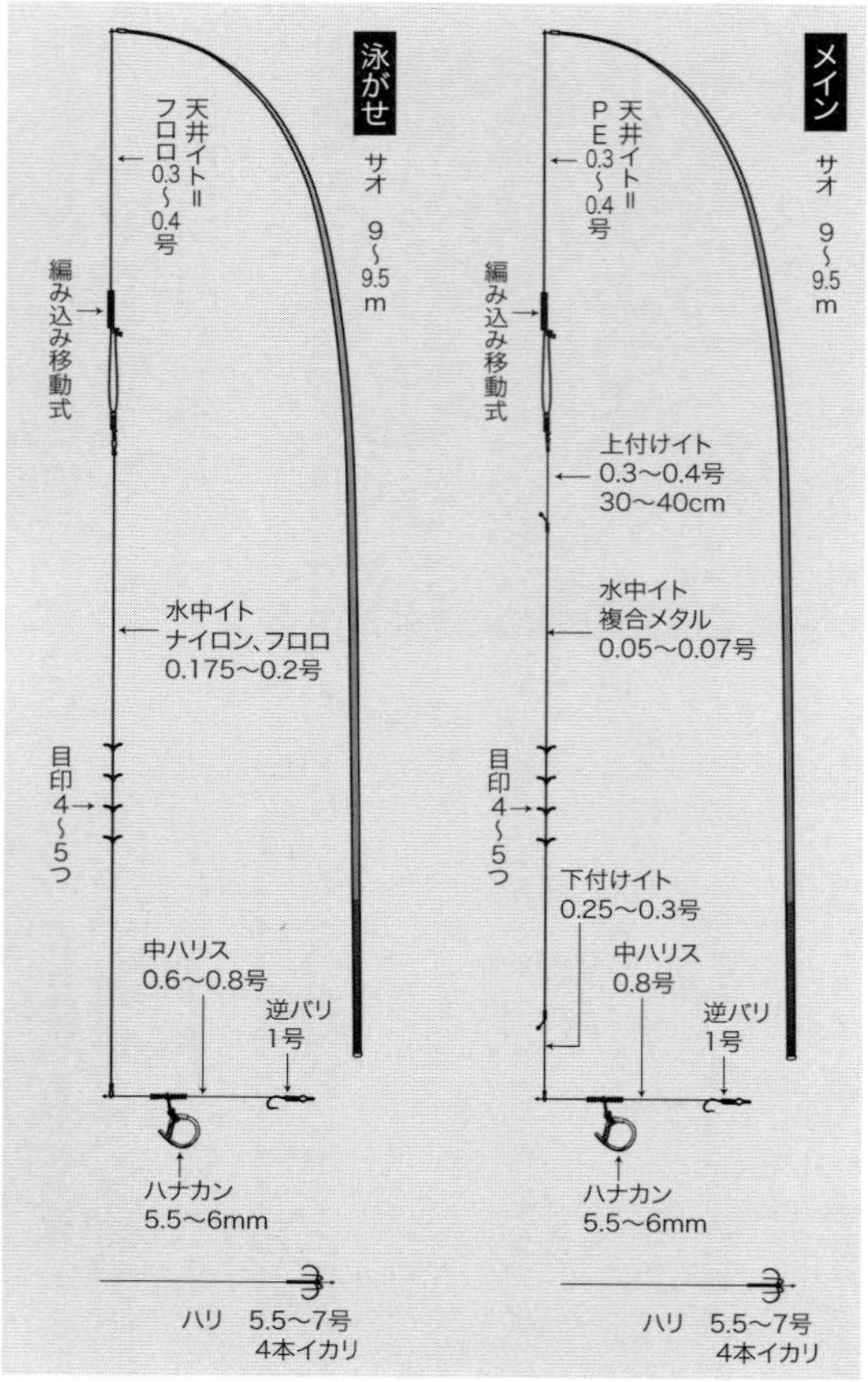
メイン
サオ 9～9.5m
天井イト＝PE 0.3～0.4号
編み込み移動式
上付けイト 0.3～0.4号 30～40cm
水中イト 複合メタル 0.05～0.07号
目印4～5つ
下付けイト 0.25～0.3号
中ハリス 0.8号
逆バリ 1号
ハナカン 5.5～6mm
ハリ 5.5～7号 4本イカリ
泳がせ
サオ 9～9.5m
天井イト＝フロロ 0.3～0.4号
編み込み移動式
水中イト ナイロン、フロロ 0.175～0.2号
目印4～5つ
中ハリス 0.6～0.8号
逆バリ 1号
ハナカン 5.5～6mm
ハリ 5.5～7号 4本イカリ

下弁天の川相を見る。チャラ、トロ、瀬と多彩な流れが入り混じる

大乗寺橋周辺の流れ。ポイントも多く数もねらえる

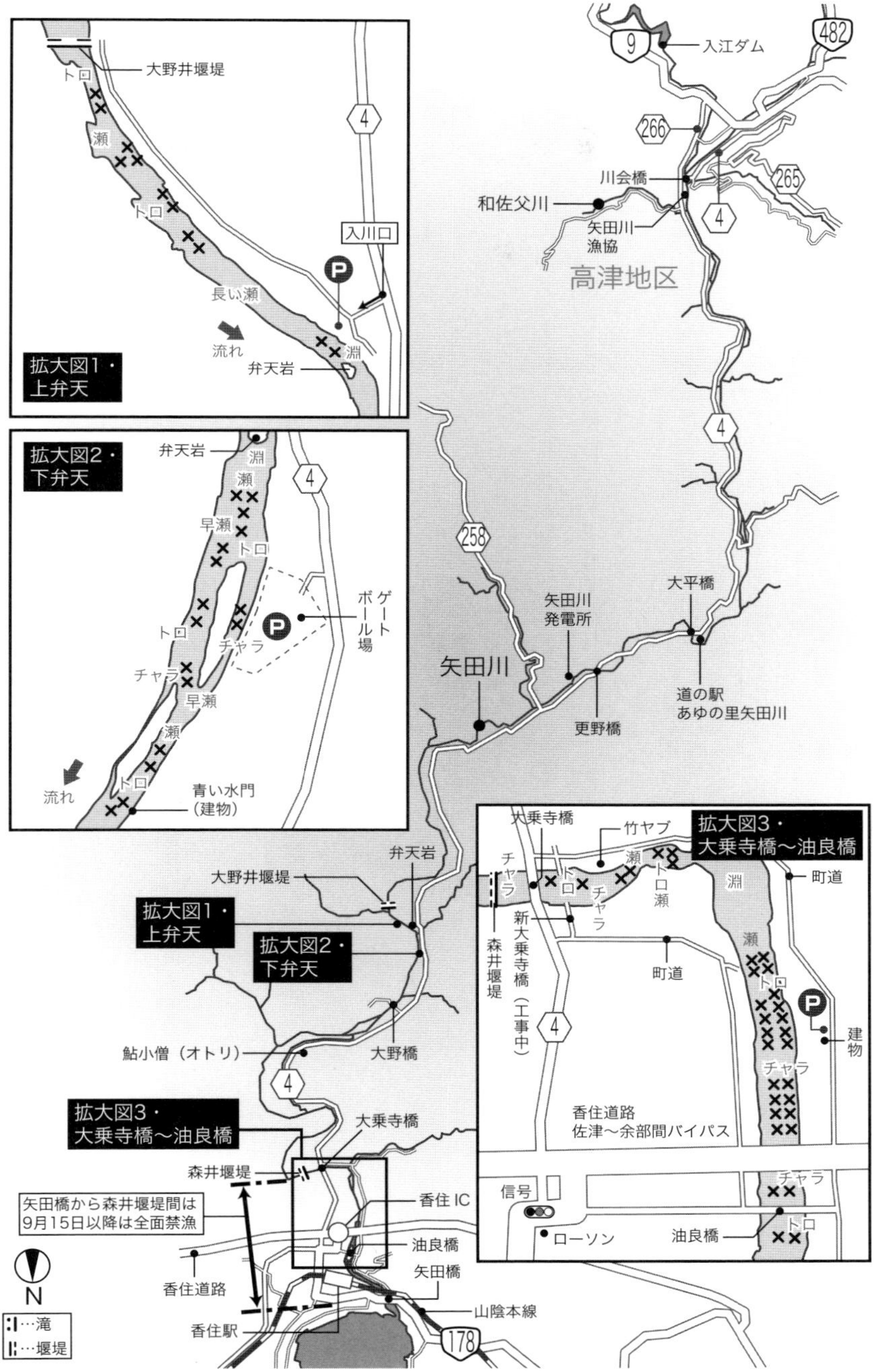

拡大図1・
上弁天
大野井堰堤
トロ
瀬
トロ
4
入川口
長い瀬
流れ
淵
弁天岩
拡大図2・
下弁天
弁天岩
淵
瀬
4
早瀬
トロ
ゲートボール場
トロ
チャラ
チャラ
早瀬
瀬
トロ
流れ
青い水門
（建物）
9
入江ダム
482
266
川会橋
265
和佐父川
矢田川
漁協
4
高津地区
4
258
大平橋
矢田川
発電所
矢田川
更野橋
道の駅
あゆの里矢田川
弁天岩
大野井堰堤
拡大図1・
上弁天
拡大図2・
下弁天
大野橋
鮎小僧（オトリ）
4
拡大図3・
大乗寺橋〜油良橋
大乗寺橋
森井堰堤
矢田橋から森井堰堤間は
9月15日以降は全面禁漁
香住 IC
油良橋
矢田橋
香住道路
山陰本線
香住駅
178
N
…滝
…堰堤
拡大図3・
大乗寺橋〜油良橋
大乗寺橋
竹ヤブ
チャラ
トロ
瀬
トロ瀬
チャラ
淵
町道
新大乗寺橋（工事中）
森井堰堤
町道
瀬
トロ
4
建物
チャラ
チャラ
香住道路
佐津〜余部間バイパス
信号
ローソン
油良橋
トロ

●兵庫県

揖《い》保《ぼ》川

国道に沿う流れは入川しやすく、初心者や女性でも楽しめる専用区も多い大アユの川としても知られ35・3cmの記録も

河東大橋から下流を望む。通称カラトと呼ばれる専用区。オトリ店もあり入川しやすい

揖保川は兵庫県の藤無山を水源として播磨灘に注ぐ全長69・7㎞の一級河川である。流域では揖保川の水を利用した素麺の揖保乃糸や、ヒガシマル醤油に代表される薄口醤油の生産が盛んである。

釣れるアユは放流魚（人工産）が主体だが、下流域では天然ソ上もねらえる。漁協では4月上旬から解禁までに稚魚120万尾を放流。解禁後も河川の状態を確認しながら随時60万尾を追加放流する。

京阪神からのアクセスがよく、川に沿って主要道路が走りコンビニなども多数あるので入川しやすい。さらに大アユの川としても知られ、1998年には日本記録の35・3㎝（465g）が記録され、大ものを求めて多くの釣り人が訪れる。

アユ釣りの解禁は毎年5月26日となっている。8月1日からは網漁も解禁するが、揖保川には支流を含め28個所の友釣り専用区が設けられているため、禁漁の10月末まで友釣りを楽しむことができる。

初期は上流部の三方川（揖保川上流）、引原川が中心の釣りとなるが、天然ソ上が多い年は下流部でも釣果が望める。初期は15～18㎝の数釣りが期待でき、20㎝級も混じることもある。

上流部で釣れるアユは、全国の美味アユを決めるイベント「清流めぐり利き鮎会」で2007、2010年にグランプリを獲得したほど美味。また三方川・引原川ともに水がきれいで景色もよいため、のんびりと自然の中で釣

りをしたい方にもおすすめだ。

梅雨明けを迎える頃から、河川全域でよい釣果の声が聞こえ始める。アユも平均20㎝となり、大きいものでは24㎝級になる。8月を迎えると25㎝以上が釣れ始め、9月以降は尺アユも期待できる。

梅雨の時期や台風が通過した後など、他の河川が増水で釣行不能の時でも支流の伊沢川・林田川は水引きが早く、増水しても翌日には釣行可能である。また本流も水引きがよく、台風通過後などに残りアカねらいで釣行すれば思わぬ好釣果を得られることが多い。

ここでは、おすすめの釣り場を下流から順に紹介するが、いずれもサオ釣り専用区となっている。

●龍野橋上下

天然ソ上も期待できるため終盤まで楽しめる場所だ。入川口は左岸上流のエビ理容前にあり、舗装はされていないが轍《わだち》ができているため橋のたもとまで車で進入可能。龍野橋上流は通称ヒガシマル醤油前と呼ばれ、龍野橋の上流にある旭橋下流からトロが広がり、流れが右岸に集まるにつれてチャラ、早瀬、平瀬へと変化する。ねらうポイントは早瀬から平瀬へと変化する周辺。ていねいに泳がせると数釣りが期待できる。

龍野橋下流は通称大ちゃん前と呼ばれ、龍野橋下流に崩れ堰堤があり早瀬、トロになっている。中央付近の馬の背周辺がねらいめだ。

●住宅前・消防署前

この釣り場は初期から終盤までコンスタントに釣果が望め、8月以降は大アユの期待が高い。住宅前・消防署前ともに8月以降は釣り人が多く、休日ともなればサオ1本分の間隔で並んでいることもある。またメーカーの大会も開催されるためプレッシャーも高い。

入川口は右岸にあり、土手の下まで車で進入でき、駐車スペースも充分に

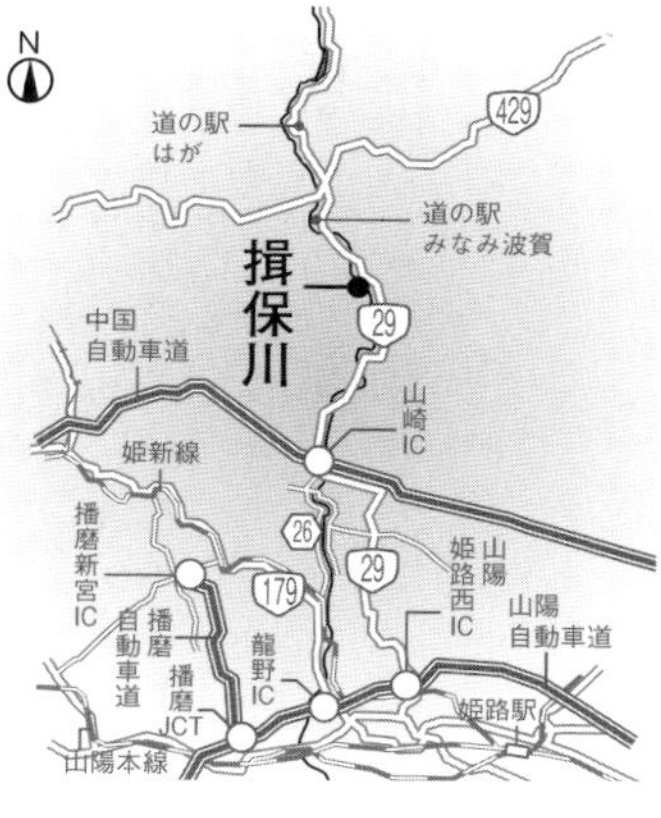

information

●河川名　揖保川
●釣り場位置　兵庫県宍粟市～たつの市
●解禁期間　5月26日～10月31日
●遊漁料　日釣券3400円・年券1万3400円
●管轄漁協　揖保川漁業協同組合(Tel0790-62-6633)
●最寄の遊漁券取扱所　高井釣具店(Tel0790-62-2334)
●交通　山陽自動車道・龍野ICを降り、国道179号で下流部へ。上流部へは中国自動車道・山崎ICを降り国道29号、県道26号を利用

ある。住宅前は消防署前の下流に広がるトロから左岸へ流下しつつチャラ、早瀬、トロと変化している。早瀬は約300m続いており、早瀬全体で釣果が出るが、特に左岸際と所々にあるテトラ周辺がねらいめだ。また早瀬の瀬尻も好釣果が望め、終盤には尺アユも期待できる。

消防署前は下野橋下流に広がるトロから右岸に流れを移してチャラ、急瀬、平瀬、トロと変化する。急瀬から平瀬ではオモリを使った引き釣りで大型の数釣りが楽しめる。9月以降は尺アユの実績もあり、トロ右岸寄りに沈むテトラ周辺をていねいに流すと大アユに出会える可能性が高い。

●中国自動車道上下と河東大橋上下

山崎地区は初期の釣果はあまりよくないが、6月中旬から釣果が上向き、7月下旬より本格化する。また放流量も揖保川流域で一番多く、大型も掛かることから人気の釣り場。

中国自動車道上下には宍粟橋左岸より土手に進入することができ、駐車スペースも広い。中国道上流にある堰堤からチャラ、早瀬、平瀬が広がり、右岸に分流もあり変化に富んだ流れだ。中国道下流は早瀬とトロ瀬からなる一本瀬となっている。

上流は流れに変化が多いためポイントが絞りやすく、特に堰堤からのチャ

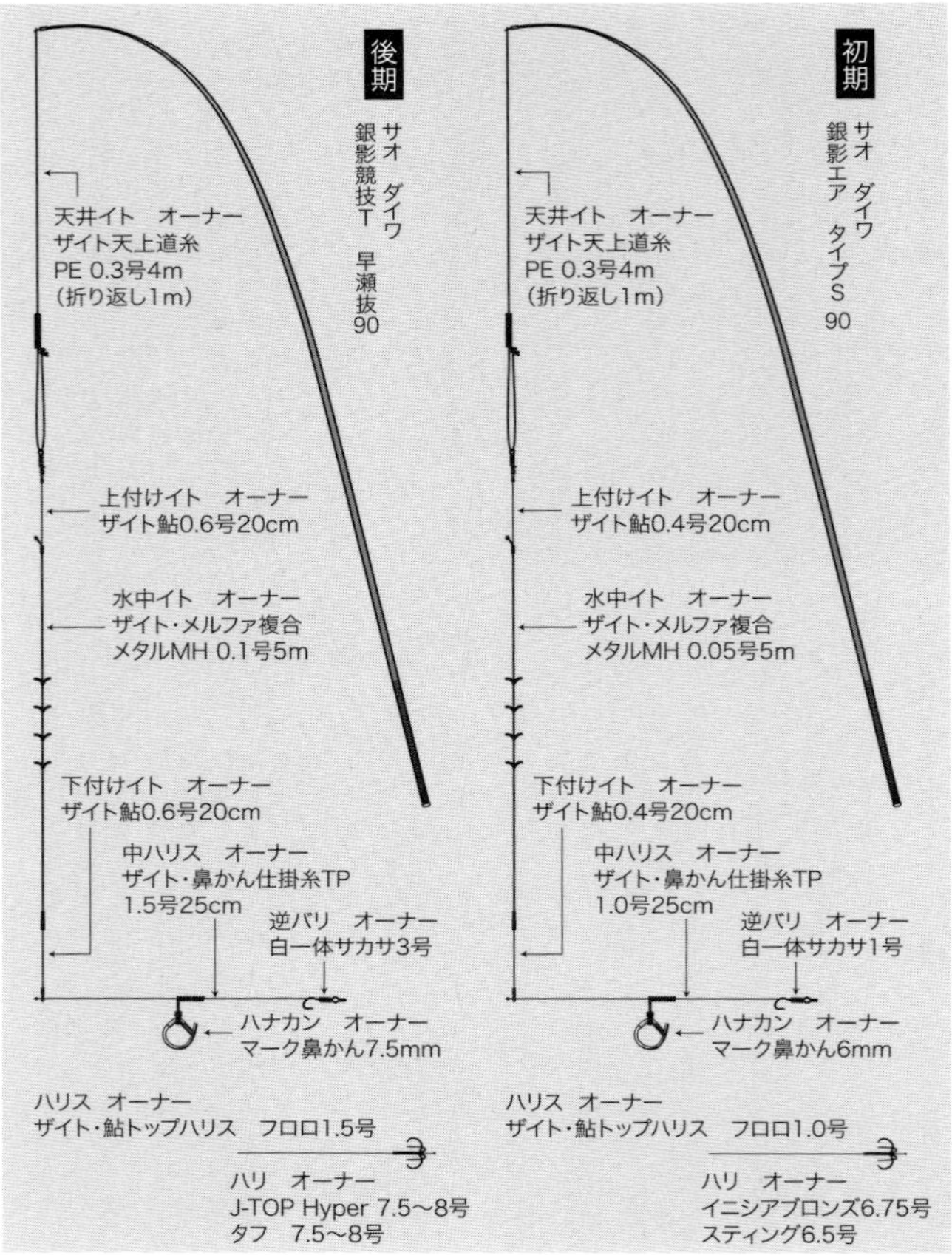
初期
サオ　ダイワ
銀影エア　タイプS
90
天井イト　オーナー
ザイト天上道糸
PE 0.3号4m
(折り返し1m)
上付けイト　オーナー
ザイト鮎0.4号20cm
水中イト　オーナー
ザイト・メルファ複合
メタルMH 0.05号5m
下付けイト　オーナー
ザイト鮎0.4号20cm
中ハリス　オーナー
ザイト・鼻かん仕掛糸TP
1.0号25cm
逆バリ　オーナー
白一体サカサ1号
ハナカン　オーナー
マーク鼻かん6mm
ハリス　オーナー
ザイト・鮎トップハリス　フロロ1.0号
ハリ　オーナー
イニシアブロンズ6.75号
スティング6.5号
後期
サオ　ダイワ
銀影競技T　早瀬抜
90
天井イト　オーナー
ザイト天上道糸
PE 0.3号4m
(折り返し1m)
上付けイト　オーナー
ザイト鮎0.6号20cm
水中イト　オーナー
ザイト・メルファ複合
メタルMH 0.1号5m
下付けイト　オーナー
ザイト鮎0.6号20cm
中ハリス　オーナー
ザイト・鼻かん仕掛糸TP
1.5号25cm
逆バリ　オーナー
白一体サカサ3号
ハナカン　オーナー
マーク鼻かん7.5mm
ハリス　オーナー
ザイト・鮎トップハリス　フロロ1.5号
ハリ　オーナー
J-TOP Hyper 7.5~8号
タフ　7.5~8号

ラで数釣りが期待できる。また川幅が広いことから増水時でもサオをだすことも可能。下流の一本瀬は、変化が少ないものの大型が期待できる。

河東大橋上下の専用区は通称カラトと呼ばれており、右岸を走る国道29号から進入することができる。舗装され

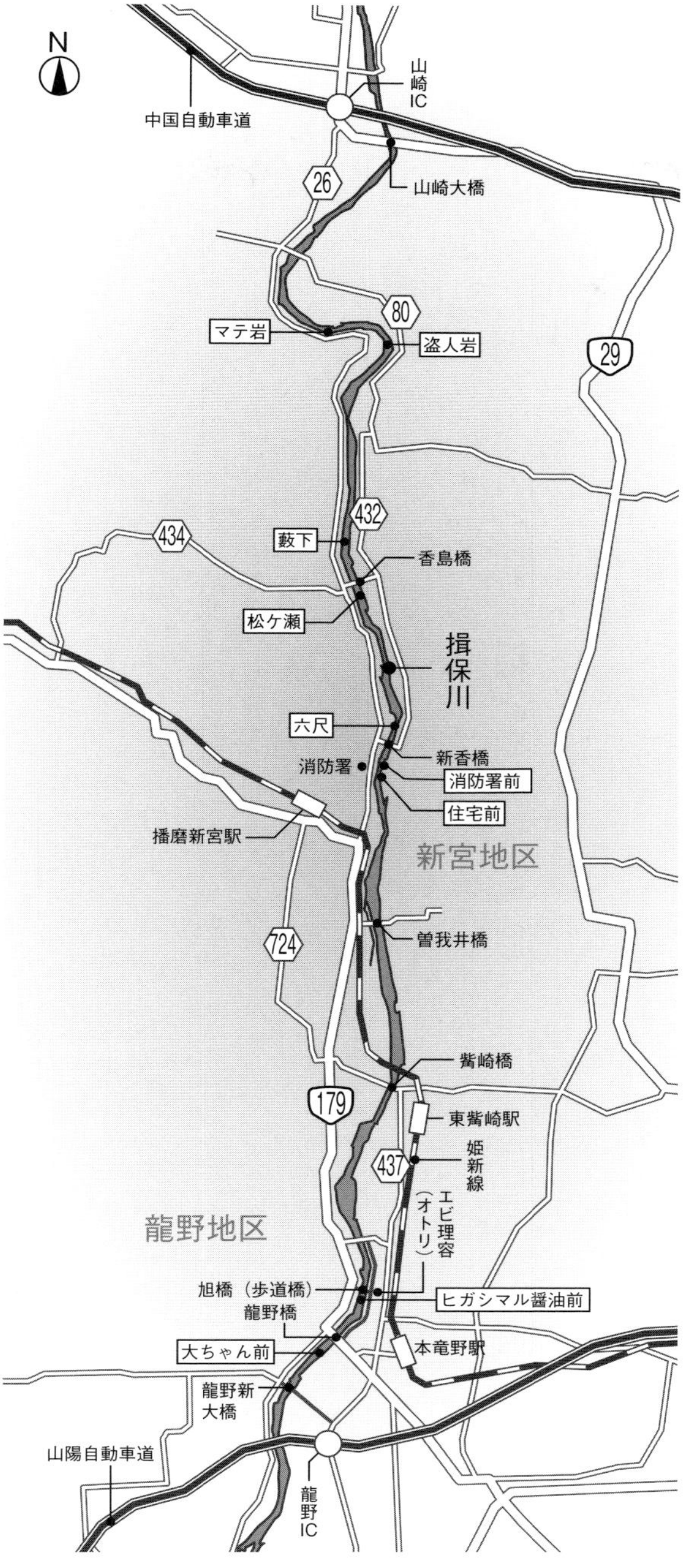

住宅前の流れ。左岸道路から下流を見る。早瀬全体で釣果が期待できる

消防署前で釣れたアユ。大アユで知られる揖保川ならではの釣果

た広い駐車スペースと、その奥にカラト鮎オトリ店もある。カラト上流には堰堤があり、堰堤下流から平瀬が広がる。カラト下流は大石と岩盤からなる急瀬とトロの川相。

　カラト上流は堰堤下流左岸の流れと右岸の農業用水が流れ込むエリアで好釣果が期待できる。河東大橋直下はサオ抜けになっていることが多く、上手くオトリを誘導することができれば入れ掛かりも期待できる。

　カラト下流には地元の子供が泳ぐ河川水泳場があり、昼間はサオをだしにくいが、子供が帰った夕方にトロのカケアガリを泳がせると連発する可能性が高い。

消防署前の川相。左岸土手から上流を望む。大型の数釣りが楽しめ、9月以降は尺アユの実績もある

中国道上流の流れ。左岸土手から上流を望む。堰堤からのチャラで数釣りが期待できる

●うるか橋上流～一宮保健福祉センター裏

　一宮地区も山崎地区と同様に6月中旬から釣果が上向き、7月下旬より本格化する。駐車スペースは数個所あるが、国道29号から閏賀《うるか》口信号交差点を西に入り、うるか橋を渡って左折し直進した所は舗装されて利用しやすい。駐車スペースの前は通称農協裏と呼ばれているポイントで、堰堤があり下流は中州により2本の流れに分かれている。どちらの流れもチャラ、早瀬の好ポイントだ。また堰堤によってできる落ち込みは、アユが溜まりやすく数釣りが期待できる。

●道の駅みなみ波賀裏（引原川）・百千家満《おちやま》地区（三方川）

　道の駅みなみ波賀裏の専用区は、道

の駅やコンビニの裏に位置しており、川に降りる階段もあり入川しやすい。石は大きいものの流れは緩く、初心者や女性にもおすすめの場所だ。ねらうなら少しでも水深がある流れを見つけて探るとよい。

百千家満の専用区は友釣りが可能なほぼ最上流に位置しているため、川幅が狭く、竹やアシといった障害物が多い。８m以下の短ザオと少し太めの仕掛けを使い、覆いかぶさっている竹の下やアシ際を流すとよい。

最後に、前記した以外の釣り場で、終盤の尺アユの期待が高いポイントを紹介する。新宮地区では六尺、松ヶ瀬、藪下。山崎地区では盗人岩、マテ岩、蛇岩などだ。どのポイントも流れが速く複雑で水深があるため、オトリを底に安定させることがキモとなる。尺アユをねらって一度は挑戦してもらいたいポイントだ（吉田）。

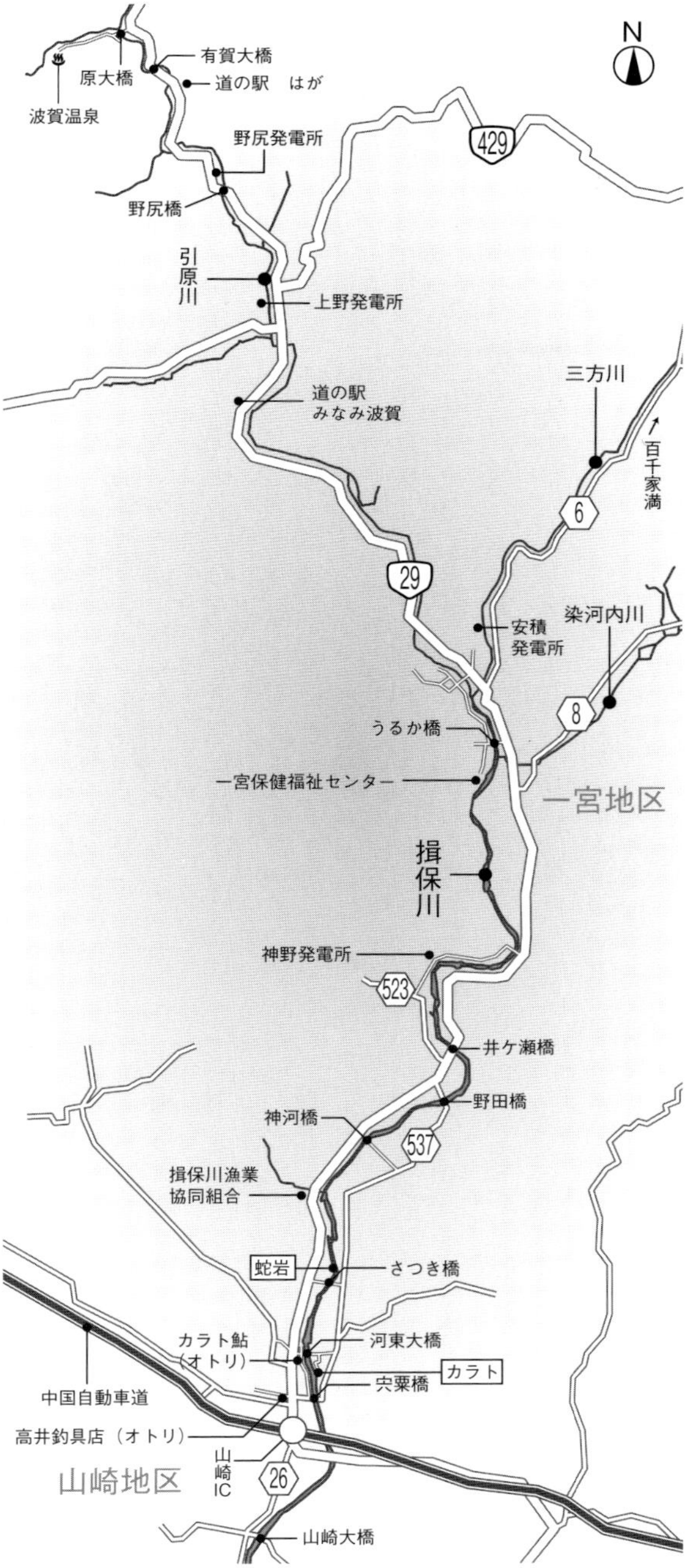

●兵庫県

千《ち》種《くさ》川

ダムがなく名水百選にも選ばれた清流が育む美味アユ
瀬の多い流れだが荒い場所は少なく女性的な川相

千種川は宍粟市千種町西河内の江浪峠付近に源を発し、兵庫県南西端部を流下して中流域で志文川、佐用川、鞍居川などの支流を合わせ、播磨灘に注ぐ延長約68㎞の中規模河川だ。加古川、市川、夢前川、揖保川と並び播磨五川に数えられている。

　流程にはダムがなく、水質は名水百選にも選ばれる。山間の清流で育ったアユは味も香りもよく、釣り人の期待を裏切らない。しかし、平成21年8月の台風9号兵庫県西北部豪雨により甚大な被害を被り、中～下流域にかけて大規模な河川改修工事があり、昔の面影はなくなってしまった。平成27年度には工事も終了するので、新しいアユの付き場を捜しての釣行が楽しめる。

　天然ソ上は変わりなく確認されており、漁協による汲み上げ放流も実施されているので天然アユは全域に行き渡り魚影は多い。また、各地区の保護区を中心に琵琶湖産、海産が8tほど放流されている。

　解禁当初は湖産をねらい、盛期から終盤にかけては海産がメインとなる。ただし、8月1日に網漁が解禁になるので魚影は少なくなるが、保護区が設けられているので終盤まで楽しめる。

　特徴としては山間から一気に流れ落ちる瀬を中心とした変化に富んだ流れだが、意外に荒い場所は少なく、どちらかといえば女性的な川相を見せる。また、ダムがないので急な増水や濁りがあっても引き水が早く、1・5～2mと増水しても残りアカの場所に入れば入れ掛かりになることもよくある。

　上流部の千種、三河地区はどちらかといえば渓流相で、水質も良好なので毎年訪れるファンも多い。流れが県道に沿うため川のようすが確認でき、好

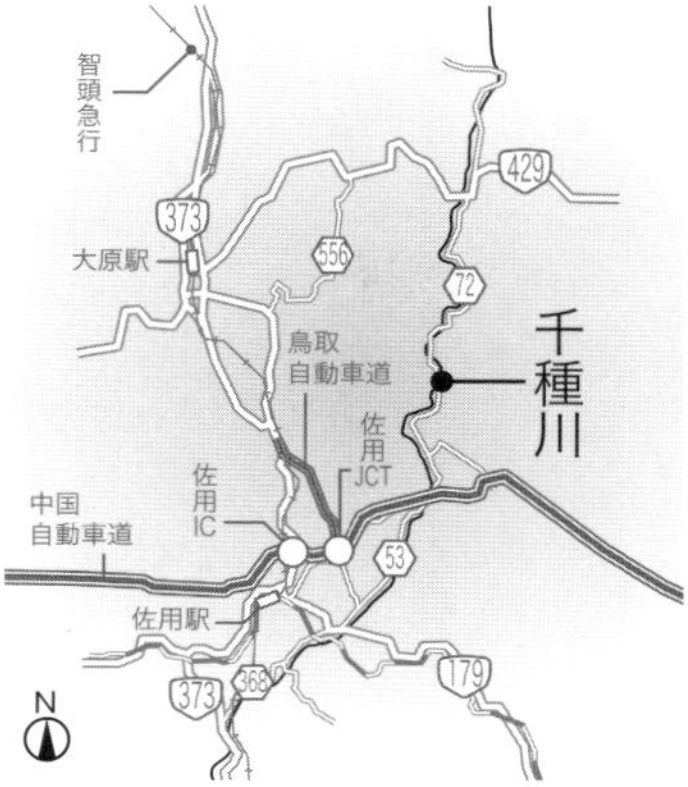

information

●河川名　千種川
●釣り場位置　兵庫県宍粟市～佐用郡佐用町
●解禁期間　6月6日～12月31日
●遊漁料　日釣券3000円・年券1万3000円
●管轄漁協　千種川漁業協同組合（Tel0791-52-0126）
●最寄の遊漁券取扱所　若鮎荘（Tel0790-78-0048）、阿曽おとり店（Tel0790-77-0319）
●交通　中国自動車道・佐用ICを降り、国道373、179号経由。上流部は県道53、72号利用。下流部は県道368号利用

千種地区・エーガイヤ前より上流を望む。奥に見える建物が「エーガイヤちくさ」

みの釣り場に入川できる。また、道沿いにはオトリ店もあるので、各釣り場の状況（駐車スペースなども）も詳しく教えてもらえるはずだ。私がよく利用する阿曽おとり店は、店主もよくサオをだしているので情報は確かだ。

●エーガイヤ（千種地区）

千種川でも最上流部に近く川幅も狭いが、解禁から好釣果が期待できる。川沿いの駐車スペースは広く、入川しやすいので人気が高い。川相も瀬、チャラ、トロと変化に富み、水深は浅く澄んでいるのでアユが掛かった瞬間、ギラッとヒラを打つ姿も確認できる。

下流には堰堤があり、その上には大石がゴロゴロと入っていてアユの溜まり場になっている。盛期になれば良型揃いの釣果が手にできる。また、増水後の残りアカをねらえる場所でもある。

なかでも室橋の上下流の瀬がねらいめで、先客ありの場合は上流の千種高校前もおすすめ。付近にある「エーガイヤちくさ」には食堂・温泉もあり、遠方から釣行される場合にも便利。

●長林キャンプ場（三河地区）

南光ひまわり館裏の小堰堤から下流1500mが保護区で、魚影も多い。千種川では荒いポイントだ。キャンプ場前には中州があり川幅は狭く絞り込まれ、一見段々瀬のようだが結構荒く、時には2～3号のオモリが必要。盛期から終盤にかけては27～28cmと大アユも掛かり、仕掛けには注意が必要。

下流のヒラキからトロ場にかけてはナイロンでゆっくり泳がせれば数釣りも楽しめる。左岸が護岸整備されてサオをだしやすいが、右岸からのアプローチがおすすめだ。

●若アユランド（徳久地区）

光田橋上下流は徳久地区を代表する釣り場で、河川工事が終わって2年あまり。川の状態も落ち着きつつある。

三河地区・長林キャンプ場から上流の流れ。千種川にしては荒い川相を見せる

徳久地区・光田橋より下流を望む。大石と岩盤の複雑な流れ

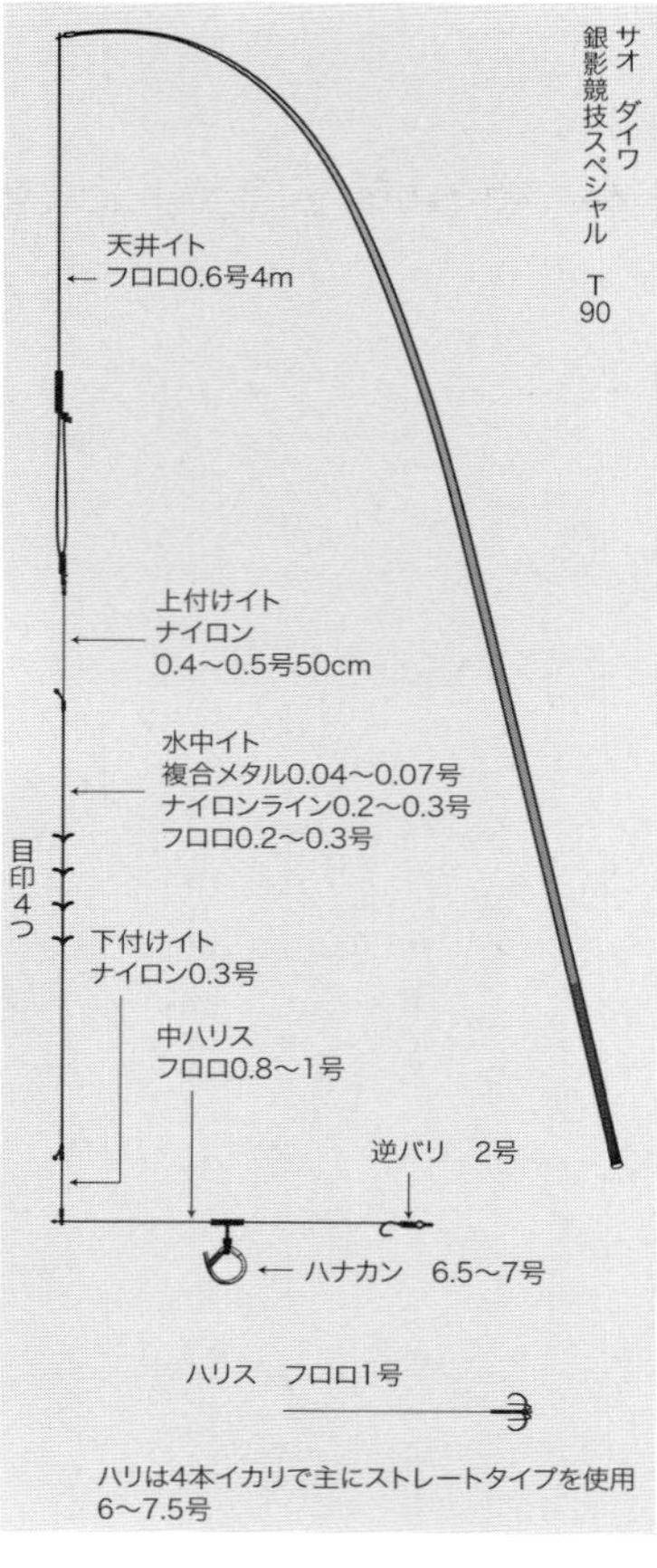
サオ　ダイワ
銀影競技スペシャル　T90
天井イト
フロロ0.6号4m
上付けイト
ナイロン
0.4～0.5号50cm
水中イト
複合メタル0.04～0.07号
ナイロンライン0.2～0.3号
フロロ0.2～0.3号
目印4つ
下付けイト
ナイロン0.3号
中ハリス
フロロ0.8～1号
逆バリ　2号
ハナカン　6.5～7号
ハリス　フロロ1号
ハリは4本イカリで主にストレートタイプを使用
6～7.5号

橋上からアユの姿も確認でき、必ずといっていいほど釣り人の姿がある。

　チャラ瀬に始まり、少し絞り込んでから頭大の石が敷き詰められたザラ瀬となるが、変化が少なくねらいにくい。


　ただ、掛かり場所を見付けられれば入れ掛かりも夢ではない。

　中州を挟んで左岸の小さい流れにもナワバリアユが付いているのでサオをだしたい。下流には大石、岩盤と流れの複雑な所があり、サオ抜けしていることもあるのでじっくり探るとよい。

　ただし、護岸工事等で割れたとがった石が多いのと、枯れ木も沈んでいるので、根掛かりには注意（内山）。

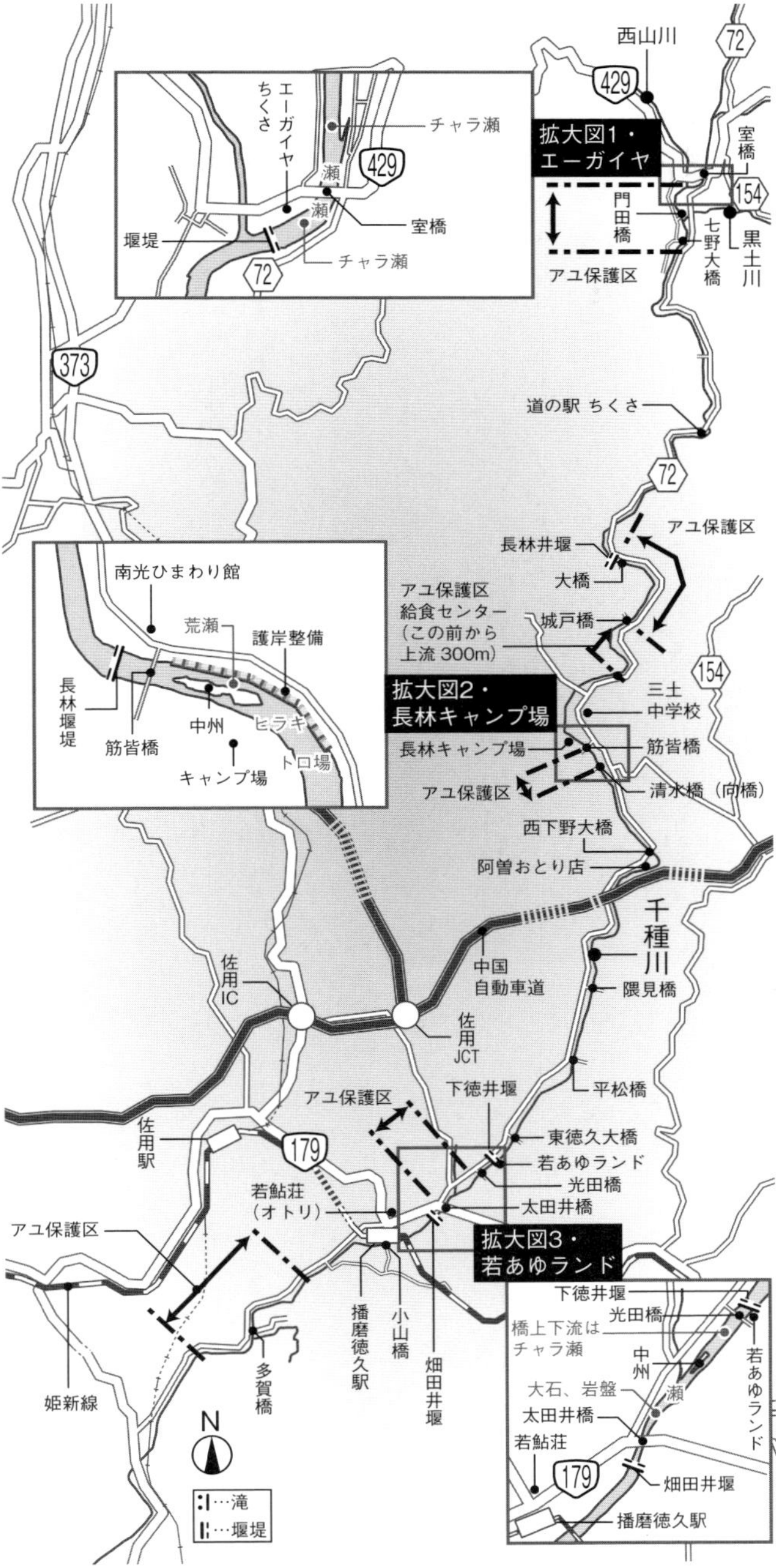

●奈良県

吉《よし》野《の》川

美型、美味の「桜鮎」が掛かる吉野地区を紹介
近年は大アユでも人気、毎年のように尺クラスが出る

吉野大橋より上流を望む。瀬肩から絞り込まれた流れの右岸ヘチ際がポイントとなる

吉野川は年間降水量日本一といわれる大台ヶ原を源に奈良県内を流下し、和歌山県に入ると紀ノ川と名前を変え紀伊水道に注ぐ。流域には上流から川上地区、吉野地区、五条地区と3つの漁区がある。ここでは「桜鮎」とも呼ばれ美型、美味のアユが掛かる吉野地区にスポットをあてたい。近年は大アユが釣れると人気も高く、下流部では毎年のように尺アユも記録されている。

代表的なポイントを下流から紹介するが、千石橋上下流については2014年刊行『列島縦断大アユ釣り場　超特選ガイド30河川』（つり人社）で取り挙げているため割愛させていただく。興味のある方はご購読いただきたい。

●六田駅裏

近鉄吉野線・六田駅の裏が川に隣接しており、電車でも手軽に釣行できる。河原にはオトリ店や駐車スペースもあ

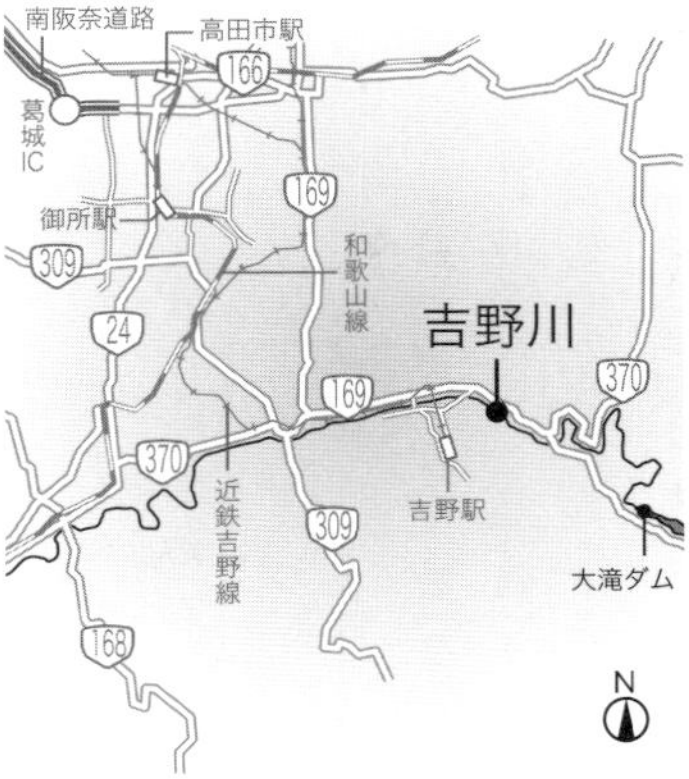

information

- ●河川名　紀の川水系吉野川
- ●釣り場位置　奈良県吉野郡下市町ほか
- ●解禁期間　6月1日～12月31日
- ●遊漁料　日釣券3000円・年券1万円
- ●管轄漁協　吉野漁業協同組合（Tel0746-32-5236）
- ●最寄の遊漁券取扱所　橋本オトリ店（Tel090-5066-0534）
- ●交通　南阪奈道・葛城ICを降り、国道24号を南下、国道309、169号経由で吉野川へ

るので入川しやすい。川相も全体的にフラットで足場もよく、安全で初心者でもサオがだせる。

ポイントはオトリ店の上流約300mにある波立ちの始まりから、下流の荒瀬までの約800mの流れ。全体的に釣果が得られるが、特におすすめはオトリ店から約50m下流の左岸にある竹ヤブ前の掘れ込みの中と、約100m下流にある高圧線下だ。竹ヤブ前のねらい方は真ん中に立ち込んで左岸の掘れ込みの中をていねいに流すと数、型ともに期待できる。ただしここはニゴイも多いので注意されたい。高圧線下は流れの中央にある大きな岩盤周りがねらいめだ。

●吉野大橋周辺

ここも河原にオトリ店があり、駐車場も広い好釣り場。ポイントは橋上流200mにある瀬肩から絞り込まれた流れの右岸へチ際となるが、立ち込みにくくサオが届きにくいので長ザオが有利。また、オトリ店前のトロ場も午後から入れ掛かりになることがあるので見逃せない。

橋下流は広大な砂利底のトロ場があり、ここもよいポイント。特にチャラ瀬の瀬肩付近が例年よく釣れている。釣り方は、変化があまりない流れなので、とにかく広範囲をていねいに泳がせることが肝心。下流にある瀬は流心から右岸側を流すと良型が期待できる。

●妹背橋上下流

橋を中心に、上流５００ｍにある吉野発電所放水口から下流５００ｍの漁協前まで、約１㎞に渡りポイントが点在する。メインとなるのは入川口正面の左岸側の荒瀬から、その瀬落ちとヒラキだ。ここには頭大の石が入っているうえ、充分な水深と流れがあるため比較的アユが居着きやすい。

橋上下流の右岸側も岩盤と大石の入

妹背橋より下流を望む。充分な水深と流れがあるため比較的アユが居着きやすい

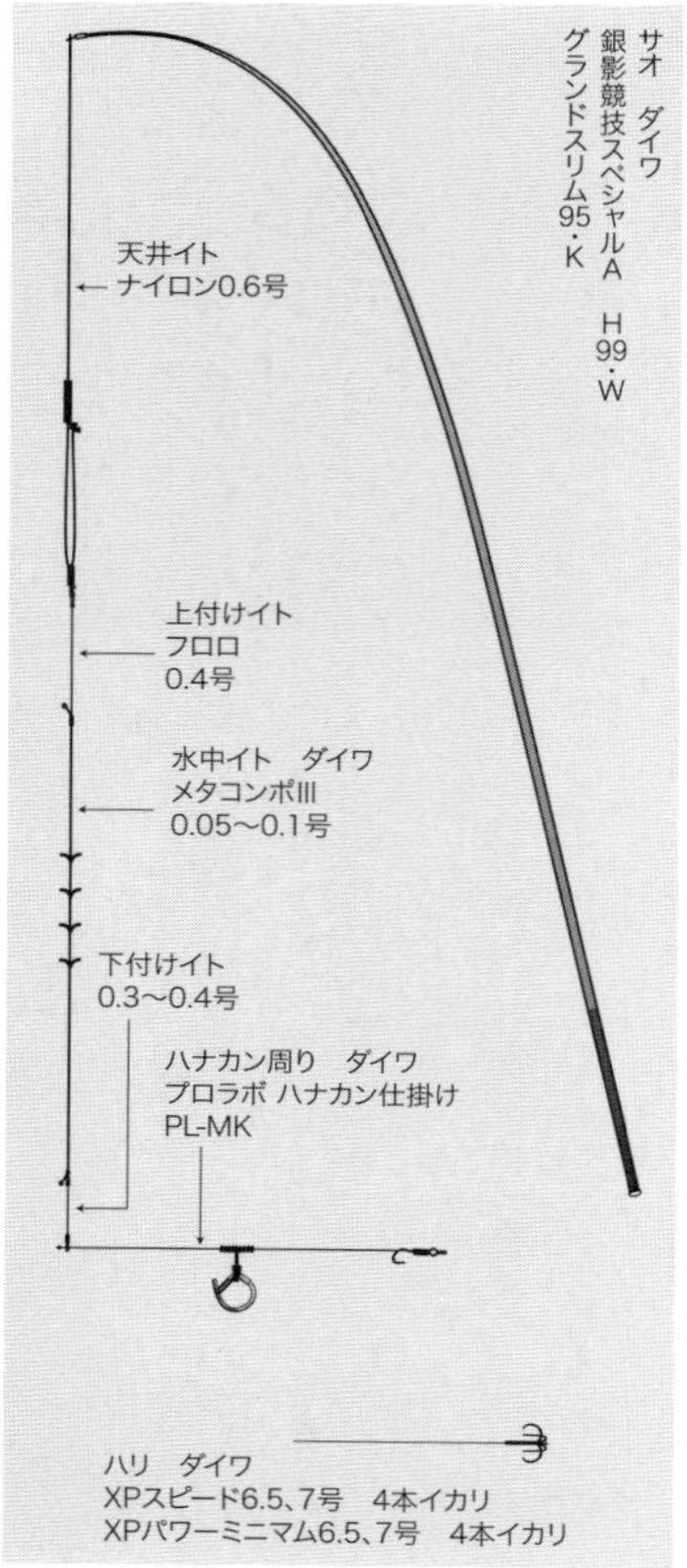
サオ　ダイワ
銀影競技スペシャルA　H99・W
グランドスリム95・K
天井イト
ナイロン0.6号
上付けイト
フロロ
0.4号
水中イト　ダイワ
メタコンポIII
0.05〜0.1号
下付けイト
0.3〜0.4号
ハナカン周り　ダイワ
プロラボ ハナカン仕掛け
PL-MK
ハリ　ダイワ
XPスピード6.5、7号　4本イカリ
XPパワーミニマム6.5、7号　4本イカリ

った好ポイント。大水が出てもアカが残りやすい反面、渇水時は藻が生えたりアカ腐れをしていることもあるので注意したい。漁協前の瀬は、見かけはよいがザラザラの岩盤底なので、あまり釣果は期待できない。それよりも瀬落ちからヒラキのトロ場にかけてがねらいめだ。

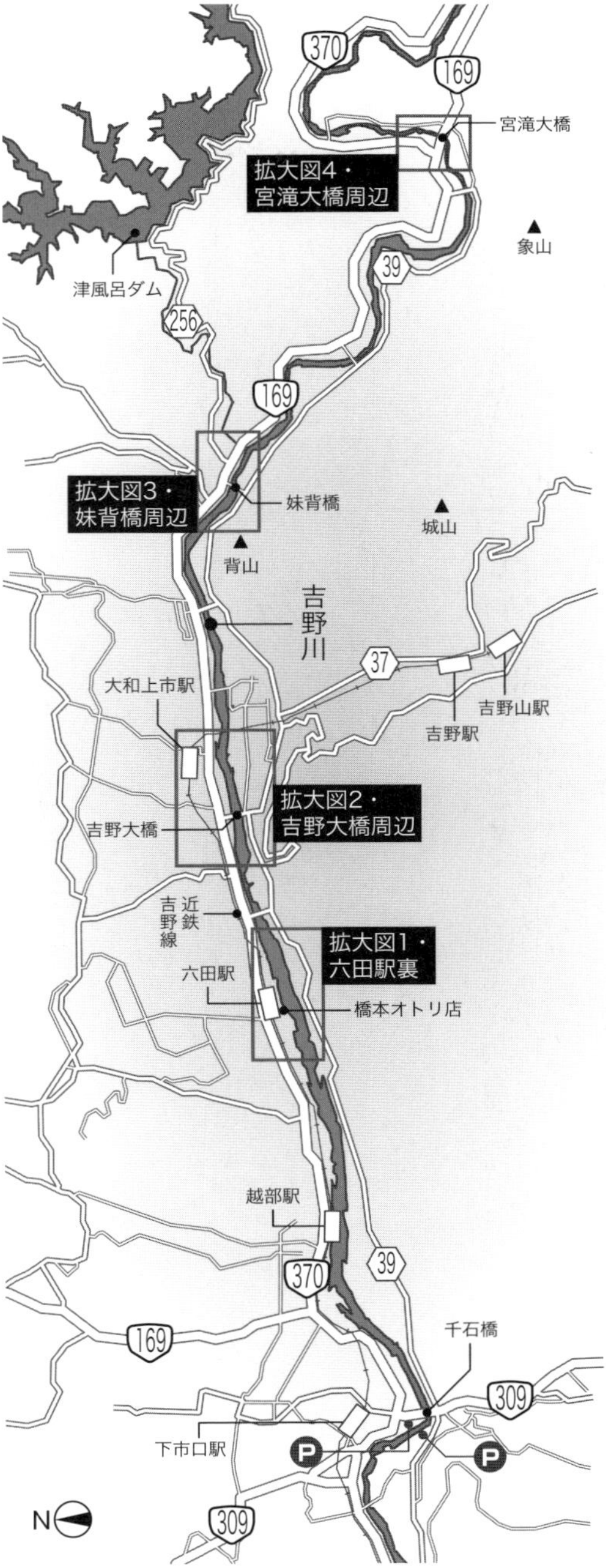

●宮滝大橋周辺

ここは発電用水を取っている迂回路になるので、普段は水が少なく釣りづらいが、発電を止めている時や本流が増水していると好釣果が期待できる。

ただし駐車スペースが少なく、入川道が分かりにくいため、事前に情報収集してから釣行されたい。

探りたいのは橋上流200mの瀬。上流に広大な淵があり、そこからアユ

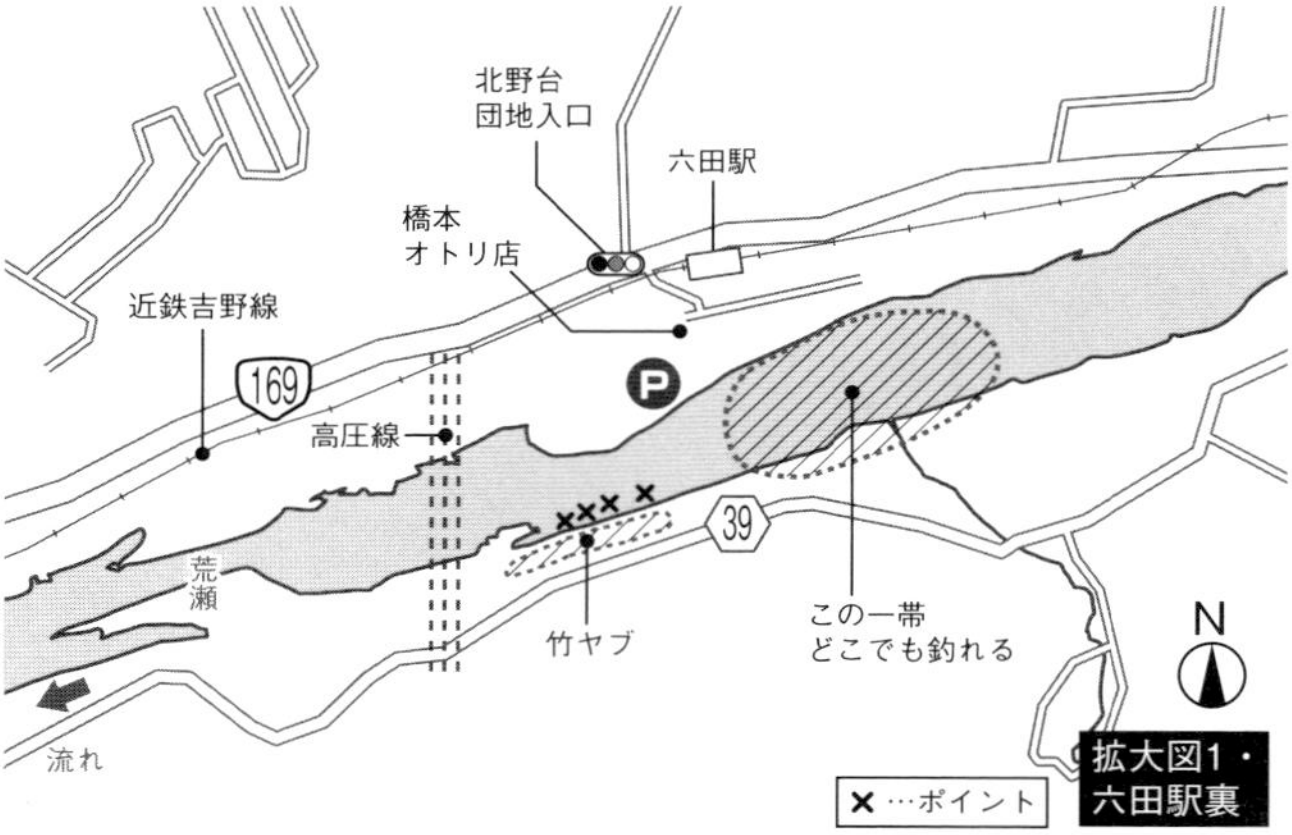
北野台
団地入口
六田駅
橋本
オトリ店
近鉄吉野線
169
高圧線
P
39
荒瀬
竹ヤブ
この一帯
どこでも釣れる
N
流れ
×…ポイント
拡大図1・
六田駅裏

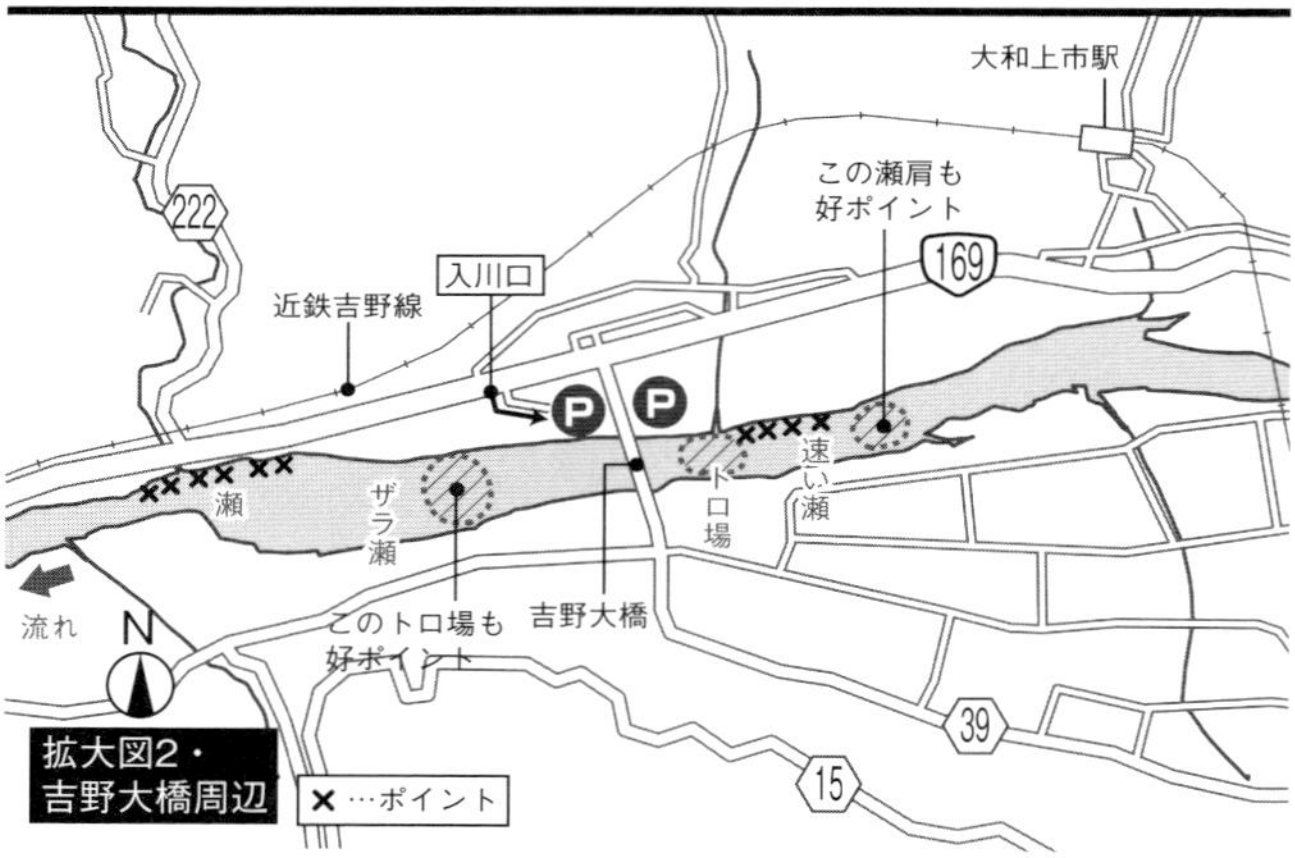
大和上市駅
この瀬肩も
好ポイント
222
169
入川口
近鉄吉野線
P
P
瀬
ザラ瀬
トロ場
速い瀬
流れ
N
このトロ場も
好ポイント
吉野大橋
39
15
拡大図2・
吉野大橋周辺
×…ポイント

吉野大橋より下流を望む。例年チャラ瀬の瀬肩付近がよく釣れる

六田駅裏・竹ヤブ前の流れ。掘れ込みの中を流すと好釣果が期待できる

が補給されるため魚影も多い。短い瀬なので定員は2名ほどとなる。橋下流にある宮滝までもねらいめで、変化に富んだ流れが続きていねいに流すと好釣果が望める。

以上、代表的な釣り場を紹介したが、ほかにも好ポイントはたくさんある。事前に水況や釣果情報を入手し、ぜひパワフルで美味しい「桜鮎」を釣りに吉野川へ釣行してほしい（浅川）。

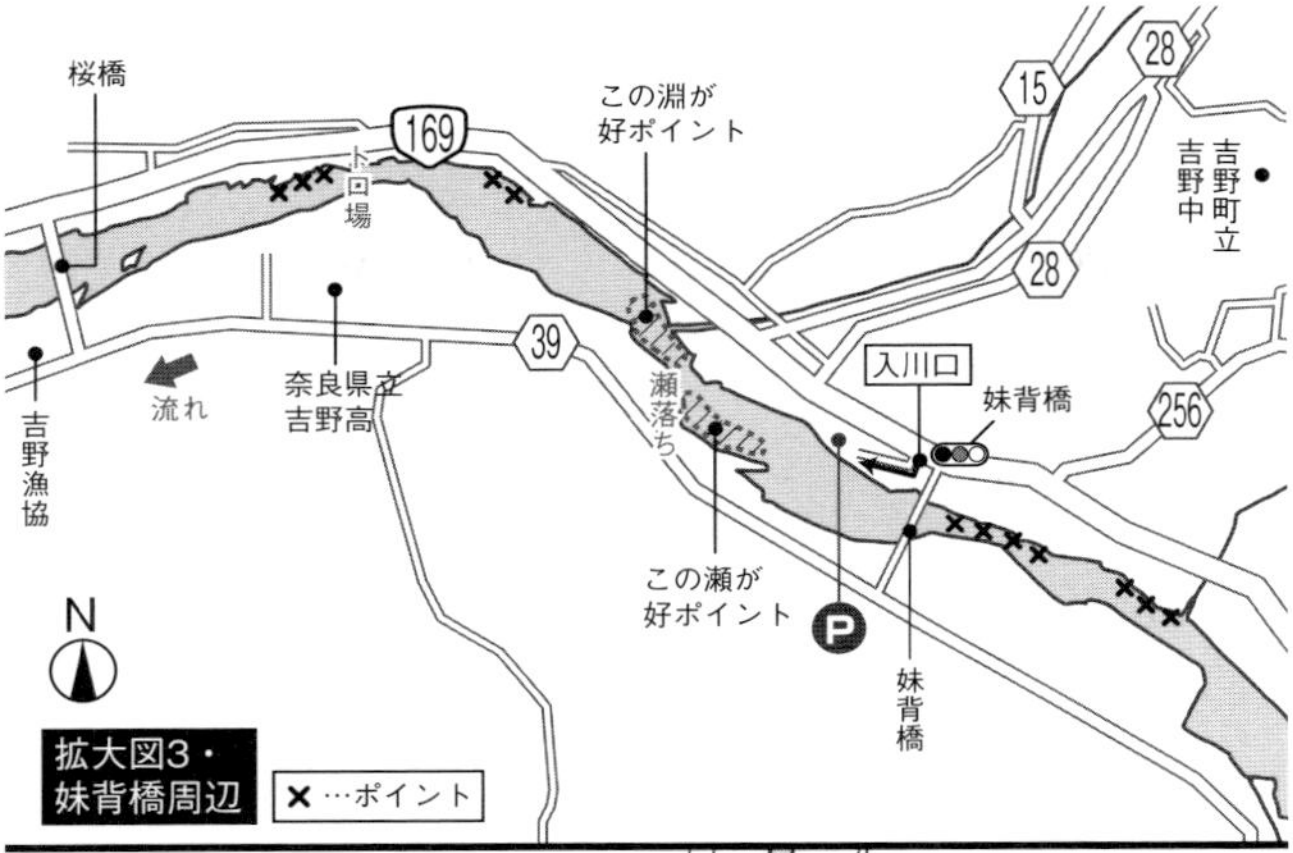

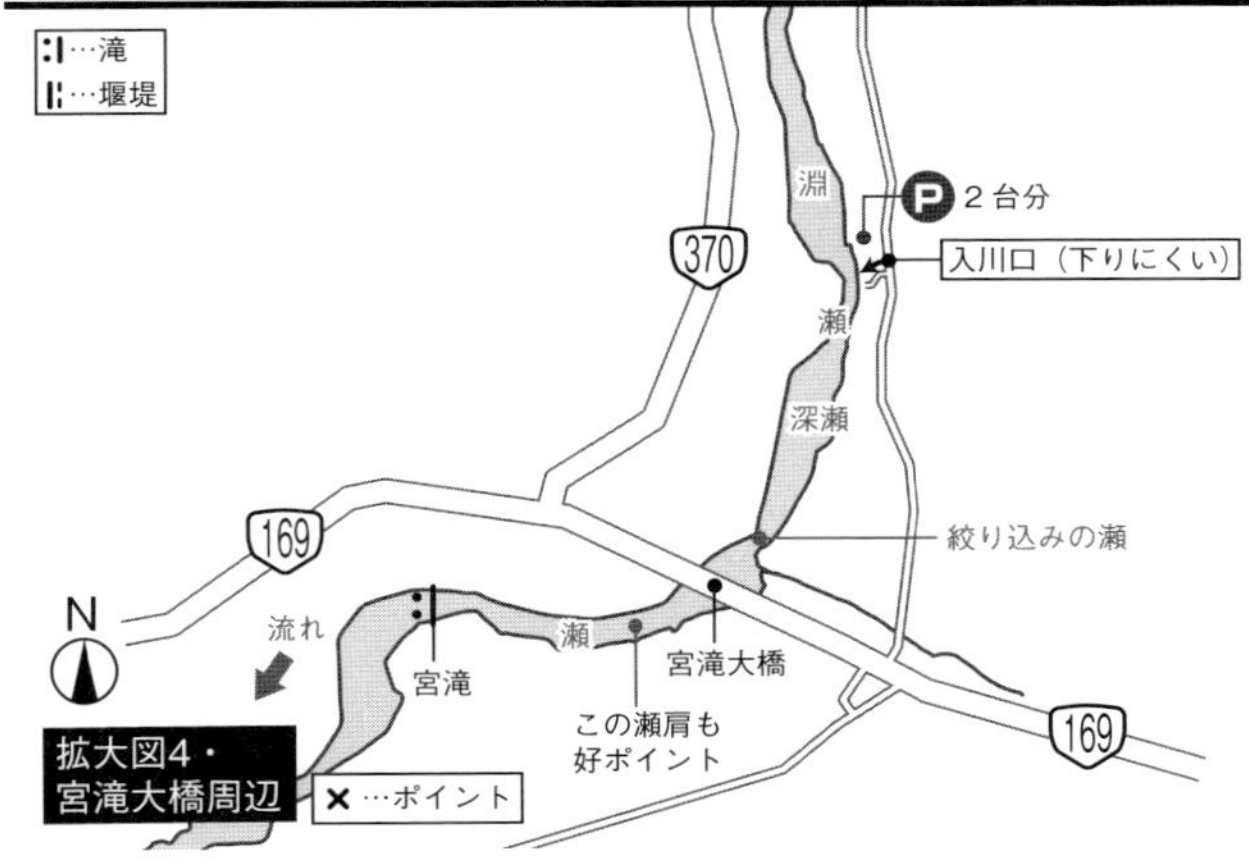

宮滝大橋より下流を望む。本流が増水している時に好釣果が期待できる

妹背橋より上流を望む。頭大の石が入った瀬落ちとヒラキがねらいめだ

●和歌山県

北山《きたやま》川

大トロと瀬が交互に現われる押しの強い流れ 比較的入川しやすい玉置口から宮井合流点までのエリアを紹介

北山川は日本有数の多雨地帯である大台ヶ原を源流域とし、上流部は吉野熊野国立公園の一部となる。豪雨と急流により削られた深い渓谷は瀞《どろ》峡と呼ばれ、下流部の瀞八丁は国の特別名勝および天然記念物だ。この渓谷は隆起準平原である大台ヶ原周辺から流れを発した川が、多雨と水成岩の脆弱《ぜいじゃく》な地質によって台地を侵食して形成されたもので、急峻《きゅうしゅん》な屏風《びょうぶ》状の断崖をなしている。険しい地形のため河畔の人口は乏しく、原生の常緑広葉樹林が残る個所も残されている。

北山川の上流部にはビッグバスで有名な池原貯水池、大又川が流れ込む七色ダム、最下流に小森ダムが控える。アユ釣りは七色ダムと小森ダムの間では放流魚メイン、七色ダムと池原ダムは天然湖産があり、七色ダムに注ぎ込む三重県大又川、奈良県下北山村の西ノ川、池原ダムに注ぎ込む北山川源流域では天然湖産のソ上アユが毎年太公望たちを楽しませてくれる。

このように源流域から熊野川合流まで釣趣に富んだ釣りを楽しませてくれ北山川の流れを紹介するが、小森ダムから玉置口の間（瀞峡）は瀬渡し舟や険しい崖を降りていくような所なので、ここでは比較的入川しやすい玉置口から宮井の合流点上（小船の梅林前）までのエリアにスポットを当てたい。

アユ釣りの解禁日は小森ダムから下流は6月1日、上流は6月15日。初期は支流の尾川川、七色ダムから小森ダムの間の放流魚をねらい、7月頃からは熊野川本流をソ上してきた海産天然魚がメインとなる。8～9月にかけては追いも激しくなり、押しの強い流れも手伝って強烈な引きが楽しめる。

仕掛けだが、水中イトの長さは金属

information

●河川名　熊野川支流北山川
●釣り場位置　和歌山県新宮市
●解禁期間　6月1日（小森ダム上流は15日）～12月31日
●遊漁料　日釣券2000円・年券5000円
●管轄漁協　熊野川漁業協同組合連合協議会（Tel0735-28-2380）
●最寄の遊漁券取扱所　浪花おとり店（Tel0735-44-0777）、谷口おとり店（Tel0735-42-0381）、仲おとり店（Tel0735-46-0135）、不破おとり店（Tel05979-7-0044）
●交通　紀勢自動車道・紀伊長島ICを降り、国道42号を南下。熊野市で国道311号を経由して北山川へ

九重の瀬（百夜月）の流れを望む。右岸側から4WD車なら河原まで行くことができる

イトなら最低4m、できることなら6m取るとよい（私は5m）。トロ場ならナイロンやフロロ、複合イトでよいが、瀬をメインにねらうならなるべく比重の大きな金属イトで、背バリやオモリを使ってオトリを落ち着かせたい。

紹介するエリアの概要だが、玉置口から熊野川合流点までは大きなトロと瀬が交互に続く。川相は拳大から頭大の石がフラットにあるように見えるが、川底は馬の瀬やちょっとした掘れ込みなどが複雑に入り組んでいる。

壮大な流れはゆったりと見えるが、押しはかなり強い。北山川名物ジェット船も頻繁に通るので要注意。また、小森ダム下流域で夏場「北山川観光筏下り」が運行するため、「観光維持放水」が朝10時頃から行なわれる。場所によって水位が増すため気を付けたい。宮井の合流点上の小舟の梅林前周辺ではお昼頃に20～30㎝増える。

水位は夜戻るが、午前中は川通しで

きたのに帰れない！　泊まりで釣る場合など川に漬けておいたオトリ缶が朝見ると干上がっていた！　といったことがあるので充分に注意されたい。

また、渇水が続くとジェット船の通路を確保するために、ブルで川底を掘り起こすこともある。前回来た時と川相が違う場合もあり得るのだ。

●小船の梅林前（宮井の合流点上）

北山川最下流になるのが小船の梅林前。下流には小船の瀬、上流には四滝の瀬があり、右岸の仲おとり店から小船の瀬右岸に降りる入川口がある。四滝の瀬には４ＷＤ車なら右岸河原まで降りる道がある。

左岸側にも各ポイントの河原へ４ＷＤ車なら降りることができるが、国道１６８号を利用して三和大橋を渡って行かなければならず、対岸は目の前に見えても所要時間が10分近くかかる。

ここもフラットな流れに見えるが、

小船の梅林前の上流にある四滝の瀬。ちょっとした掘れ込みや馬の背をねらう

竹筒の瀬を望む。右岸側は普通車でも入れる

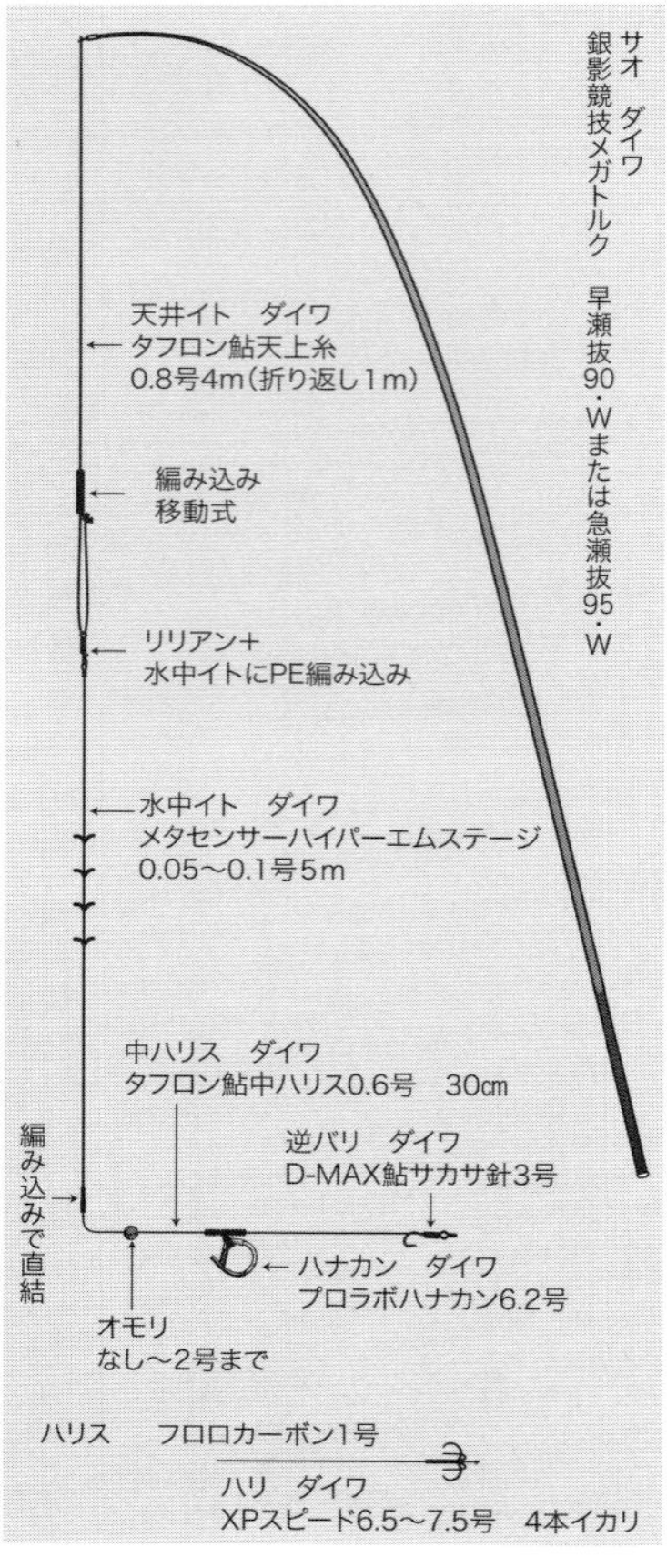

サオ　ダイワ
銀影競技メガトルク　早瀬抜90・Wまたは急瀬抜95・W
天井イト　ダイワ
タフロン鮎天上糸
0.8号4m（折り返し1m）
編み込み
移動式
リリアン＋
水中イトにPE編み込み
水中イト　ダイワ
メタセンサーハイパーエムステージ
0.05～0.1号5m
中ハリス　ダイワ
タフロン鮎中ハリス0.6号　30㎝
逆バリ　ダイワ
D-MAX鮎サカサ針3号
編み込みで直結
ハナカン　ダイワ
プロラボハナカン6.2号
オモリ
なし～2号まで
ハリス　フロロカーボン1号
ハリ　ダイワ
XPスピード6.5～7.5号　4本イカリ

ちょっとした掘れ込みや馬の背を捜して探るとパワフルな天然魚が楽しませてくれるはずだ。10月の声を聞く頃、辺り一帯のトロ場ではエサの釣り人が増えだし、友釣りの釣果が激減するため上流へ足を進めたい。

●九重～竹筒の瀬～腰折の瀬

九重の瀬には右岸側から４ＷＤ車なら河原まで行くことができる。左岸へは車で行くことができず、瀬渡し船を利用して渡るしかない。中には持参したゴムボートで渡る釣り人も見受けられる。優良ポイントは馬の背、掘れ込みなどだが、九重から竹筒にかけて左岸側はサラ場だらけなのでゴムボートで渡ってみるのも手だ。その際はジェット船の波や風でボートが流されないように充分注意したい。

竹筒右岸側には４ＷＤ車でなくとも入れるため、ここから左岸に渡って上流へ行くのが腰折の瀬への最短ルートとなる。腰折の瀬は車で入れないので釣り荒れしておらず、パラダイスの可能性も大だ。

●湯の口周辺

九重から竹筒に行く途中、国道１６９号と国道３１１号に分かれる三叉路がある。国道３１１号（道幅が狭いので注意）を進むと瀞大橋にでる。橋を渡って右折すると湯の口周辺だ。

左岸側の河原まで４ＷＤ車なら入川可能で、室谷の瀬、湯の口の瀬を釣れる。下流のなごいの瀬は右岸に渡ってしか行けないので注意。ポイント自体は腰折の瀬の上流、竹筒から近いが、道は山の中を走るために遠く感じる。

室谷の瀬、湯の口の瀬は、できるのであれば対岸にオトリを送り込みたい。対岸の山肌は岩盤と大石があり、岩盤の溝には玉石が入っている。オトリが届くと強烈なアタリで良型がサオを絞り込む。

瀞大橋から上流を望む。右岸側の河原には4WD 車なら降りていける

湯の口周辺の流れを展望する。各ポイントが点在する好釣り場だ

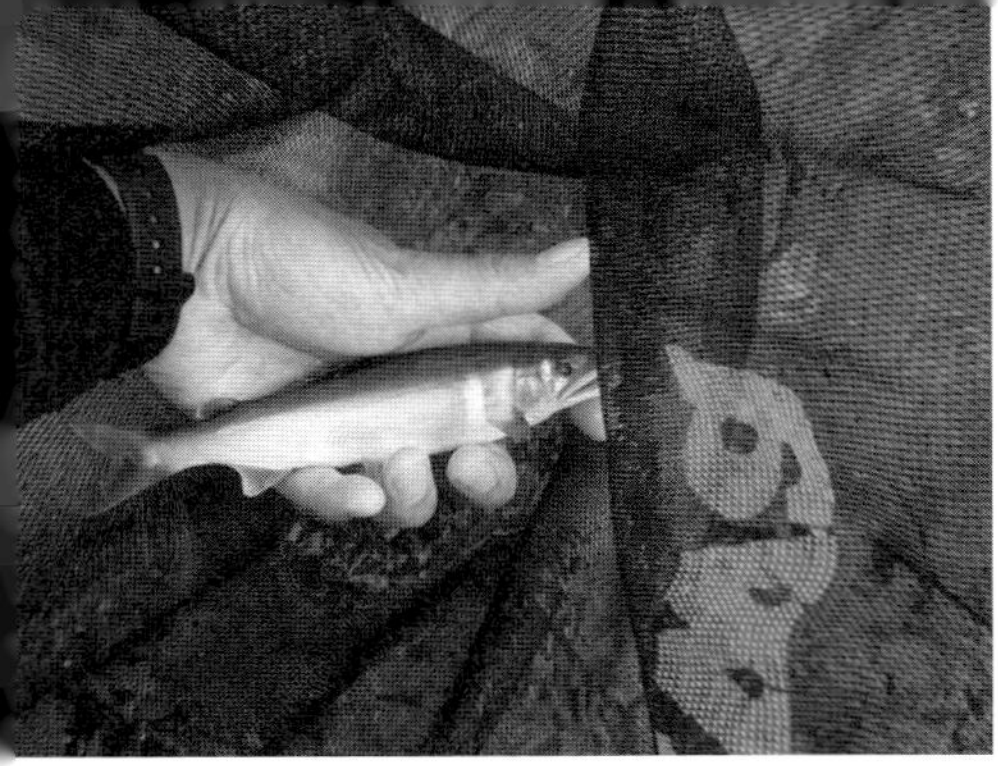

北山川のアユ。7月頃から
熊野川本流をソ上してきた
海産天然魚がメインとなる

下流より瀞大橋を望む。
広いトロ場と瀬があり、
トロ場のカケアガリや馬
の背をねらう

●瀞大橋周辺～玉置口

瀞大橋周辺左岸側は普通車でも入川でき、比較的釣り人も多いポイントだ。大橋下流には広いトロ場と瀬があり、トロ場のカケアガリや馬の背をねらう釣り人が多い。大橋上流にも瀬があり、右岸側の河原には４ＷＤ車なら降りていけるのでサオだししやすい。その上の瀬肩はジェット船の停泊所なので充分に注意してサオをだしたい。

瀞大橋を渡り左折して上流に向かうと、古子の瀬、島津の平瀬、木津呂の渡し場前の瀬、大瀬、小瀬、玉置口の瀬といった流れが続く。各ポイントは４ＷＤ車で河原に入川可能だ。

ここまでくると民家なども姿を消し、壮大な熊野の景色を楽しむことができる。釣りはもとより、その景色に魅了されて訪れる釣り人も多い。

最後に北山川での注意点だが、ジェット船の通過時の波は大きく、オトリ缶や休憩時の引き舟の管理には充分注意されたい。波に持って行かれないようにしっかり固定しておくこと。

また、小森ダムの放水はアユの活性にも大きく影響する。アユの気配もなかった流れが、放水が始まると同時に掛かり出したりする。前日の午後から水位が増えてサオがだせない場所はサオ抜けしているため、午前中はそういった場所を探るのも手となる。

いくら４ＷＤ車といえども河原でスタックしている車も見かける。進入には細心の注意をされたい。携帯電話の電波が届きにくい所もまだまだあるほど山深いので、弁当を車外に出しておくと猿やカラスに横取りされることもあるので気を付けたい。

北山川は平成23年の紀伊半島大水害の影響で川相が変わり、２０１５年３月現在、まだ数多くの場所で工事が行なわれ、地元の方々が復興のために頑張っている。お越しの際は充分に気を付けていただきたい（瀧澤）。

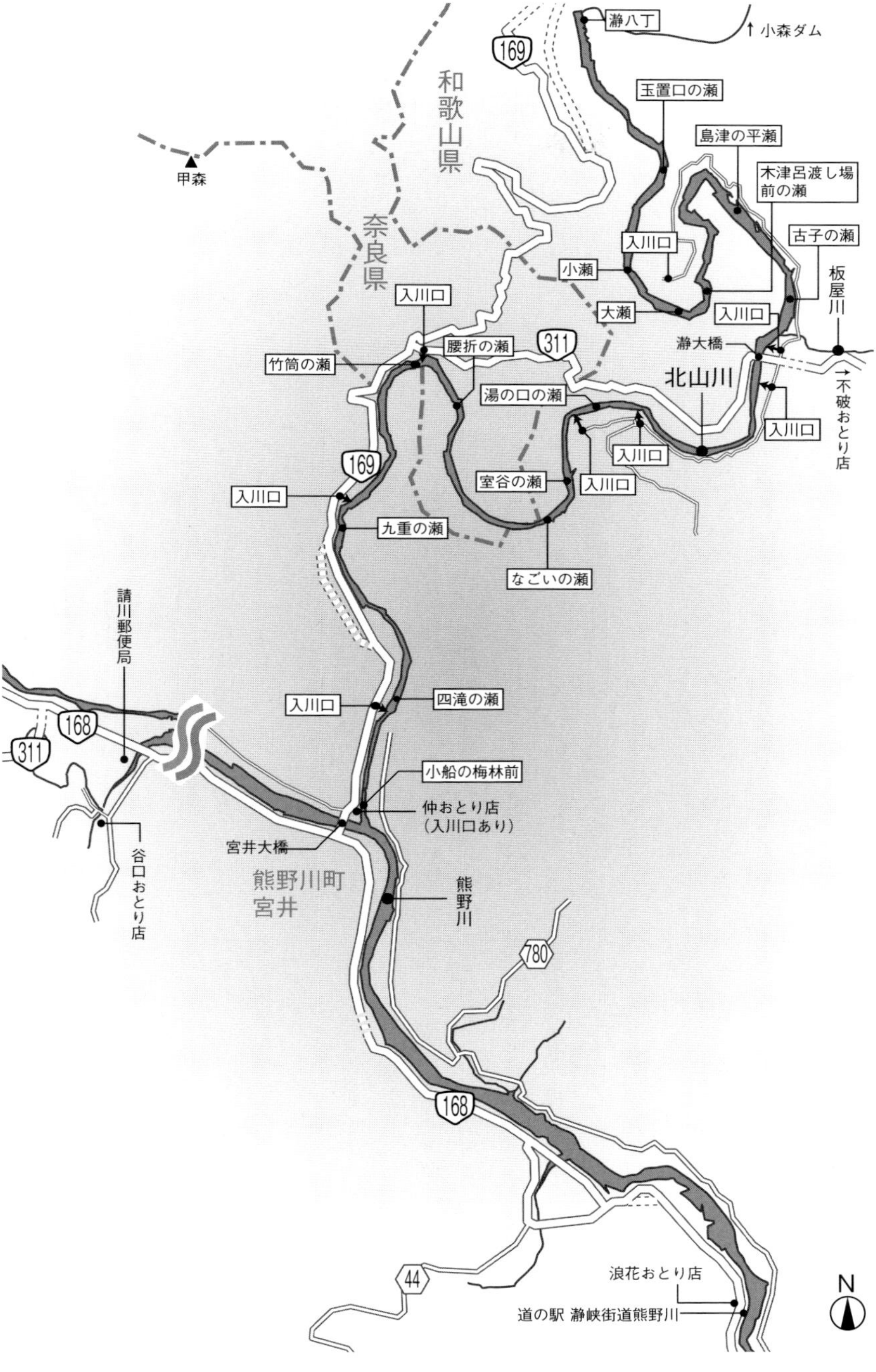
瀞八丁
小森ダム
169
和歌山県
甲森
奈良県
玉置口の瀬
島津の平瀬
木津呂渡し場
前の瀬
古子の瀬
入川口
小瀬
大瀬
板屋川
入川口
入川口
瀞大橋
311
腰折の瀬
竹筒の瀬
北山川
→不破おとり店
湯の口の瀬
入川口
入川口
169
室谷の瀬
入川口
入川口
九重の瀬
なごいの瀬
請川郵便局
入川口
四滝の瀬
168
311
小船の梅林前
仲おとり店
（入川口あり）
宮井大橋
谷口おとり店
熊野川町
宮井
熊野川
780
168
44
浪花おとり店
道の駅 瀞峡街道熊野川
N

●和歌山県

紀《き》ノ《の》川

お盆過ぎからは尺アユをねらって掛けられる確率も上昇
トロ場とトロ場の間から波気のあるポイントを捜し出す

橋本橋下流の流れ。橋下のチャラ瀬からヒラキのテトラ前までの流れを探りたい

紀ノ川は、年間総雨量5000㎜に達するといわれる奈良県大台ヶ原に源を発し、奈良県では吉野川と呼ばれ和歌山県（橋本市）からは紀ノ川と名前を変えて紀伊水道に注ぐ流程約135㎞の大河だ。

水量豊富な流れはトロ場が多く、ゆったりとした女性的な流れに見えるが、場所によっては岩盤底や大岩、一抱えくらいの石が点在する荒々しい流れも随所にある。トロ場とトロ場の間にある、そういった波気のある場所が好ポイントとなることが多い。

アユは天然ソ上に加え、漁協により海産と人工産が6000kg以上放流されている。解禁当初は放流魚がメインとなるが、梅雨明け頃からは天然ソ上もよく追いだし、お盆を過ぎた8月後半には大型の釣果も聞こえてくる。和歌山県で唯一尺アユをねらって釣れる川としても知られている。

2014年度は2回ほど釣行したが、いずれも数は30尾程度ながら29㎝を頭に23㎝までが楽しませてくれた。しかし、ほかの河川に比べれば釣行者が少なく情報量に乏しいのが現状で、釣果情報や川の濁り（上流部にいくつかのダムがあるため）などは管轄漁協に問

紀ノ川での釣果。29cm を頭に良型が揃った

い合わせるのが確実だ。それでも入川しにくい場所などの情報はなかなか得られない。しかし、裏を返せばサオ抜けポイントも多い証で、時には思わぬ好釣果に恵まれることもある。とにかく釣行前には、河川情報を得るのが必須だ。

　また、オトリ店が非常に少ないため、私はいつも紀ノ川漁協で購入してから入川することが多い。漁協にはたくさんの養殖池があり、日曜日も誰かが勤務しているので確実に購入できる。

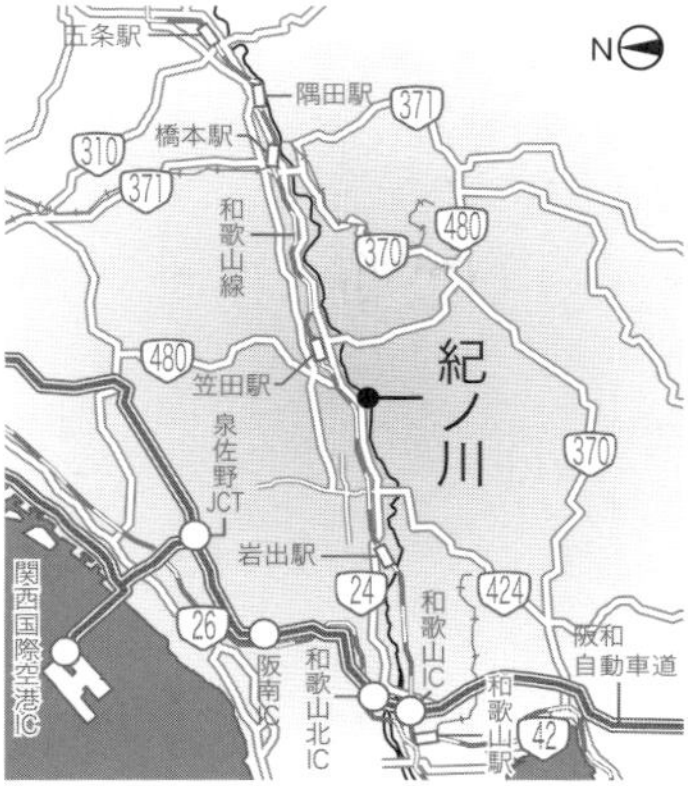

　釣り場は、最上流部の橋本地区～紀の川市の打田地区までがメインとなる。しかし、波気のあるよい瀬は数が少なくトロ場が大半で、ポイントとポイントの間隔が長く場所移動には車が必要。最上流部の橋本地区には、橋本橋を境に上流側が上の町友釣り専用区、下流側は東家友釣り専用区が設けられ、尺アユの実績も高い。

　支流の丹生川も渓谷相ながらアユの魚影は多くねらいめだ（関西電力堰堤跡より上流は玉川漁協管轄となる）。

information

●河川名　紀ノ川
●釣り場位置　和歌山県伊都郡かつらぎ町～橋本市
●解禁期間　5月第3土曜日～12月31日
●遊漁料　日釣券3240円・年券10800万円
●管轄漁協　紀ノ川漁業協同組合（Tel0736-66-9111）
●最寄の遊漁券取扱所　紀ノ川漁業協同組合（Tel0736-66-9111）
●交通　阪和自動車道・和歌山北ICを降り、国道24号を橋本市方向へ進み各釣り場へ

丹生川の合流点の下流に慈尊院前友釣り専用区があり、ここは一抱え程度の石が点在する長瀬が続く。溝やカケアガリといった変化のある流れを重点的に流すとよい。

　粉河地区には、竜門友釣り専用区があり藤崎頭首工下流と新龍門橋との間に岩盤底と大きな石が組み合わさった長い瀬がある。個人的にはこの瀬が好きでよく釣行している。型、数とも実績が高い。紀の川市打田地区の竹房橋上流にもよい瀬があるが、この地区は友釣り専用区ではないためコロガシの釣り人が多い。

　どの地区も前記したように後期になると良型が出るので確実に取り込みのできる少し硬めのサオ、太めのイト、大きなハリで望みたい。バラシを減らすことが釣果を伸ばすコツとなる。

●橋本橋下流（橋本駅付近）

河川まで車で入川できる尺アユの実

績ポイントである。４ＷＤ車なら上流のマンション下まで入川できる。普通車は堤防沿いに駐車するとよい。橋下のチャラ瀬からヒラキのテトラ前までの流れを探りたい。

まず最初に橋下のチャラ瀬でオトリを交換し、下流に釣り下がって行くのがおすすめだ。途中にあった大きな淵は数年前の増水で姿を消したが、下流のテトラ付近は毎年大型が顔を出す。左岸寄りがよく掛かるが、蛇カゴが入っている場所もあるので根掛かりに注意されたい。

テトラが１つ離れて入った付近が好ポイント。泳がせでねらいたいが、イトフケを取りすぎると掛かった際にテトラにこすれてラインブレイクとなるので注意したい。地岩盤も多いが、そこに組み込まれた石や大岩にアユが付くように思われる。特に、お盆過ぎからがねらいめで、運がよければ尺アユの姿を見ることも可能だ。

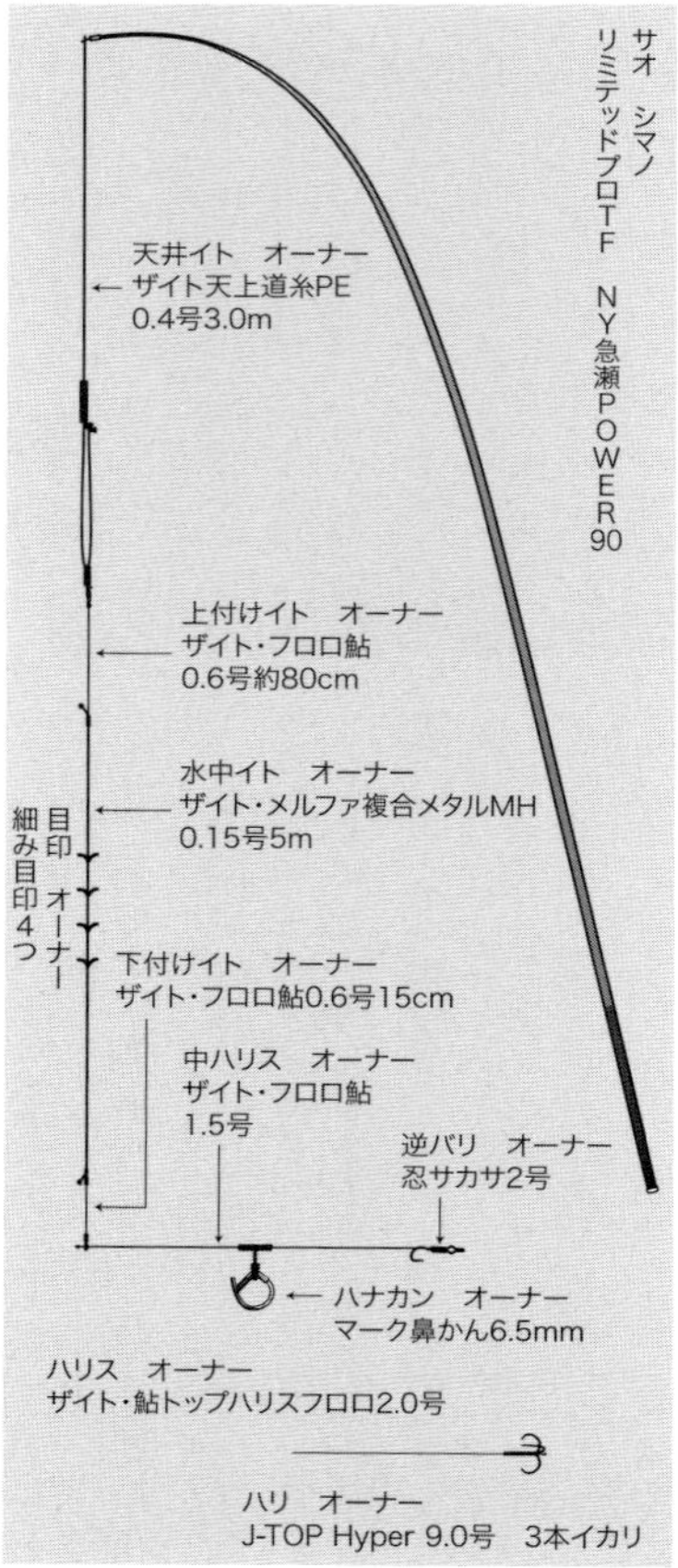

サオ　シマノ
リミテッドプロTF　NY急瀬POWER90
天井イト　オーナー
ザイト天上道糸PE
0.4号3.0m
上付けイト　オーナー
ザイト・フロロ鮎
0.6号約80cm
水中イト　オーナー
ザイト・メルファ複合メタルMH
0.15号5m
目印
細み目印４つ　オーナー
下付けイト　オーナー
ザイト・フロロ鮎0.6号15cm
中ハリス　オーナー
ザイト・フロロ鮎
1.5号
逆バリ　オーナー
忍サカサ2号
ハナカン　オーナー
マーク鼻かん6.5mm
ハリス　オーナー
ザイト・鮎トップハリスフロロ2.0号
ハリ　オーナー
J-TOP Hyper 9.0号　3本イカリ

●新龍門橋上流（藤崎頭首工下）

堰堤下流のトロ場から瀬になりヒラキのトロ場までがポイントとなる。４ＷＤ車であれば下流の竜門橋右岸にあるヤマト運輸前から入川できるが、藤崎頭首工の上に駐車場があり、左岸堤防を降りればすぐ入川できる。

紀ノ川では珍しく大きな岩や一抱えほどの石が多く入り、初期から後期まで安定して釣れる流れだ。堰堤下からトロ場になり、瀬の始まる付近にも大きな岩や石が組み込まれている。特にお盆過ぎくらいから良型の数釣りが楽しめ人気も高い。左岸、右岸どちらからでもサオをだせるが、個人的には左岸からのほうが釣りやすい気がする。

どのポイントもそうだが、養殖オトリをいかに早く天然に交換するかが釣果を左右する。盛期以降は確実に取り込むことを考え、少し太めの仕掛けで臨みたい。尺までの大きさならオトリに使える。大アユには大きなオトリのほうが反応がよい（上西）。

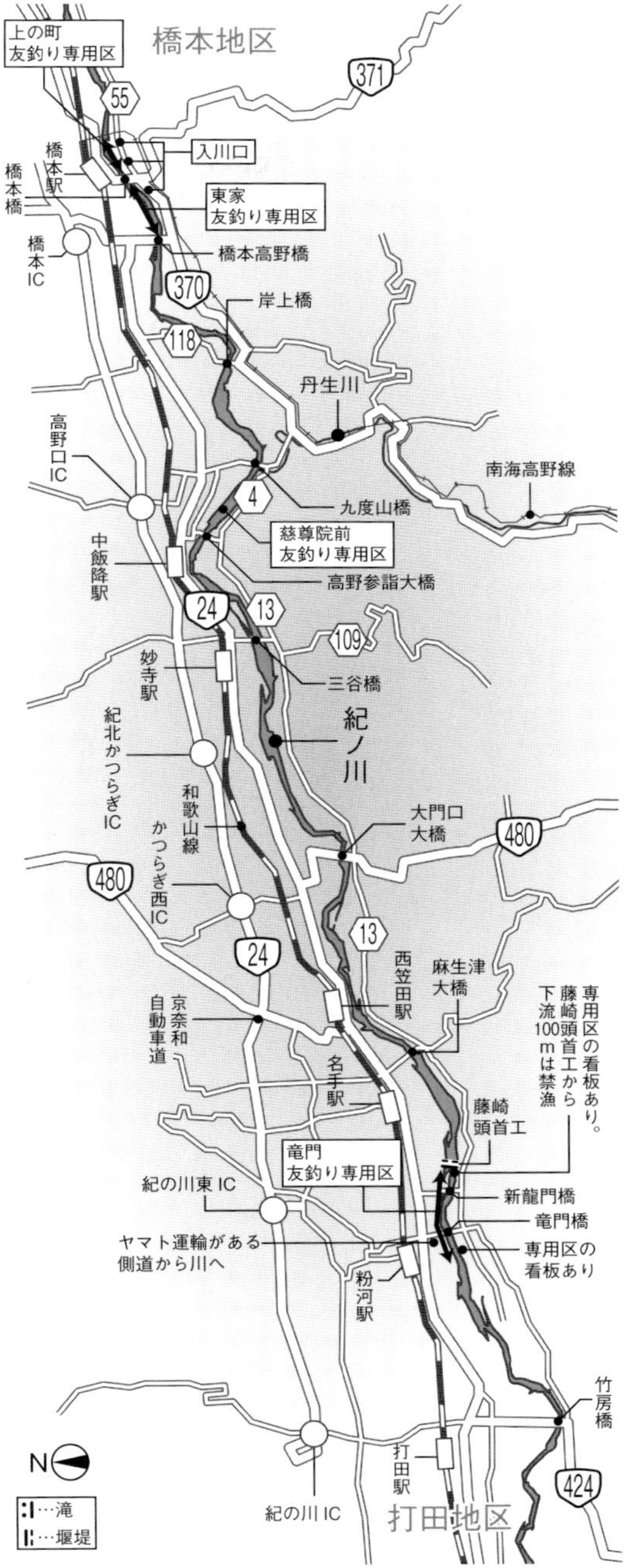

橋本橋上流にあるマンション下の流れ。尺アユの実績も高い

藤崎頭首工を望む。お盆過ぎくらいから良型の数釣りが楽しめる

新龍門橋上流の川相を望む。大きな岩や一抱えほどの石が点在する流れだ

ダム下流・マワリ付近の流れ。大岩と大石の点在する流れは初期から後期まで型、数ともに期待できる

●和歌山県

有《あ》田《りだ》川

5月1日解禁、大型連休中から大勢のファンで賑わう二川ダムを境に上流、下流で大きく釣り場が分かれる

全国で一番早いアユ解禁（５月１日）を実施する有田川は、霊峰高野山を源に、和歌山県の中部地区を流れ紀伊水道に注ぐ。約94㎞の流程は県下では中規模河川となる。上流から下流まで荒瀬、瀬、チャラ瀬、トロ場と変化に富んだ流れは、途中の二川ダムを境に上流、下流で大きく釣り場が分かれる。

天然ソ上に加え、毎年７０００㎏が放流されている。ダム上流３０００㎏、ダム下流４０００㎏の稚魚放流で海産、人工産となる。

日本一早い解禁で、ゴールデンウイークは全国から多くの太公望が訪れ賑わいを見せる。また近年はアユの全国大会や予選大会も開催され、トップトーナメンターの姿も見受けられる。

●3ケタ釣りも可能なダム上流部

ダム上流は、水質もよく京阪神に近いこともあり釣り人は結構多い。解禁

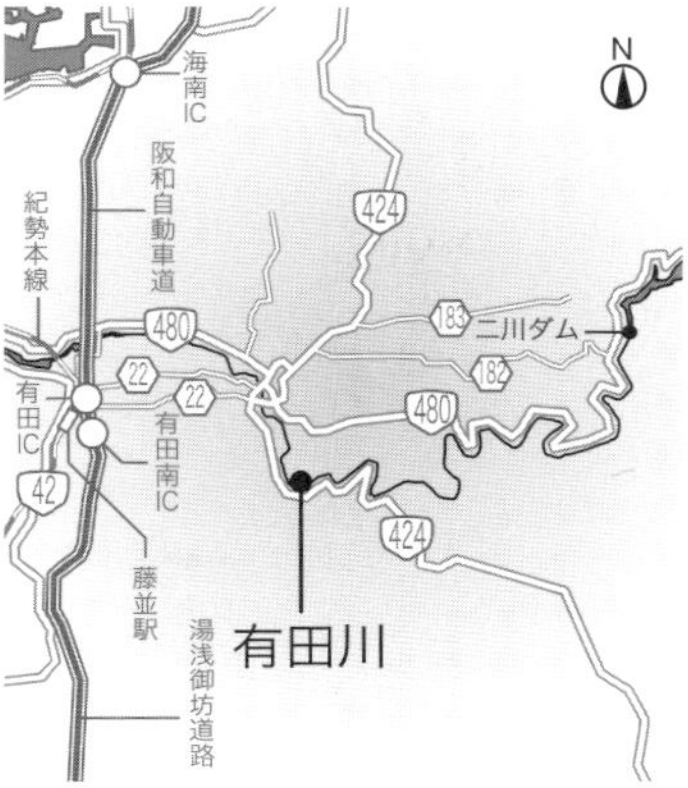

information

●河川名　有田川
●釣り場位置　和歌山県有田郡有田川町～伊都郡かつらぎ町
●解禁期間　5月1日（早期）、20日（一般）～12月31日
●遊漁料　日釣券3240円・年券1万4040円（5月1日～）、10800万円（5月20日～）、
●管轄漁協　有田川漁業協同組合（Tel0737-52-4863）
●最寄の遊漁券取扱所　西浦おとり店（Tel0737-26-0063・ダム上流）、柴崎オトリ店（Tel0737-26-0413・ダム上流）、岡本おとり店（Tel0737-52-4845）
●交通　湯浅御坊道路・有田ICを降り、県道22号、国道480号を経由して有田川へ

当初は、平均してダム上流のほうが型、数ともに期待できる。しかし9月第2日曜日に網入れが解禁となるため、ダム下流より釣期が短い。

サイズは解禁当初でも18cm前後の良型も出るが、平均14～16cmがメインだ。8月に入ると一気に型がよくなる。尺アユとはいかないが22～25cmがアベレージで28cmまで手にできる。

他の放流河川同様、人工産特有の群れアユも多く見られ、この群れアユをうまく釣れば数を稼げることも多い。増水後の引き水時はシーズンを問わず活性が高くなるので数がねらえる。

効果的にポイントを移動すれば、3ケタの大釣りも夢ではない。数ねらいなら上流部にあたる花園・押手地区。型ねらいならエリア下流部の久野原地区・清水地区などがよい。支流では清水地区に湯川川があり、ここは水質もよく美味しいアユが釣れる。

ダム上流部は、数年前の水害の復旧

工事などが行なわれているため川相が変わっている場所も多数あるので注意されたい。

●初期は放流、後に天然ソ上がメインとなるダム下流部

ダム下流部は天然ソ上が豊富で、加えて稚魚放流も行なわれ魚影も抜群によい。釣期も秋に大きな台風がなければ10月中旬でも充分楽しめる。解禁当初は放流アユ、中期からは天然ソ上がターゲットになる。

主な釣り場の概要だが、二川地区、粟生地区は水量が少なく女性や子供でも入川しやすい。アユもよく見えサイトフィッシングも楽しめる。支流では粟生地区に四村川があり、水質がよく美味しいアユが釣れる。また、濁りに強く澄むのも早い。

放水口から下流は川口地区、松原地区がおすすめ。解禁当初から人気が高く、白石の瀬やブドウ園下、第2、第

ダム上流・鮎関付近の川相。3ケタの大釣りも夢ではない流れだ

ダム下流すぐにある二川温泉付近の流れ。水量が少なく女性や子供でも入川しやすい

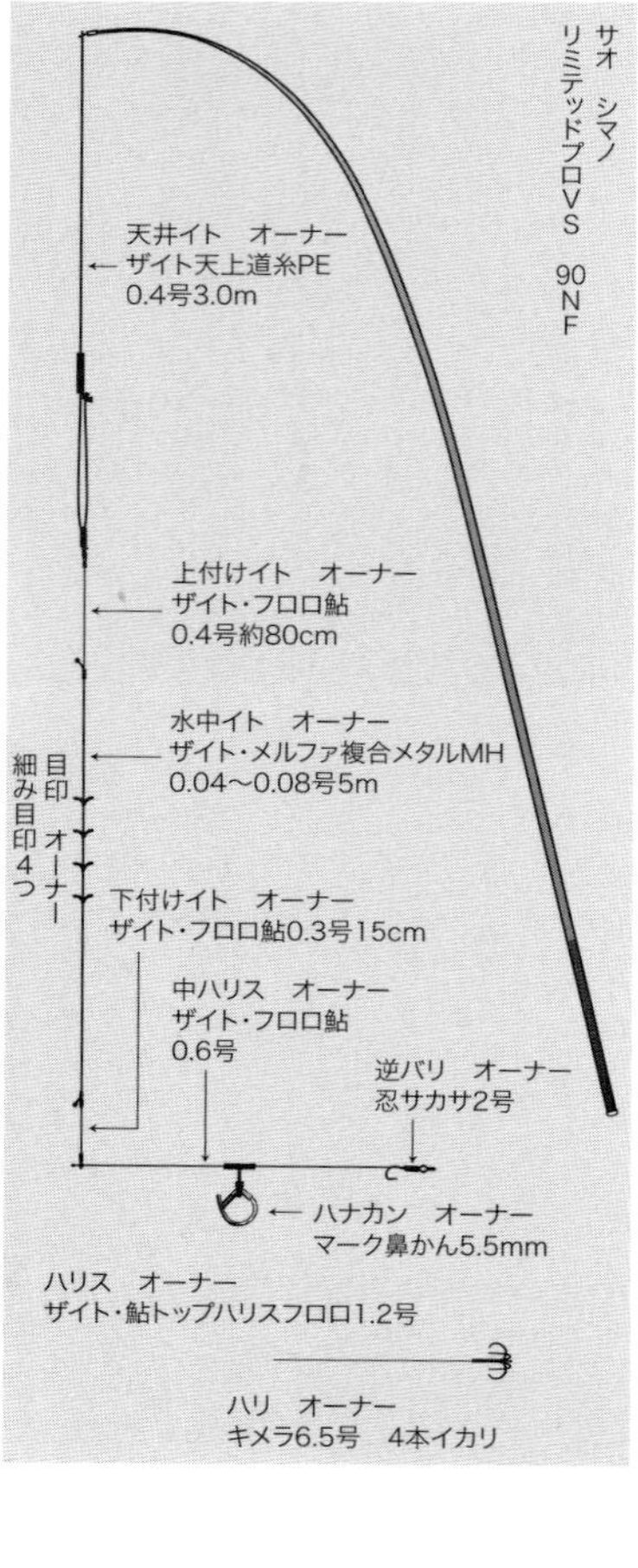

サオ　シマノ
リミテッドプロVS　90NF
天井イト　オーナー
ザイト天上道糸PE
0.4号3.0m
上付けイト　オーナー
ザイト・フロロ鮎
0.4号約80cm
水中イト　オーナー
ザイト・メルファ複合メタルMH
0.04〜0.08号5m
目印　オーナー
細み目印4つ
下付けイト　オーナー
ザイト・フロロ鮎0.3号15cm
中ハリス　オーナー
ザイト・フロロ鮎
0.6号
逆バリ　オーナー
忍サカサ2号
ハナカン　オーナー
マーク鼻かん5.5mm
ハリス　オーナー
ザイト・鮎トップハリスフロロ1.2号
ハリ　オーナー
キメラ6.5号　4本イカリ

3発電所跡、ボダイ、カベの瀬、オオタキと好ポイントが続く。総体的に大きな岩や荒い瀬が多い。

下流部では金屋地区、吉備地区でお盆過ぎから終期にかけて天然ソ上の数釣りが楽しめる。小石底の瀬やトロ場が多いが、岩盤や大石などのアクセントを探ると良型が混じる。

ダム下流は平均14～22㎝の魚が多いが、二川地区などは水量が少ないにもかかわらず、お盆過ぎになると一番ソ上の28㎝前後の良型アユがねらえる。

ここではダム下流部でもおすすめのポイントを2個所紹介したい。

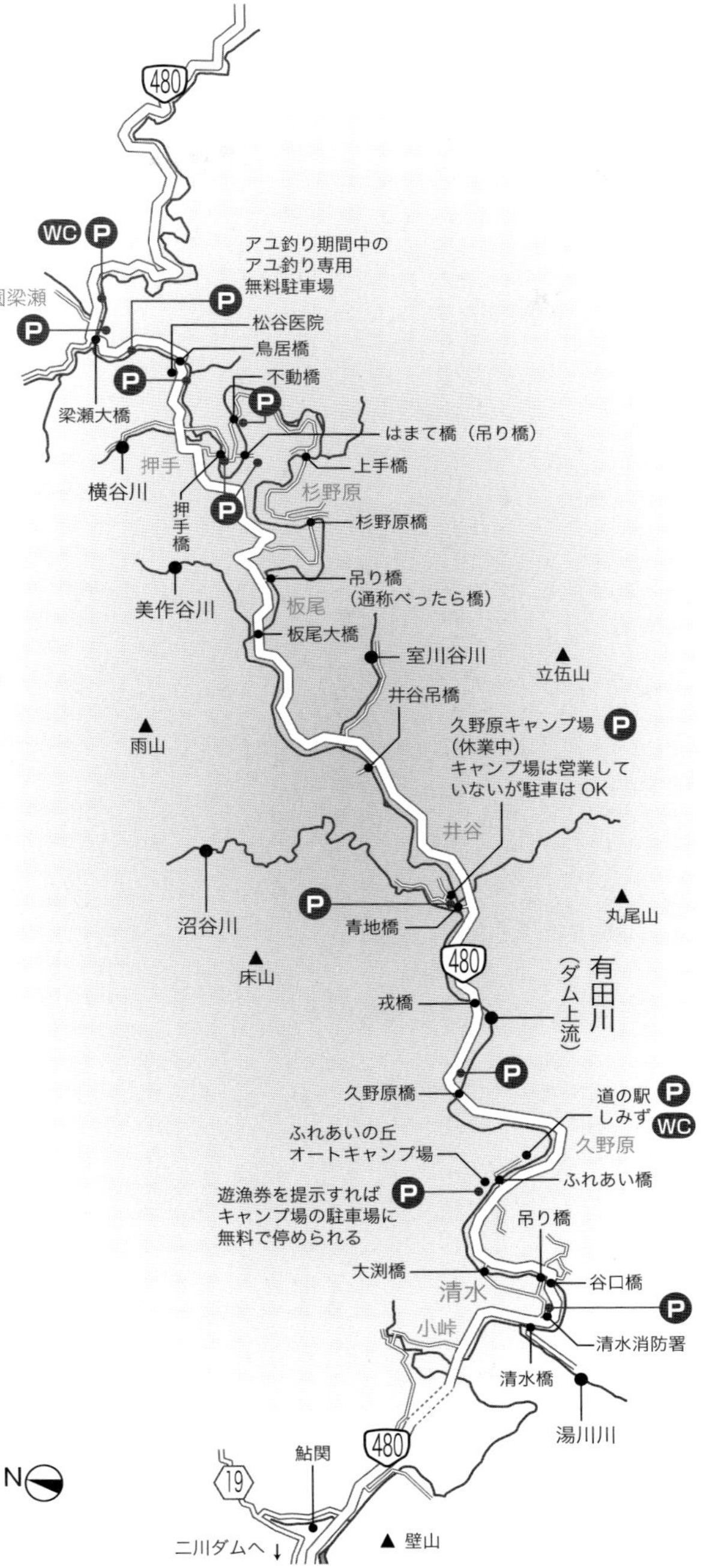

480
WC
P
アユ釣り期間中の
アユ釣り専用
無料駐車場
花園梁瀬
松谷医院
鳥居橋
不動橋
梁瀬大橋
はまて橋（吊り橋）
押手
上手橋
横谷川
杉野原
押手橋
杉野原橋
美作谷川
吊り橋
（通称べったら橋）
板尾
板尾大橋
室川谷川
立伍山
井谷吊橋
雨山
久野原キャンプ場
（休業中）
キャンプ場は営業して
いないが駐車はOK
井谷
沼谷川
青地橋
丸尾山
床山
有田川
（ダム上流）
戎橋
久野原橋
道の駅
しみず
久野原
ふれあいの丘
オートキャンプ場
ふれあい橋
遊漁券を提示すれば
キャンプ場の駐車場に
無料で停められる
吊り橋
大渕橋
谷口橋
清水
小峠
清水消防署
清水橋
湯川川
鮎関
19
二川ダムへ ↓
壁山
N

ダム下流・粟生地区の流れを望む。初期から後期まで数釣りが楽しめるエリア

ダム下流・白石の瀬付近の流れ。有田川で一番の銀座ポイントで多くの釣り人が訪れる

●粟生地区・榎瀬橋付近

通年水量が少ない場所だが、四村川や他の支流の澄んだ水が入るためアユの姿もよく見える。増水時もダム放水が止まれば比較的早くサオがだせる。水量が少ないぶん型は小さいが、シーズンを通して数釣りが楽しめる。特に盛期からは足元でもナワバリアユがオトリを追う姿も見え、サイトフィッシングも可能だ。

橋の上流には淵から瀬と続く流れがあって適度な石が入る。その上流のトロ場は石が組み込まれた場所があり、盛期から良型のアユが掛かる。トロ場の上流にある瀬もよい石が入った数が出るポイントだ。入川口も多く水量が少ないので子供や老人、女性でも安全にアユ釣りが楽しめる。

●白石の瀬

有田川で一番の銀座ポイント。ここ数年よく開催される全国大会の決勝エリアにもなっている。上流にトロ場と下流に瀬があり、初期は大岩混じりの瀬でよく掛かる。増水時は少しサオをだしづらいが、左岸際がよくサオ抜けになりやすい。盛期からは上流の大岩と地岩盤交じりのトロ場がよく掛かる。大岩が多いため増水時にアカも残りやすく、連日多くの釣り人がサオをだす。

トロから瀬に変わる流れは大岩と大石があり、初期から後期まで左岸側を中心に型、数が出る。上流にはオオセ、下流には暁の瀬、マワリと好ポイントが続く人気ポイントだ（上西）。

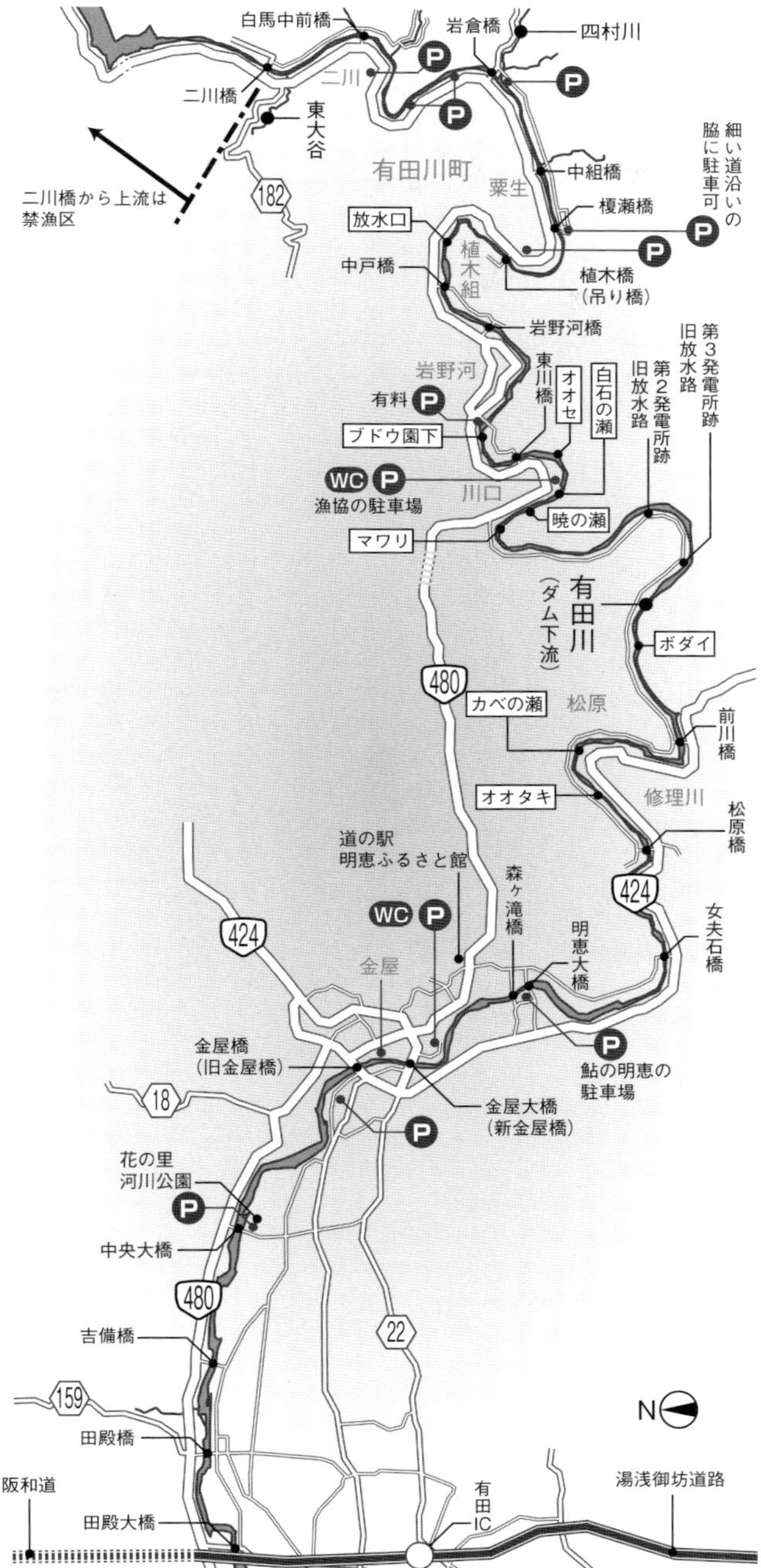

●和歌山県

日《ひ》高《だか》川

5月1日から10月いっぱいまで長くシーズンを楽しめる
127kmの流れは椿山ダムを境に2エリアに分けられる

ダム下・長子橋周辺の流れ。岩盤が多く、水量は少ないものの数釣りが楽しめる（写真協力：高崎冬樹）

日高川は護摩壇山に源を発し、途中椿山ダムを経て丹生ノ川や小又川、寒川、初湯川などの支流を合わせて太平洋へ注ぐ延長１２７kmの流れを誇る。

解禁は日本一早い５月１日（早期解

ダム下・千鳥橋上流の川相を望む。左岸側の瀬肩を泳がせで釣ると入れ掛かりになることもある

禁）。10月いっぱいまで友釣りを楽しむこともできるのでシーズンは長い。

アユ釣りのエリアは大きく分けて2つ。椿山ダムを境に上流の龍神地区とダム下地区に分かれる。龍神地区は放流魚が主となるが、天然ソ上の多い年などは汲み上げ放流もされている。ダム下も放流されるが天然ソ上がメイン。日高川全体で毎年300万尾ほどが放流されている。

釣り方は、私の場合解禁当初は複合メタルの0・05号までを使用することが多いが、フロロも併用する。平水や増水時は比較的簡単に釣れるが、特に龍神地区では渇水すると川幅が狭まり、普通の釣り方では釣果が伸びない。

フロロやナイロンを使い上飛ばしの泳がせを多用して釣果を出している。アユの付く石も、他の河川では見落としてしまうような卵大サイズにもナワバリアユが付くので細かく探りたい。

information

●河川名　日高川
●釣り場位置　和歌山県日高郡日高川町～田辺市
●解禁期間　5月1日（早期）、20日（一般）～12月31日
●遊漁料　日釣券3240円・年券1万4040円（5月1日～）、10800万円（5月20日～）、
●管轄漁協　日高川漁業協同組合（Tel0738-52-0224）、テレホンサービス（Tel0738-52-0339）
●最寄の遊漁券取扱所　みちのく（Tel0738-54-0415・ダム下）、松阪食堂（Tel0739-79-0259・ダム上／龍神地区）、ほか流域に多数、詳細は漁協にて
●交通　湯浅御坊道路・川辺ICを降り、県道26号、国道424、425、371号利用で日高川の各ポイントへ

●ダム下は小型中心の数釣り

まずは、ダム下のポイントから紹介したい。私がよく釣行する長子橋周辺や千鳥橋上流などが特におすすめだ。

長子橋周辺は岩盤が多く、水量は少ないものの5月から充分期待できる。岩盤の溝を泳がせると黄色いナワバリアユが掛かる。毎年橋の上から多くのアユが視認できる。サイズは小型中心ながら数釣りが楽しめる。

特に増水からの引き水時がねらいめ。岩盤が多いためアカも飛びにくく、大釣りも可能。平水時でも発電放水がある時に活性が上がる。入川口も橋のすぐ上にある。

千鳥橋上流は特に9～10月がおすすめ。あまり人気がないのか人の姿も少なく、サオ抜けになりやすいのでよく釣れる。左岸側の瀬肩をフロロの泳がせで釣ると入れ掛かりになることもある。特にサオ抜けになりやすいヘチ際を探るとよい。シーズン後半には20cm級までがメインで釣れる。橋上の脇道から入川できるが河原までは行けないので注意。

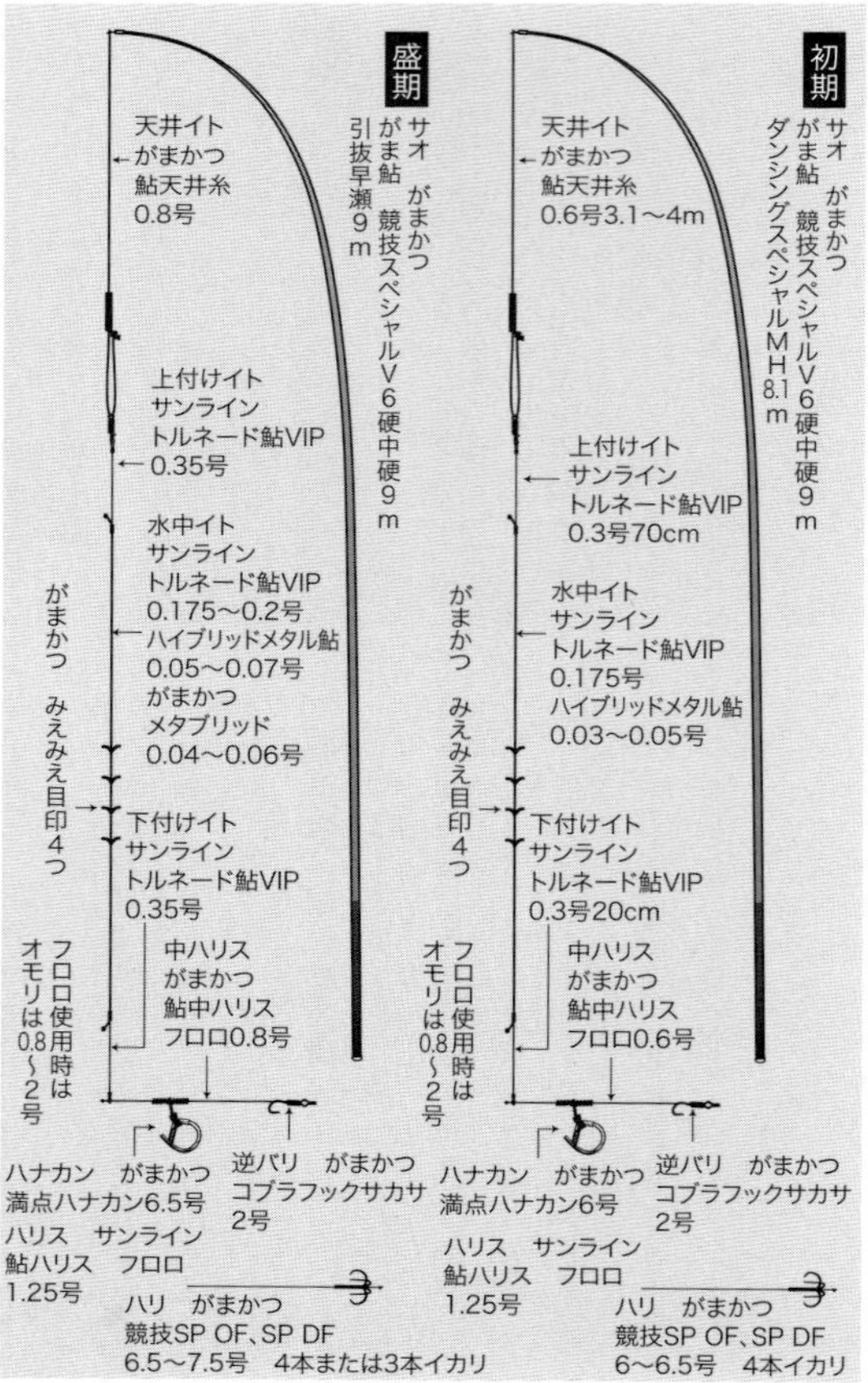
初期
サオ　がまかつ
がま鮎　競技スペシャルV6硬中硬9m
ダンシングスペシャルMH8.1m
天井イト
がまかつ
鮎天井糸
0.6号3.1～4m
上付けイト
サンライン
トルネード鮎VIP
0.3号70cm
水中イト
サンライン
トルネード鮎VIP
0.175号
ハイブリッドメタル鮎
0.03～0.05号
がまかつ　みえみえ目印4つ
下付けイト
サンライン
トルネード鮎VIP
0.3号20cm
中ハリス
がまかつ
鮎中ハリス
フロロ0.6号
フロロ使用時はオモリは0.8～2号
ハナカン　がまかつ
満点ハナカン6号
逆バリ　がまかつ
コブラフックサカサ
2号
ハリス　サンライン
鮎ハリス　フロロ
1.25号
ハリ　がまかつ
競技SP OF、SP DF
6～6.5号　4本イカリ
盛期
サオ　がまかつ
がま鮎　競技スペシャルV6硬中硬9m
引抜早瀬9m
天井イト
がまかつ
鮎天井糸
0.8号
上付けイト
サンライン
トルネード鮎VIP
0.35号
水中イト
サンライン
トルネード鮎VIP
0.175～0.2号
ハイブリッドメタル鮎
0.05～0.07号
がまかつ
メタブリッド
0.04～0.06号
がまかつ　みえみえ目印4つ
下付けイト
サンライン
トルネード鮎VIP
0.35号
中ハリス
がまかつ
鮎中ハリス
フロロ0.8号
フロロ使用時はオモリは0.8～2号
ハナカン　がまかつ
満点ハナカン6.5号
逆バリ　がまかつ
コブラフックサカサ
2号
ハリス　サンライン
鮎ハリス　フロロ
1.25号
ハリ　がまかつ
競技SP OF、SP DF
6.5～7.5号　4本または3本イカリ

●盛期に良型の出るダム上の流れ

続いて、ダム上流のポイントを紹介したい。宮代地区の仲橋上下はトロ、チャラ、瀬、淵と変化に富んだ人気ポイント。梅雨明けからがねらいめとなる。橋上流側はチャラ瀬がメインで中小型の数釣りが楽しめる。下流側は荒瀬や淵が多く、日並みによっては大型も期待できる。大会エリアになることも多く、大人数での入川も可能。橋のすぐ下手に駐車スペースと階段があり入川もしやすい。

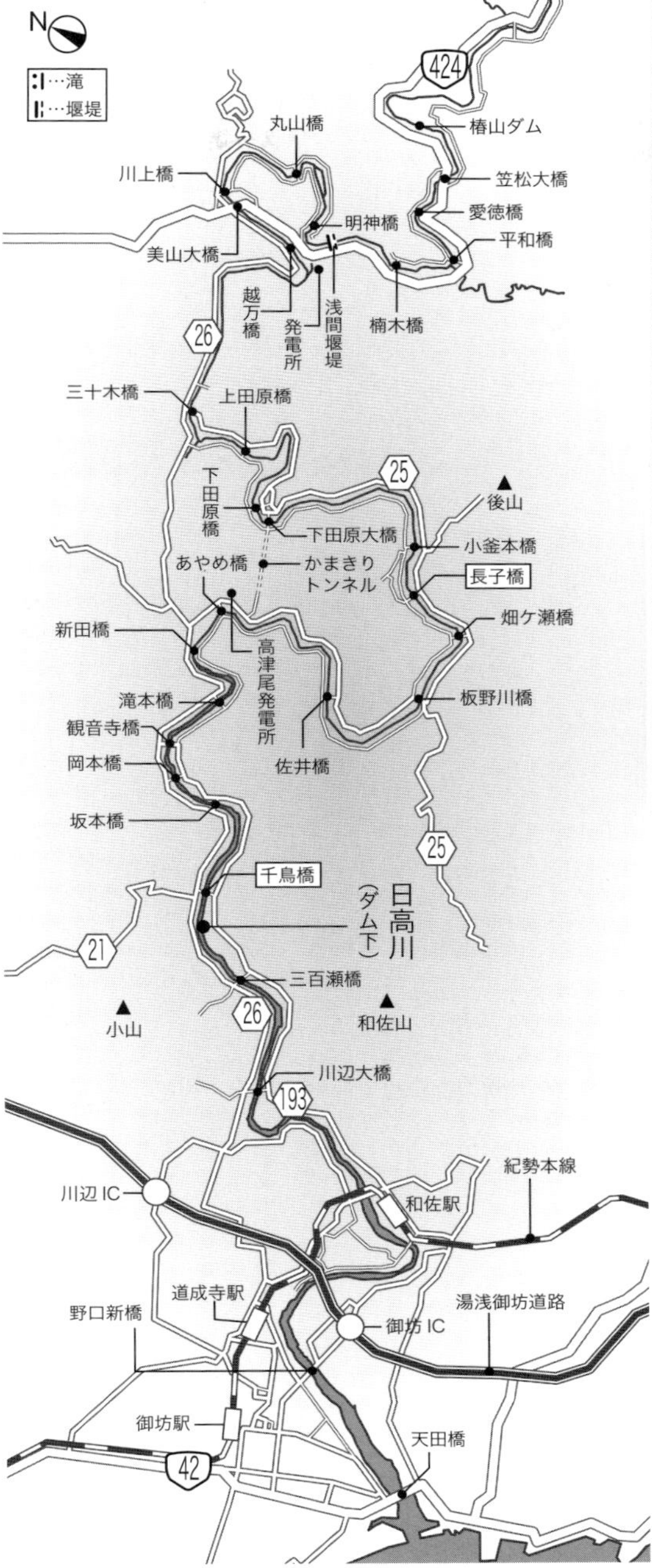

ダム上・龍神温泉周辺の流れ。初期におすすめの釣り場で3ケタ釣りも期待できる

宮代オートキャンプ場周辺は家族連れにおすすめの釣り場。ふれあい橋下の瀬は岩盤混じりで、盛期には良型の入れ掛かりも堪能できる。上下流に大きな淵が多く、アユが溜まりやすい梅雨明け以後がベストシーズンだ。

龍神温泉周辺は5月から毎年好釣果が出ているので、初期におすすめの釣

ダム上・仲橋上下はトロ、チャラ、瀬、淵と変化に富んだ流れを見せる

ダム上・最上流の大熊地区の流れを見る。川幅も狭いので短めのサオが扱いやすい

ダム上・ふれあい橋より下流の宮代オートキャンプ場周辺の流れを望む

り場。初期は15㎝前後がメインだが、釣況次第では3ケタ釣りも可能。大石あり小砂利ありで、宮代地区より変化に富んだ流れはポイントも絞りやすい。

最上流の大熊地区は、日高川の中でも特にアユの味がよく、ここでしかサオをださないファンも多い。川幅も狭いのでサオは8・1mほどが扱いやすい。小森谷との出合までは9mザオで友釣りが可能だ。増水しても水引きが早く、宮代地区が濁りで入川不能な時でも、ここはサオがだせることもあるので参考にされたい。

8月の渇水時は釣りも難しくなるが、うまく釣れば20㎝オーバーが揃うこともある。入川口は道沿いに何個所もあるので、各々好みのポイントを選びたい（廣岡）。

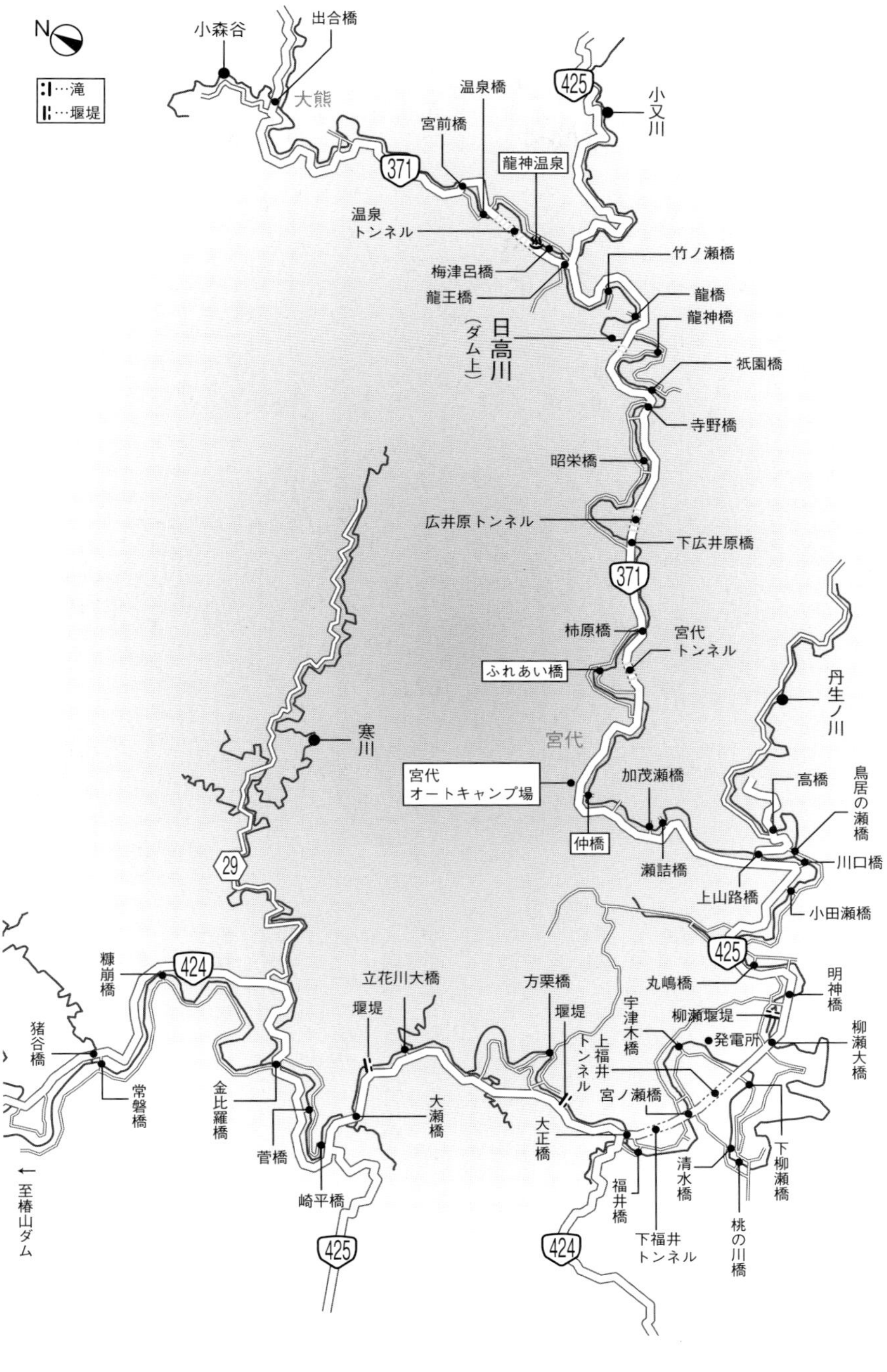
N
…滝
…堰堤
小森谷
出合橋
大熊
425
小又川
温泉橋
宮前橋
371
龍神温泉
温泉トンネル
梅津呂橋
龍王橋
竹ノ瀬橋
龍橋
龍神橋
日高川
（ダム上）
祇園橋
寺野橋
昭栄橋
広井原トンネル
下広井原橋
371
柿原橋
宮代トンネル
ふれあい橋
丹生ノ川
寒川
宮代
宮代オートキャンプ場
加茂瀬橋
高橋
鳥居の瀬橋
仲橋
瀬詰橋
川口橋
上山路橋
小田瀬橋
29
425
丸嶋橋
明神橋
糠崩橋
424
立花川大橋
堰堤
方栗橋
堰堤
宇津木橋
柳瀬堰堤
発電所
柳瀬大橋
上福井トンネル
猪谷橋
常磐橋
金比羅橋
大瀬橋
宮ノ瀬橋
大正橋
下柳瀬橋
菅橋
清水橋
福井橋
崎平橋
← 至椿山ダム
425
424
下福井トンネル
桃の川橋

五味橋より上流を望む。通称・高砂の瀬と呼ばれる流れで、白泡の中をていねいに探れば数釣りが可能

●和歌山県

富《とん》田《だ》川

有名な日高川、日置川に挟まれた穴場的なアユ釣り河川
小規模で釣りやすく釣果も安定している上流域を紹介

富田川は、果無《はてなし》山脈の安堵《あんど》山を源に紀伊水道へと注ぐ延長41㎞の二級河川。和歌山県内のアユ釣り河川の中では唯一ダムのない川としても知られる。

両隣には全国的にもアユ釣りで名の知れた日高川、日置川が流れるせいか、サオをだす釣り人の姿は少なく、地元のアユ釣りファンでさえ穴場的な川となっている。

２０１５年度は海産アユ１ｔの放流が予定されている。放流量は少なめだが、川幅が狭い上流域へ主に放流するので密度は高い。そのため、解禁日からシーズン序盤は上流域の放流魚主体の釣りとなる。

天然ソ上も多く、数年に一度は大量のアユがソ上し、川中アユだらけの年もあった。一方で近年はソ上時期の3、4月に雨が少なく瀬切れとなり、多くのアユが最下流域で止まってしまうことも多い。

また、２０１１年は台風による水害

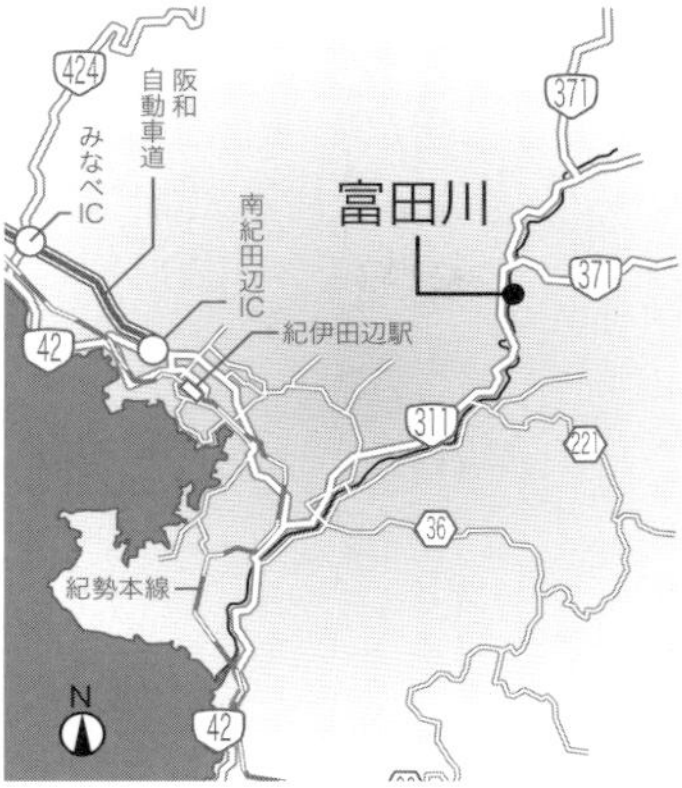

information

●河川名　富田川
●釣り場位置　和歌山県田辺市
●解禁期間　5月31日～12月31日
●遊漁料　日釣券3240円・年券1万800円
●管轄漁協　富田川漁業協同組合（Tel0739-47-0710）
●最寄の遊漁券取扱所　古道の社　あんちゃん（Tel0739-64-0929）
●交通　阪和自動車道・南紀田辺ICを降り、国道42号を白浜町方向へ進み、国道311号経由で富田川へ

で土砂崩れが数個所で起こり、少しの雨でも川が濁りやすくなった。水害以降は天然ソ上が低迷している。それでも、復旧工事も進み2015年度中には工事が終了する予定だ。そうなれば以前のように中下流域でも天然アユの数釣りが楽しめるだろう。

2015年3月現在では、滝尻橋から上流の上福定《かみふくさだ》堰堤までが釣りやすい。梅雨が明ける7月中旬から追いがよくなり釣果も安定する。

川幅が狭く水量も少ない上流域は、川に立ち込んで釣るポイントが少なく、初心者にも打って付けだ。また、足場もよく足腰に自信がない方でも安全に釣行できる。しかも釣り人が少なく一日のんびり釣りをされたい方にもおすすめ。上流域のベストシーズンは7～8月後半で、小河川には似合わない26、27cm級も掛かってくる。

9月に入ると放流魚が下りだし、中流域で釣果が出始める。この時期になるとどうしてもアユが群れる傾向にあり、ポイントにムラがあるものの、当たれば20~26cm級が入れ掛かりになることもある。中下流域は10月なかばまで釣果が期待できる。

仕掛けだが、私は複合メタル、フロロを釣り場によって使い分けている。中流域の小石底で流れの緩いポイントではフロロの0・175~0・2号、上流域の流れが複雑で底石が大きいポイントでは複合メタルの0・04~0・08号を使用。ハリはシーズンを通じてシワリ系を選んでいる。これは川幅が狭く根掛かりをすればポイント全体を潰してしまうこととなるため、根掛かり防止を優先するからだ。

ここでは、天然ソ上に釣果が左右されることなく安定して楽しめる上流域の実績ポイントを紹介したい。

●五味《ごみ》橋下流（五味の荒瀬）

富田川の中でも最も実績のある人気

五味橋より下流を望む。富田川の中でも最も実績のあるポイントで五味の荒瀬と呼ばれる

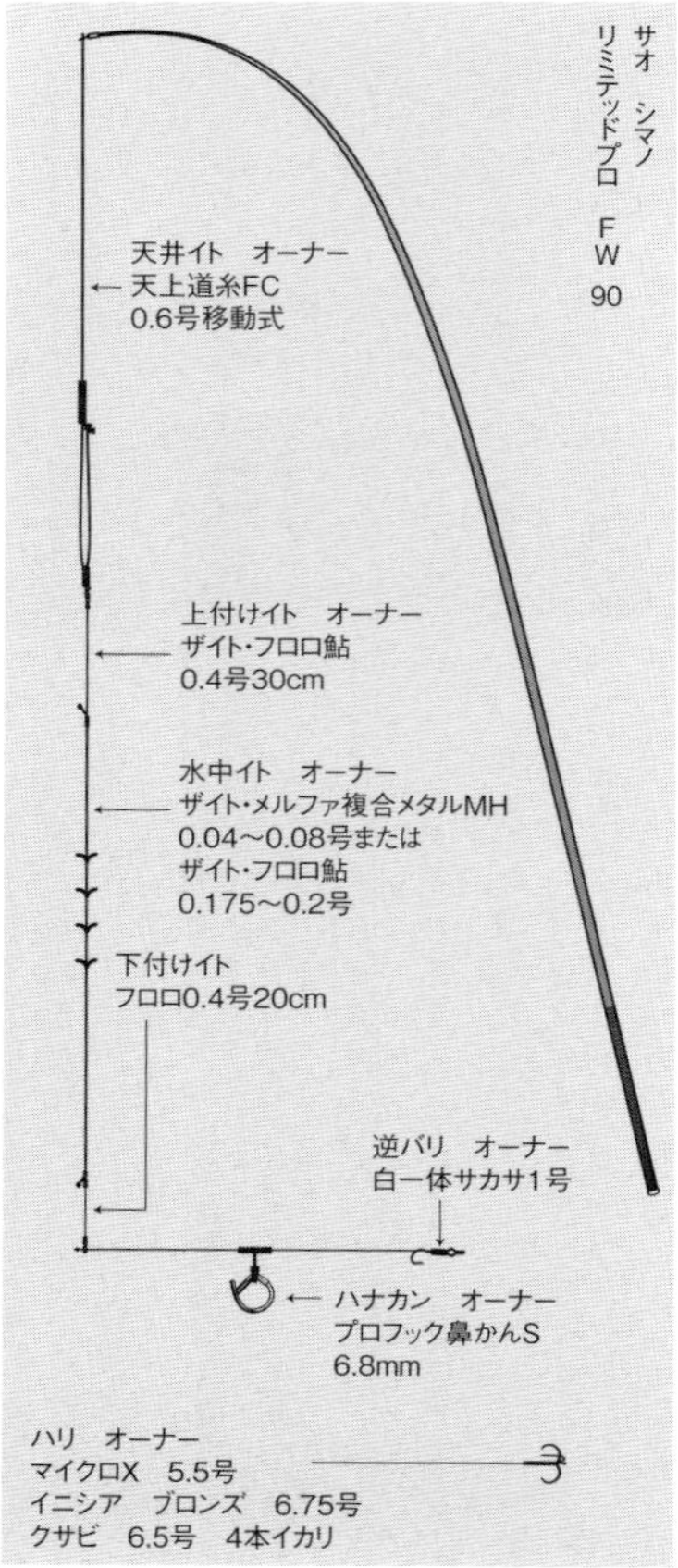

サオ　シマノ
リミテッドプロ　FW90
天井イト　オーナー
天上道糸FC
0.6号移動式
上付けイト　オーナー
ザイト・フロロ鮎
0.4号30cm
水中イト　オーナー
ザイト・メルファ複合メタルMH
0.04~0.08号または
ザイト・フロロ鮎
0.175~0.2号
下付けイト
フロロ0.4号20cm
逆バリ　オーナー
白一体サカサ1号
ハナカン　オーナー
プロフック鼻かんS
6.8mm
ハリ　オーナー
マイクロX　5.5号
イニシア　ブロンズ　6.75号
クサビ　6.5号　4本イカリ

のポイント。私が友釣りで初めてアユを釣った場所でもある。五味の荒瀬と名が付いているが、現在では水量がある時は平瀬、渇水時はチャラ瀬となる。

頭大の底石が入った変化に富んだ流れで、毎年アユの魚影は多い。下流で流れ込む中川との出合は淵で、アユの補給庫となるため釣り返しが利く。五味橋右岸側から車で土手まで降りることができる。

●五味橋上流（高砂の瀬）

五味橋上流の流れで通称・高砂の瀬と呼ばれている。富田川の中でも石が大きく良型がねらえる釣り場。上流側の段々瀬がよくサオ抜けになっていることが多い。白泡の中をていねいに探れば数釣りが可能。

橋直下のトロ場には群れアユが溜まりやすく、ここだけを泳がせても好釣果が得られる。段々瀬右岸側に入川口がある。

五味橋下流、支流中川の合流地点を望む。淵となりアユの補給庫となるため釣り返しが利く

福定橋より上流を望む。両岸とも岩盤に囲まれ、良型がよく掛かるポイント

福定橋より下流を望む。小石底の流れで非常に浅く、アユを散らさないように静かに釣りたい

●福定橋下流（風呂ん谷の瀬）

全体に小石底で非常に浅く、静かに釣らないとアユが散ってしまう。それだけにサオ抜けになっていることが多く、中小型中心だが数釣りが楽しめる。右岸側に頭大の底石が入っておりねらいめ。下流側右岸から上飛ばしで釣り上がるとよい。橋から釣り下るとアユが散ってしまうので渇水時は慎重に。

●福定橋上流

橋上流は両岸とも岩盤に囲まれ、良型がよく掛かるポイント。追い気が強いナワバリアユがいれば、オトリを入れれば一発で掛かってくる。一番アユを釣った後でも、段々瀬との間にあるトロ場をじっくり泳がせれば、良型を数揃えることができる。ここは岩盤に乗っての釣りとなるため、足元には充分注意されたい。

側道が高い位置にあるため、橋直下

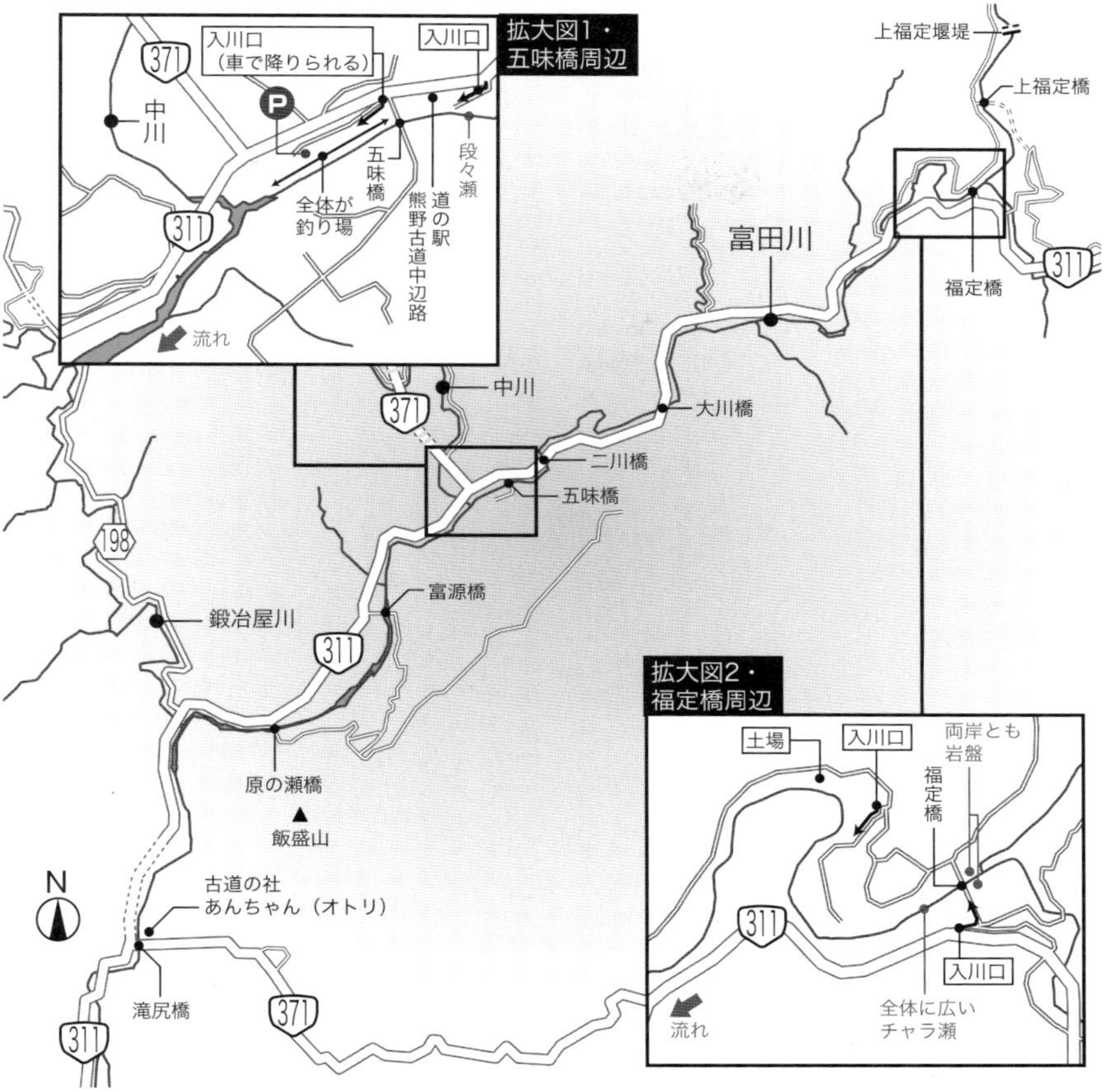

への入川は困難。福定橋を渡り右岸側を降りると川が大きく曲がった所に土場という釣り場があり、ここから入川して釣り上がると一日楽しめる。

　近年、富田川は少しの増水でも川相が変わることがあるため、入川前には滝尻橋を渡った所にある「古道の社あんちゃん」でオトリと遊漁券を購入して状況を聞くことをおすすめする。毎日入川されている店主が親切に教えてくれる（喜多幅）。

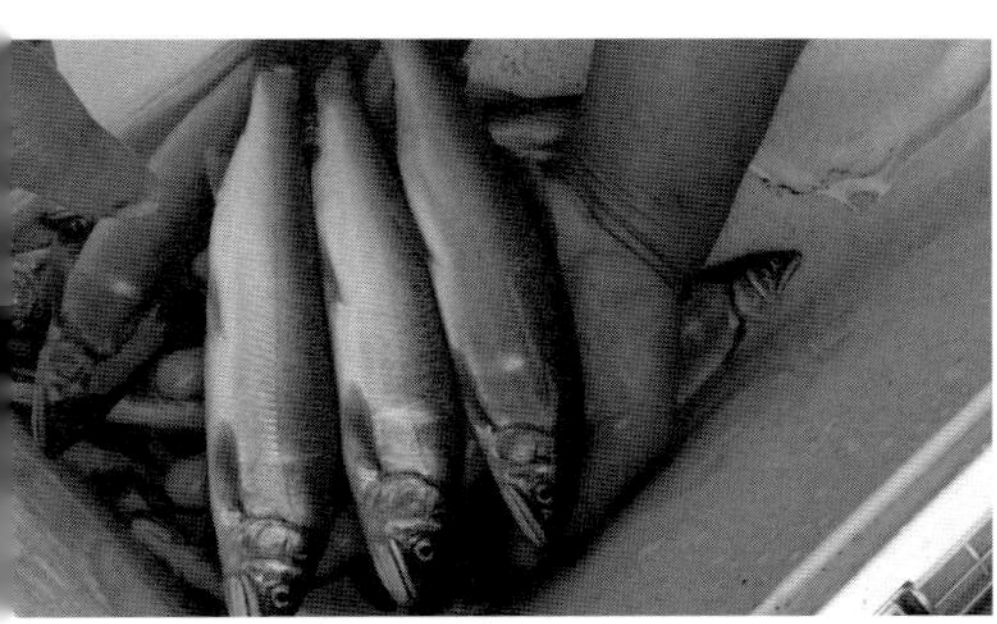

2014年、五味橋上流のアユ。
小河川には似合わない26、
27cm級も掛かってくる

上流より敷屋大橋を望む。４ＷＤ車なら
ポイント近くまで入ることが可能

●和歌山県

熊《くま》野《の》川

本流は小砂利と玉石底の青い流れ。有望な支流も多数
起伏の少ない流れの変化に注意してオトリを広く泳がせる

熊野川は奈良県大峰山脈に源を発し、奈良、和歌山、三重と3県の境を流下して一大支流の北山川を合わせ、新宮市で熊野灘に注ぐ。また、熊野川は下流域一部において川としては唯一の、ユネスコ世界遺産登録物件でもある。

熊野川の魅力は、抜群の水質と香りのよい、まさに香魚と呼べる天然ソ上のアユである。そのほかにも豊かな自然、景観が楽しめる最高のフィールドでもある。

本流は見た目には変化が少なく、釣り人はどこを釣ったらいいのか判断に迷うような小砂利と玉石底が広がる、起伏の少ない川相となっている。

釣り方のイメージは、川面に出る波の変化や石の色を見逃すことのないようにして、オトリを泳がせる線を決め、広範囲をしっかりと泳がせたい。増水時などには底流れも速くなるため、オトリを安定させることを考え、ノーマル仕掛けだけではなく背バリやオモリ

information

●河川名　熊野川
●釣り場位置　和歌山県新宮市～田辺市
●解禁期間　6月1日～12月31日
●遊漁料　日釣券3240円・年券1万800円
●管轄漁協　熊野川漁業協同組合(Tel0735-21-4193)
●最寄の遊漁券取扱所　谷口理髪店(Tel0735-42-0381)、紀南釣具センター（Tel0735-22-5834・遊漁券のみ）
●交通　阪和自動車道・南紀田辺ICを降り、国道42号、311号、168号経由で各ポイントへ

も使用するとよいだろう。

四村川、大塔川、赤木川、高田川など、本流へと流れ込む支流も見逃せないフィールドだ。どの支流もさまざまなポイントがあり、渓流相や小砂利のフラットな川相など、釣り人を楽しませてくれる。上流部は民家もなく、透明度抜群の水も魅力的だ。

釣り方のイメージは本流と同じく、しっかりオトリを泳がせることだが、釣り人が少ないぶん飛び付きのよいアユが多い。ある程度オトリが底に沈めばガツンと掛かるはずだ。各支流とも放流もなされ、天然ソ上もあるため初期からシーズン終わりまで楽しめる。

本流も初期は放流アユを中心に、その後は天然ソ上の黄色いアユを11月頃までねらうことができる。ただし、雨が非常に多く、本流上流のダムより急な放水があるので充分注意されたい。周辺には川湯温泉、湯の峰温泉などがあり、釣りで疲れた身体を休めるのもよい。世界遺産の熊野本宮大社など観光地もあり、家族でも楽しめる。

●敷屋大橋

川相は、下流部に小石から頭大の玉石が広がる底の起伏に富んだ荒瀬、早瀬となっている。

上流部は橋の真下から背肩、トロ瀬、トロ場となる。放流もソ上もあり11月頃まで釣りが可能。しかし、解禁から7月上旬まではあまり芳しくなく、7月下旬からソ上アユがよく釣れて後半楽しめるポイント。3ケタ釣りの記録もある。4WD車ならポイント近くまで車で入れ、横付けできるのも魅力の1つ。

このポイントでは少し小さめのオモリ、背バリなどが有効。フラットに見える水面だが底流れは意外に速く、オトリを川底にしっかり沈ませて安定させ、なおかつ尾ヒレ側をしっかりと振らせて野アユを誘いたい。

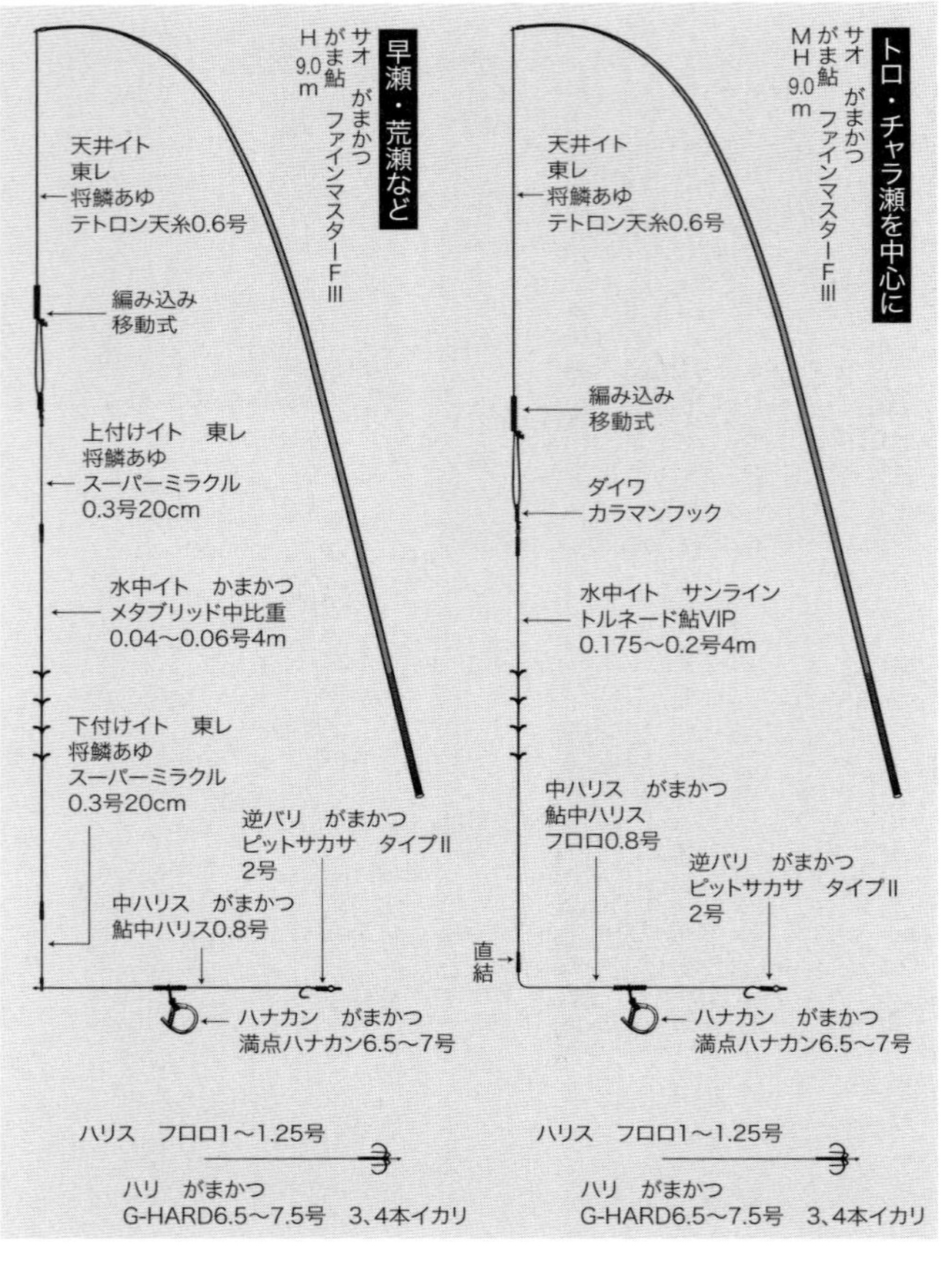

トロ・チャラ瀬を中心に
サオ　がまかつ
がま鮎　ファインマスターFⅢ
MH　9.0m
天井イト
東レ
将鱗あゆ
テトロン天糸0.6号
編み込み
移動式
ダイワ
カラマンフック
水中イト　サンライン
トルネード鮎VIP
0.175〜0.2号4m
中ハリス　がまかつ
鮎中ハリス
フロロ0.8号
逆バリ　がまかつ
ピットサカサ　タイプⅡ
2号
直結
ハナカン　がまかつ
満点ハナカン6.5〜7号
ハリス　フロロ1〜1.25号
ハリ　がまかつ
G-HARD6.5〜7.5号　3、4本イカリ
早瀬・荒瀬など
サオ　がまかつ
がま鮎　ファインマスターFⅢ
H　9.0m
天井イト
東レ
将鱗あゆ
テトロン天糸0.6号
編み込み
移動式
上付けイト　東レ
将鱗あゆ
スーパーミラクル
0.3号20cm
水中イト　かまかつ
メタブリッド中比重
0.04〜0.06号4m
下付けイト　東レ
将鱗あゆ
スーパーミラクル
0.3号20cm
逆バリ　がまかつ
ピットサカサ　タイプⅡ
2号
中ハリス　がまかつ
鮎中ハリス0.8号
ハナカン　がまかつ
満点ハナカン6.5〜7号
ハリス　フロロ1〜1.25号
ハリ　がまかつ
G-HARD6.5〜7.5号　3、4本イカリ

トロ場ではサオ尻からハナカンまでの長さ（手尻）を少し長めに取り、比重の小さな太めの水中イトで広範囲にオトリを泳がせれば、強烈な野アユのアタックが期待できる。

●はぎの瀬

熊野川町と本宮町の境に位置し、上下流に比較的大きなプールがあるため魚の供給量も多い。8月上旬からの実績が高い。全体的に早瀬主体だが、瀬

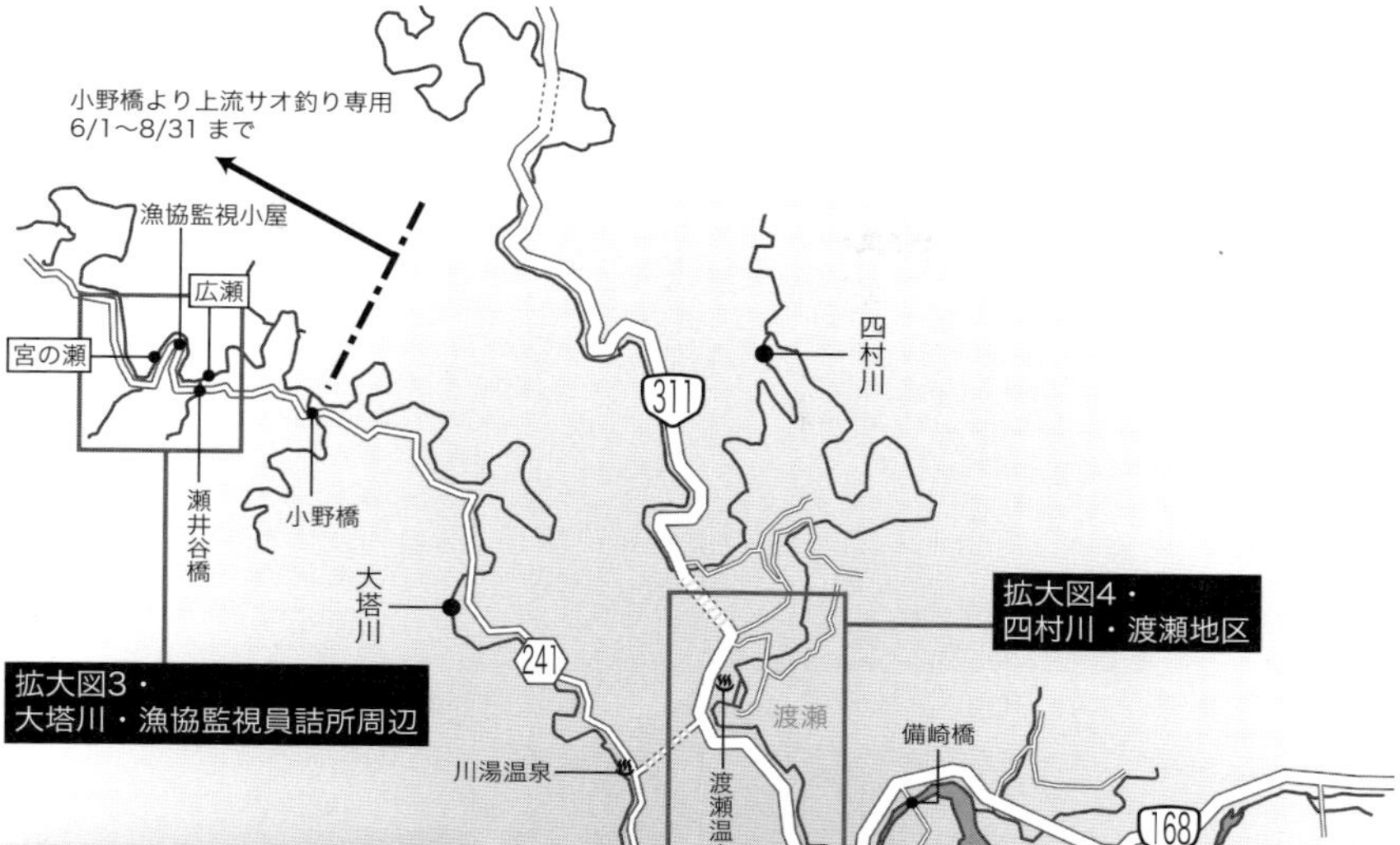
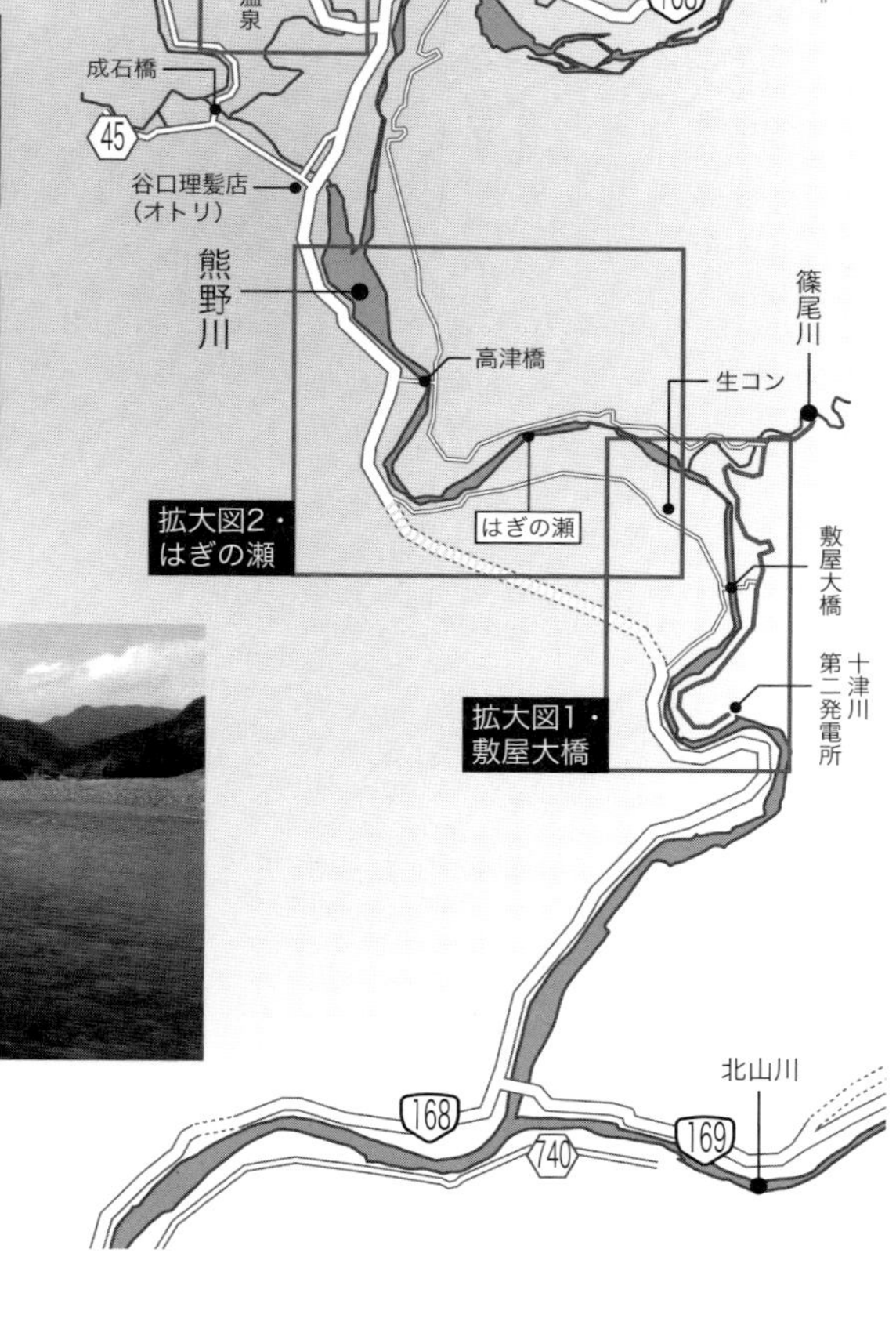
小野橋より上流サオ釣り専用
6/1～8/31 まで
漁協監視小屋
広瀬
宮の瀬
瀬井谷橋
小野橋
四村川
311
大塔川
241
拡大図3・
大塔川・漁協監視員詰所周辺
拡大図4・
四村川・渡瀬地区
渡瀬
渡瀬温泉
川湯温泉
備崎橋
168
成石橋
45
谷口理髪店
（オトリ）
熊野川
高津橋
篠尾川
生コン
拡大図2・
はぎの瀬
はぎの瀬
敷屋大橋
十津川第二発電所
拡大図1・
敷屋大橋
北山川
168
740
169
N

敷屋大橋の下流は小石から頭大の
玉石の入った荒瀬、早瀬が続く

はぎの瀬の川相。３ケタ釣りが
望める流れだ

支流・大塔川。漁協監視員詰所からの入川口を望む

支流・四村川。入川口を降り堤防からの眺め

支流・大塔川。宮の瀬のポイントを望む

のなかば下流の瀬落ちもねらいめ。ここも3ケタ釣りが望める流れだ。

仕掛けは比重小さめの複合ラインが基本で、状況に応じてオモリなどを使用すると入れ掛かりもある。ここも4WD車なら水際までアクセスできる。

●大塔川・漁協監視員詰所周辺

このエリアの特徴はなんといっても透明度抜群の水と、人工物のない大自然だ。地元の方たちも、アユのうるか（塩辛）を作る際にここのアユを使っている。流れの近くに広い駐車スペースがあるので家族連れでも楽しめる。

放流場所となっており、天然ソ上も望めるため魚影は多く、シーズンを通して釣りが可能。

川相は岩盤底や玉石底からなり、フロロカーボンの水中イトを基本に泳がせ釣りでねらうと黄色の野アユが掛かるはず。ただし急激な増水には注意。

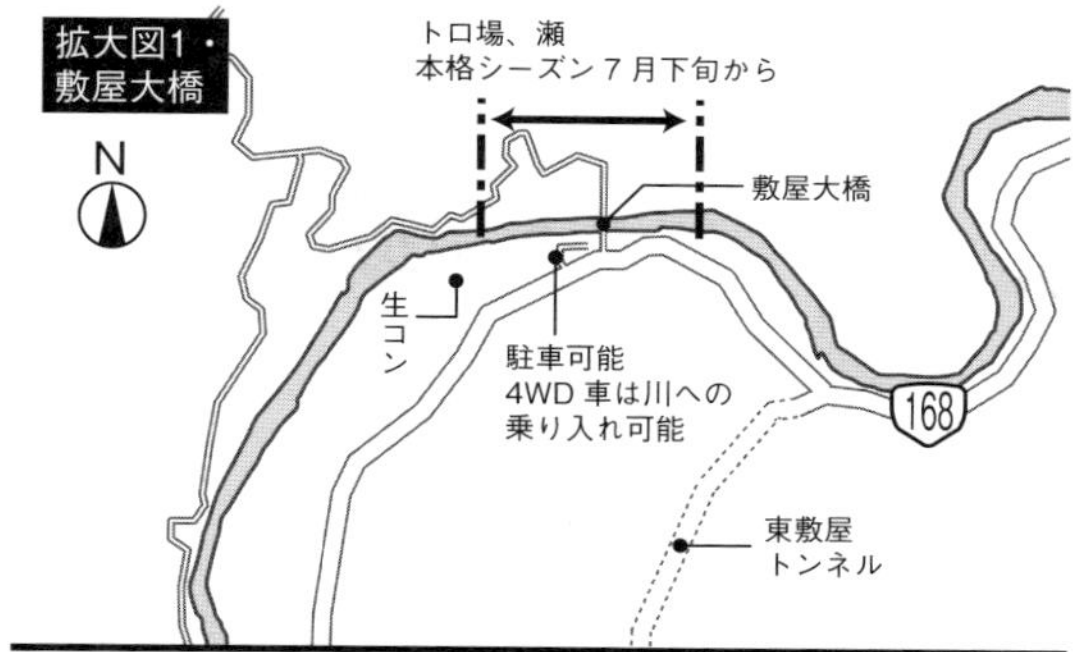

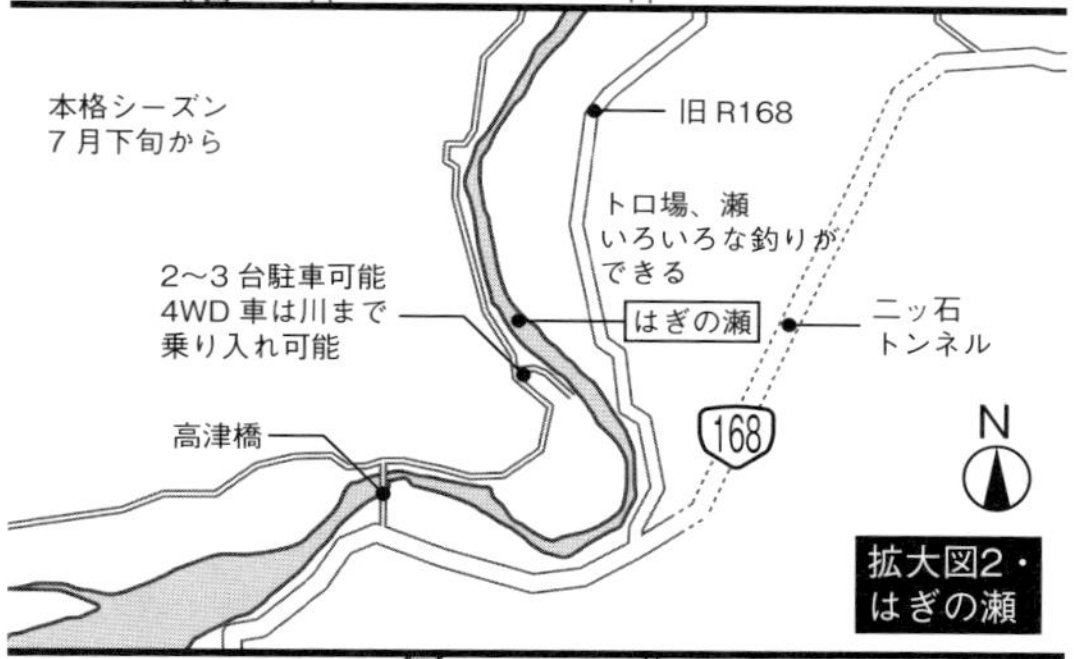

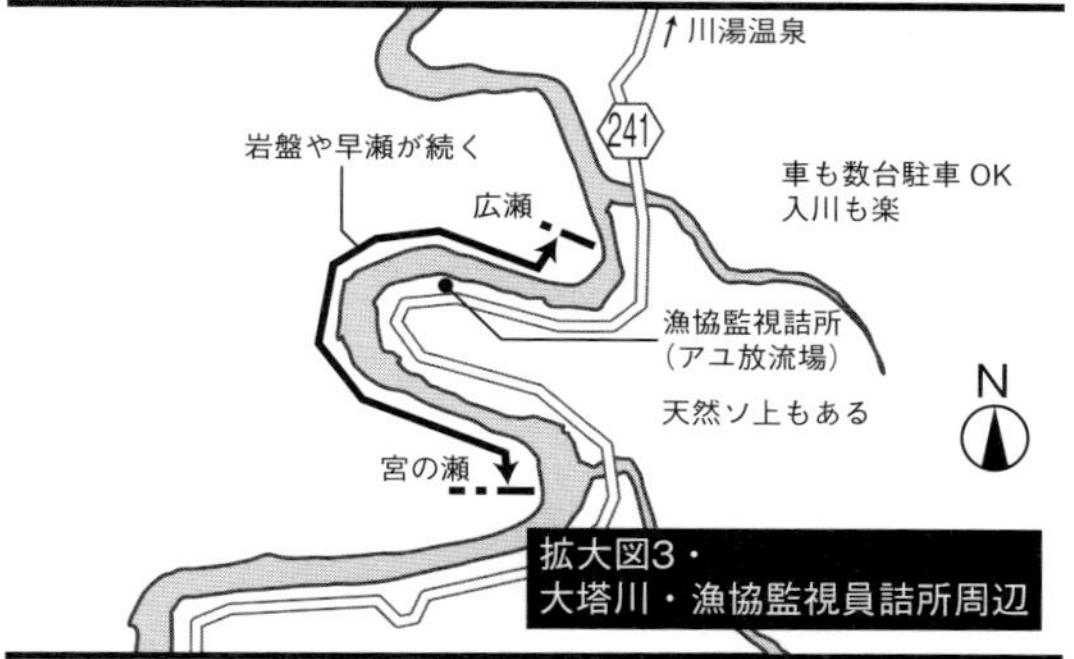

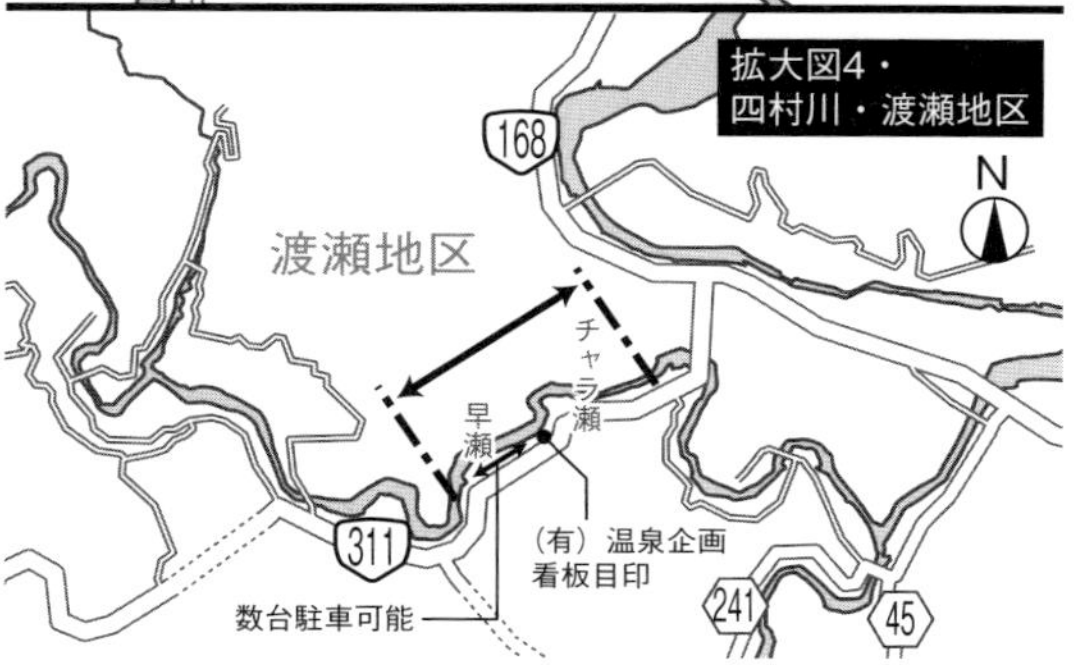

●四村川・渡瀬地区

田村川下流に位置する渡瀬地区だが、特徴は増水時にアカが残りやすく、白川になってもアカ付きが早い。そして良型が期待できることだ。

川相もトロ場や瀬と変化に富み、一日たっぷり楽しめる。放流、ソ上もあり、シーズンを通して釣行可能。仕掛けはフロロカーボンを基本に、場合によっては複合メタルを使用して上流への泳がせ釣りが最も有効だ。数台の駐車スペースはあるが、川までの乗り入れはできない。

自然も魚も素晴らしい熊野川だが、２０１１年の紀伊半島大水害では甚大な被害を受け、ソ上などの減少もあったが、自然の治癒力と漁協関係者の努力で少しずつ回復している。ぜひ熊野川に足を運んで、大自然の息吹を感じつつアユ釣りを堪能されたい（尾中）。

トロ場やチャラ瀬の多い流れは泳がせ釣りのメッカ
元気なオトリの循環で入れ掛かり。替わらないと地獄行き

日《ひ》置《き》川

日置川は果無山脈の千丈山付近に源を発し、屈曲を繰り返しつつ流下して和歌山県西牟婁《にしむろ》郡白浜町で太平洋に注ぐ。和歌山県下でもアユの釣れる河川、特に泳がせ釣りのメッカとして名が知られている。

川相としては、荒瀬が少なく、トロ場やチャラ瀬など比較的流れの緩やかな瀬で構成されており、必然的に泳がせ釣りが要求されるようになったと思われる。

口ヶ谷橋周辺の流れ。荒瀬が少なく、トロ場やチャラ瀬など比較的流れの緩やかな瀬で構成されている

頭大の玉石が敷き詰められたフラットな流れを前に、初めて訪れた釣り人からは「どこを釣っていいのか分からない」という話をよく耳にする。そのため広範囲を探り、釣れるポイントをオトリに捜してもらわなければならない。また、日置川のアユは他の河川と比べると、止まっているオトリには全く反応してくれない反面、自然に泳ぐオトリに対しては強烈な追いを見せるので、オトリの操作も重要になる。

釣れるアユはほとんどが天然ソ上。精悍な顔付きで背ビレが大きく、強烈な引き味と食味のよさが自慢

information

●河川名　日置川
●釣り場位置　和歌山県西牟婁郡白浜町
●解禁期間　5月26日～12月31日
●遊漁料　日釣券3240円・年券1万800円
●管轄漁協　日置川漁業協同組合（Tel0739-53-0023）
●最寄の遊漁券取扱所　民宿　森のお宿（Tel0739-54-0345）、ほか流域に多数、詳細は漁協にて
●交通　阪和自動車道・南紀田辺ICを降り、国道42号を串本町方向へ進み、県道36号経由で日置川へ

常に元気なオトリに循環させることも大切。オトリが替われば入れ掛かり、弱いままだと地獄を見ることになる。何尾か掛かりアユを確保できれば、掛かりが止った時用に、数尾のアユを使わずに温存しておくのも手となる。

泳がせ釣りは平水から渇水時に有効だが、増水すると釣り方も一変する。フラットで大石の少ない川相は底流れが速くなり、自然にオトリを泳がせることが困難で釣り方、仕掛けも変更を余儀なくされる。まず、オトリを川底に沈めることが第一となり、仕掛けもメタル、複合、オモリ、背バリなどが必要となる。

●10月いっぱいまで楽しめる

釣れるアユは、年によってはほとんど天然ソ上ということもある。精悍《せいかん》な顔付きで背ビレが大きく、真っ黄色の美形アユは強烈な引き味と、その食味のよさが自慢だ。

久木橋周辺。透明度が高くアユの姿も視認できるが、警戒心も強くなるので静かな釣りを心掛けたい

また、実質的なシーズンが長く、10月末まで友釣りが楽しめる。川の状態がよい年にはアユの成長もよく、お盆過ぎから良型も釣れだし30cmオーバーも期待できる。

上流にダムはあるが、総じて人工物の少ない流れは透明度が高い。アユの姿も視認できるが、警戒心も強くなるので静かな釣りを心掛けたい。

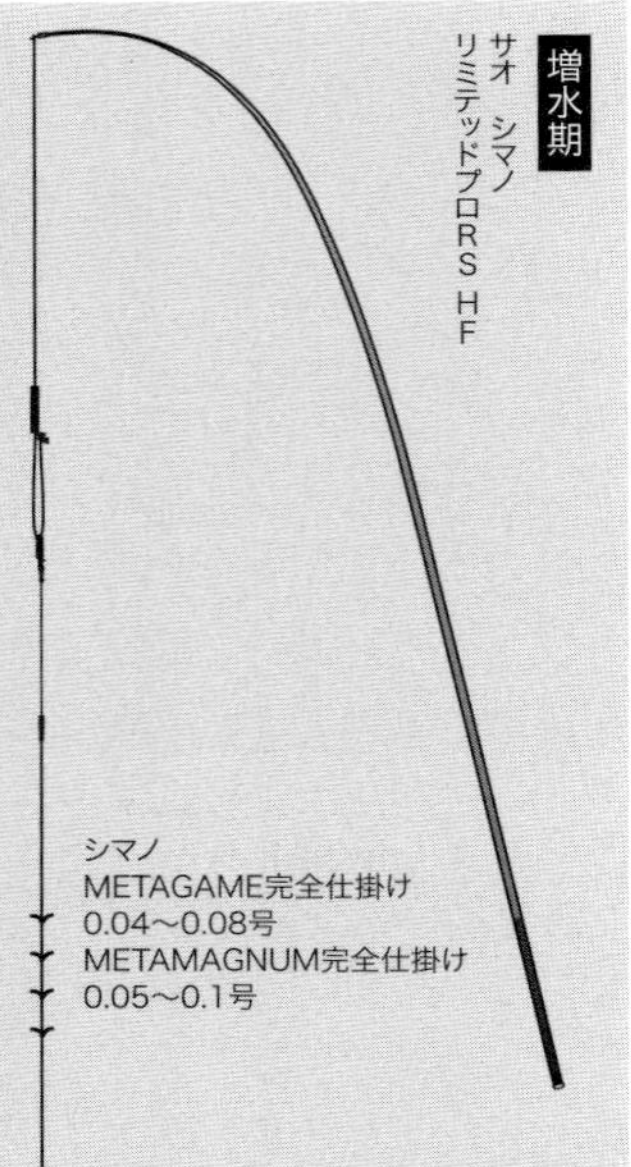
増水期
サオ　シマノ
リミテッドプロRS　HF
シマノ
METAGAME完全仕掛け
0.04～0.08号
METAMAGNUM完全仕掛け
0.05～0.1号
オモリ　0.5～2号
ハリ
シマノ
虎の牙6.5～7号、龍の爪6.5～7号
オーナー
楔X　6.5、7.0、7.5号
3～4本イカリ

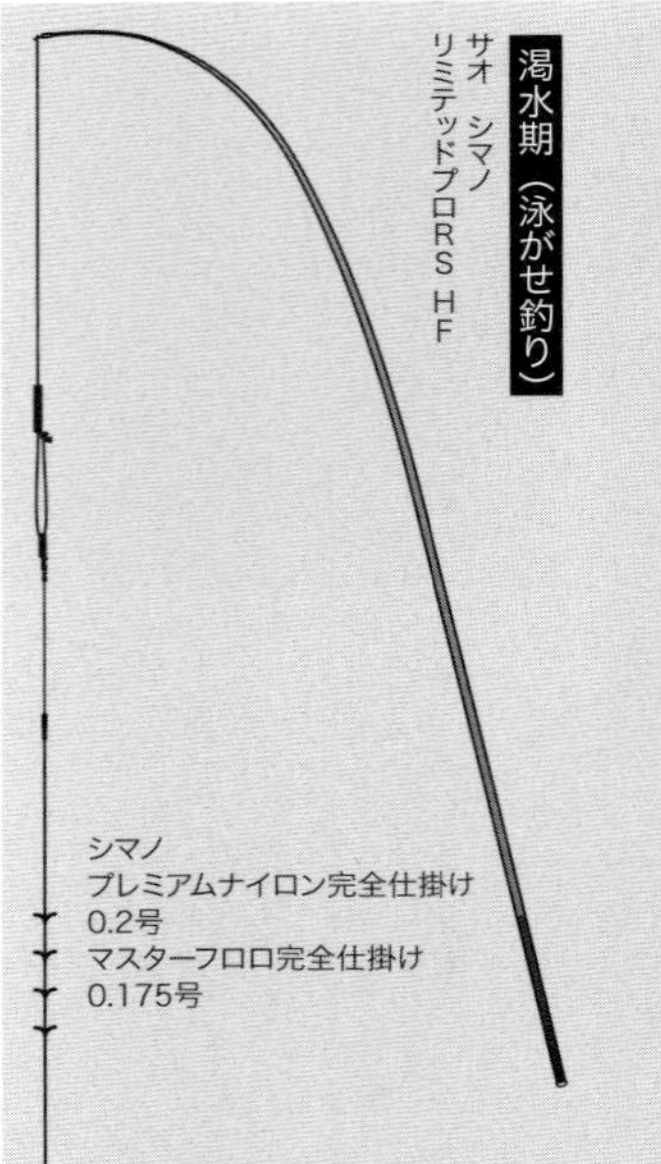
渇水期（泳がせ釣り）
サオ　シマノ
リミテッドプロRS　HF
シマノ
プレミアムナイロン完全仕掛け
0.2号
マスターフロロ完全仕掛け
0.175号
ハリ
シマノ
虎の牙6.5～7号、龍の爪6.5～7号
オーナー
楔X　6.5号、7.0号、7.5号
3～4本イカリ

釣り人が少ないというのもこの川の特徴で、釣り仲間3人ほどで一瀬を丸一日独占できることも多々ある。河原が広く、大石も少ないので歩きやすいこともうれしい。

日置川の主なポイントは、下流から口ヶ谷橋周辺、安居橋周辺、寺山ゴケ周辺、中嶋ゴケ周辺、久木橋上下、ウマベの瀬、大橋周辺、学校前、玉伝の瀬、市鹿野橋周辺、大滝・小滝周辺など。なお、玉伝の瀬から上流の大滝・

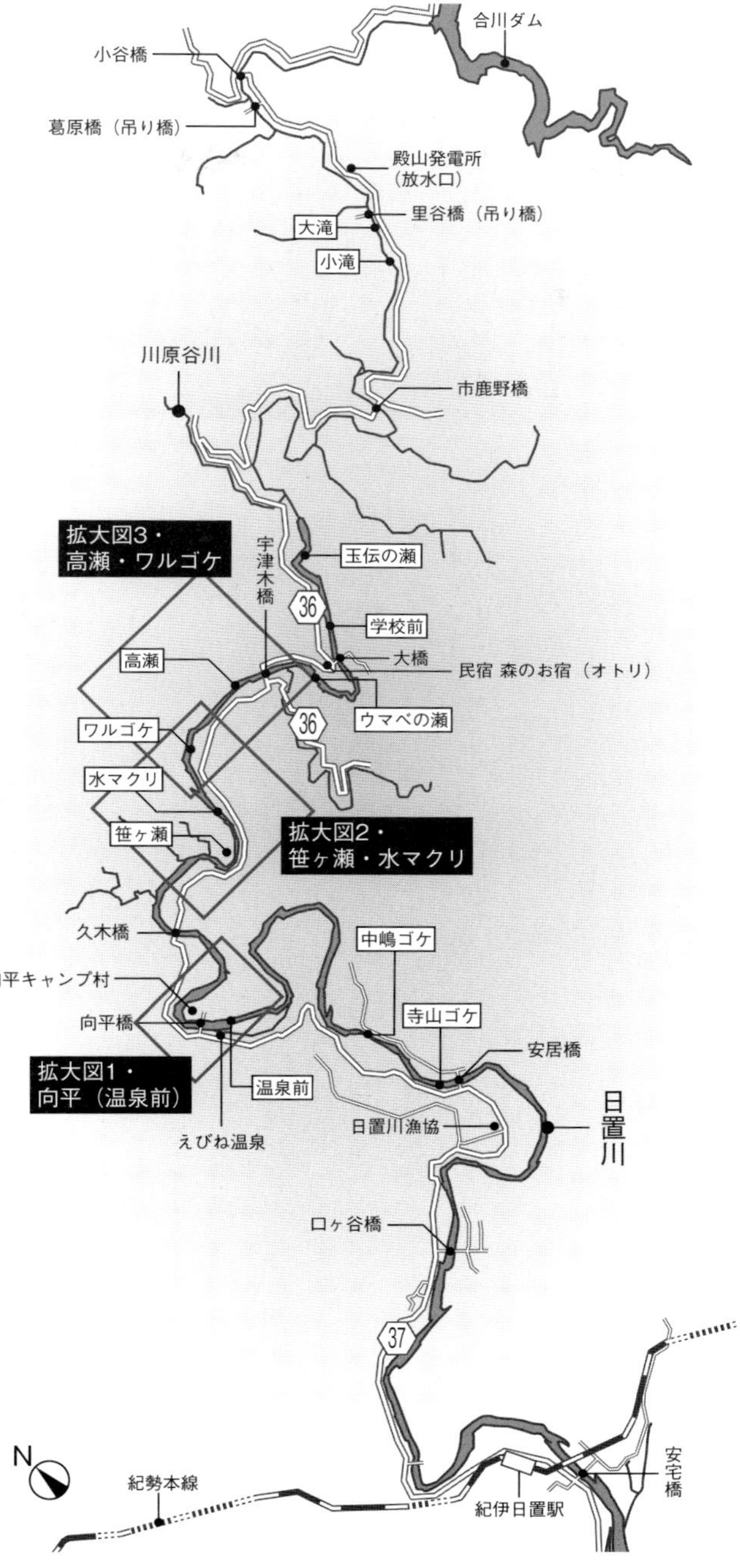

小滝周辺までの区間は岩盤と大石が多く、流れも速く水深もあり下中流域のイメージとはかなり異なる。

解禁当初から20cmオーバーが釣れ、お盆過ぎには30cm近い大ものも期待できる。水況、時期がうまく合えば、24～25cmのアユが40～50尾と手にできるはずだ。

注意したいのは、良型はパワフルなので、ダブル放流やハリ折れ、ハリス切れなどのトラブル。岩盤が多いので根掛かりも多く、掛けても掛けてもアユが増えないということも多い。仕掛けはワンランク太めに、予備も通常より多く持参することで対処したい。

笹ヶ瀬の流れ。シーズンを通して数釣りが楽しめるポイント

向平の川相。右岸から左岸にかけてどこからでもサオをだせて数が期待できる

最上流部となる大滝・小滝周辺の川相。岩盤と大石が目立ち、流れも速く水深もある

高瀬は釣り具メーカーや新聞社の大会本部によく利用される場所。トロ、チャラ、瀬とバラエティーに富む

●向平（温泉前）

図中Aは水深10～30㎝のチャラ瀬が広がる。右岸から左岸にかけて、どこからでもサオをだせる。オトリを上流に泳がせるとよく掛かり、数が期待できる。図中Bは、瀬からトロ場へと続く長い流れ。トロ場は梅雨明け頃からがねらいめとなる。

●笹ヶ瀬・水マクリ

いずれも瀬のポイントで、シーズンを通して数釣りが楽しめる。水マクリの瀬肩と、水マクリと笹ヶ瀬の中間にあるトロ場は梅雨明け頃からがねらいめで、数、型ともに期待できる。県道脇の少し広いスペースに駐車したい。

●高瀬・ワルゴケ

超有名ポイントで、釣り具メーカーや新聞社の大会本部によく利用される。釣り場は広くトロ、チャラ、瀬とバラエティーに富んでいる。高瀬の右岸（図中Ａ）は流れのあるトロ場で、水深１～１・５ｍあり数、型とも有望。ポイントも長く２００ｍほどある。また大増水後にも残りアカが期待できる。その反対側（県道側）の流れは梅雨明け頃からが楽しみで大釣りもある。図中Ｂのチャラ瀬は、型は小さいが静かに泳がせると数が出る。

図中Ｃのトロ場も流れと水深があり良型が出る。この上流も好ポイントだ。

ワルゴケ周辺は河原が広く、４ＷＤ車なら川辺まで降りられる。地元の人の間では「困った時のワルゴケ」といわれるほど安定して釣れる所だ（森）。

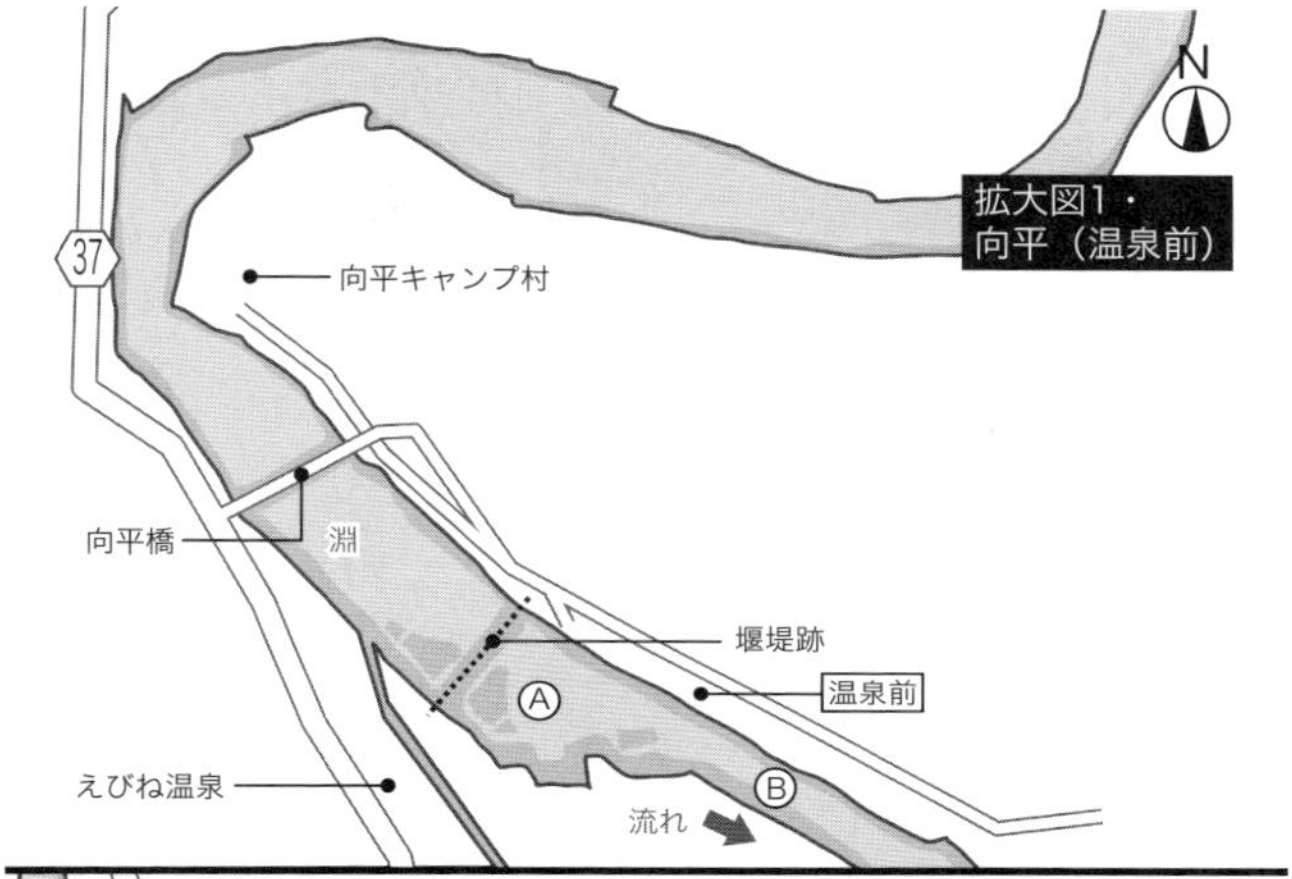

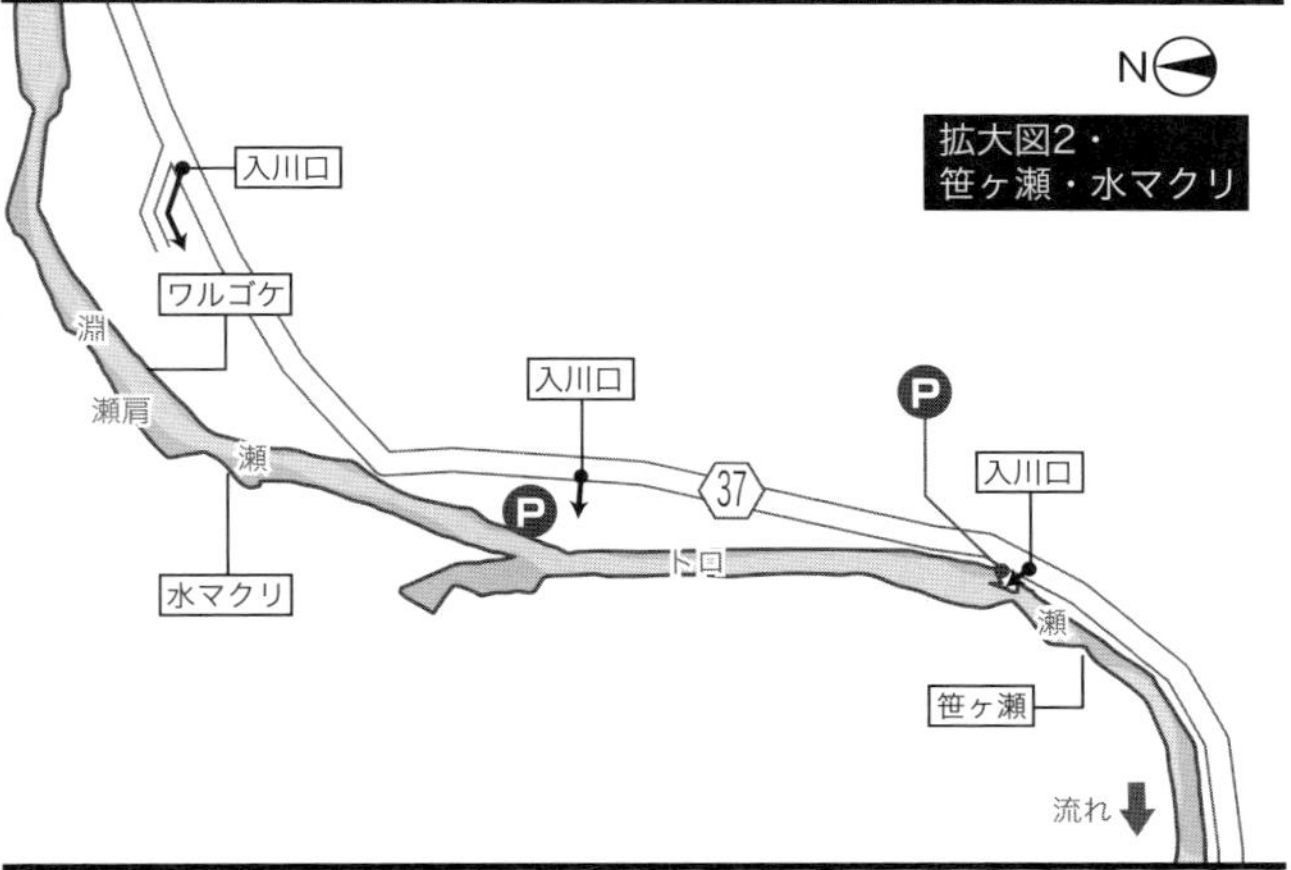

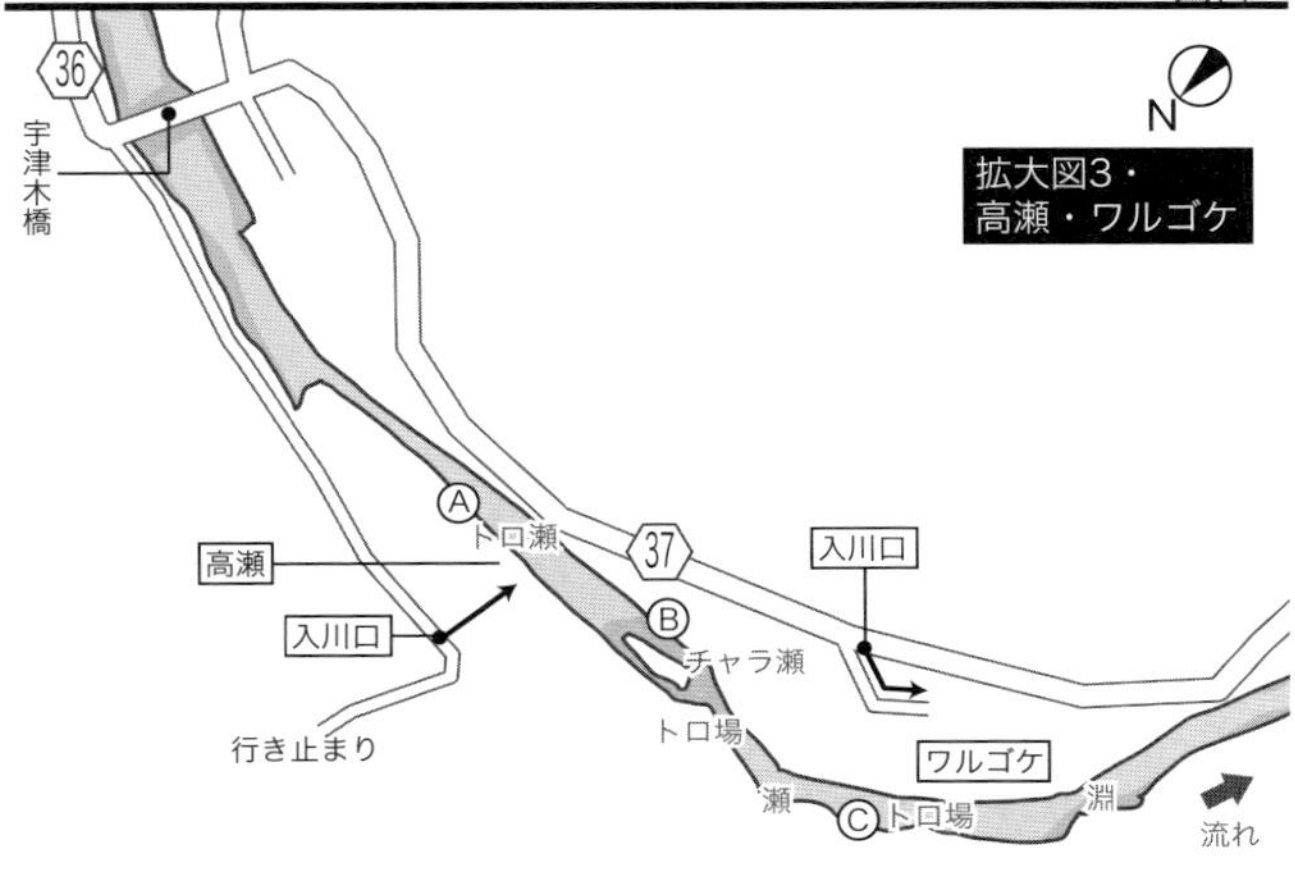

●和歌山県

古《こ》座《ざ》川

七川ダムまで堰のない流れに優美な「美女」アユが泳ぐ 釣りやすい川相でビギナーにもおすすめ。シーズンも長い

紀伊半島最南部に位置する古座川は、河口から約27km上流にある七川ダムまで堰が一切なく天然ソ上が豊富な川である。かつては交通の便も悪く、1人で1つの瀬をゆっくり釣れたが、近年は大阪・名古屋方面から高速道路が南部に伸び、交通の便がよくなるとともに釣り人も増えている。

アユの放流量は1・5～2ｔと少なく天然ソ上頼みではあるが、冷水病に強い河川で安定した釣果を望めるのも人気が出てきた要因だ。

また、古座川のアユは背ビレの長いものが多く、その優雅な姿から美女《みめ》アユと呼ばれるほど美しく、味もよい。美女アユを求めて遠方から訪れる釣り人も少なくない。

中流域では国の天然記念物に指定されている全長５００ｍ、高さ１００ｍの一枚岩がその雄大な姿を見せてくれる。この一枚岩周辺も優良な釣り場であり、上流にある瀬で初期には好釣果が望める。一枚岩を見上げながら釣るのもなかなかオツなものだ。

背ビレの長い優雅な姿をする美女アユ。食べても美味しい

●古座川漁協の管理する下流部

古座川水系はダムから下流域を管轄する古座川漁協と、七川ダムから上流を管轄する七川漁協に分かれており、遊漁券はそれぞれ購入する必要がある。

information

●河川名　古座川
●釣り場位置　和歌山県東牟婁郡古座川町
●解禁期間　6月1日～12月31日
●遊漁料　日釣券3000円・年券1万円（消費税別）
●管轄漁協　古座川漁業協同組合（Tel0735-72-3800）
●最寄の遊漁券取扱所　田上囮店（Tel0735-75-0225）
●交通　阪和自動車道・南紀田辺ICを降り、国道42号を串本町方向へ進み国道371号経由で古座川へ

国の天然記念物に指定されている一枚岩がその雄大な姿を見せる。この周辺も優良釣り場だ

ここでは七川ダムより下流域、古座川漁協が管轄する釣り場を主に紹介するが、ダム上の七川漁協管内の釣り場も変化に富んだ流れを見せる。透き通る水と圧倒的な緑に囲まれた中での釣りもまた面白い。２０１４年の解禁日には束釣りを堪能した釣り人も多かったようだ。ただ、七川漁協管内にはオトリ店がないので、ダム下流のオトリ店で購入する必要がある。

例年、解禁日は6月1日（七川漁協管轄内の解禁日はこれよりも遅い）と和歌山県では遅いほうだが、解禁日当初から3連追い星のきれいなアユが飛び掛かってくる。また、10月いっぱいまではサビのないアユを掛けることが可能で、最長11月後半まで友釣りが成立する稀有な河川でもある。毎年、10月に入りほかの河川が釣れなくなり始めた頃に年券を買う釣り人もいるほどだ。

古座川は下流域から上流域にかけて

足場もよく釣りやすい流れが続く。釣り人が増えたとはいえ、まだまだのんびりとサオをだすことができる。これから友釣りを始めたいと思っている方や初心者の方には打って付けの川だ。

　アユのサイズは、通年15～24㎝で小さすぎず大きすぎずの型が揃う。仕掛けはフロロカーボンで0・2号、複合メタルは0・08号もあれば1シーズンそれでいける。しっかりとナワバリアユが掛かってくれるので泳がせ、引き釣りともにていねいに探りさえすれば釣果は望める。

　また、思った以上に岸際にアユがいることも多い。浅いからと敬遠せず一度通してみるといい。通年よく釣れるポイントのほかに、初期、中盤、終盤とその時期ごとによく掛かるポイントも多い。旬のポイントを見つけるのも古座川で釣果を伸ばす秘訣だ。特に終盤はその傾向が顕著に表われる。情報収集を怠らなければ終盤でも好釣果をものにできるかもしれない。

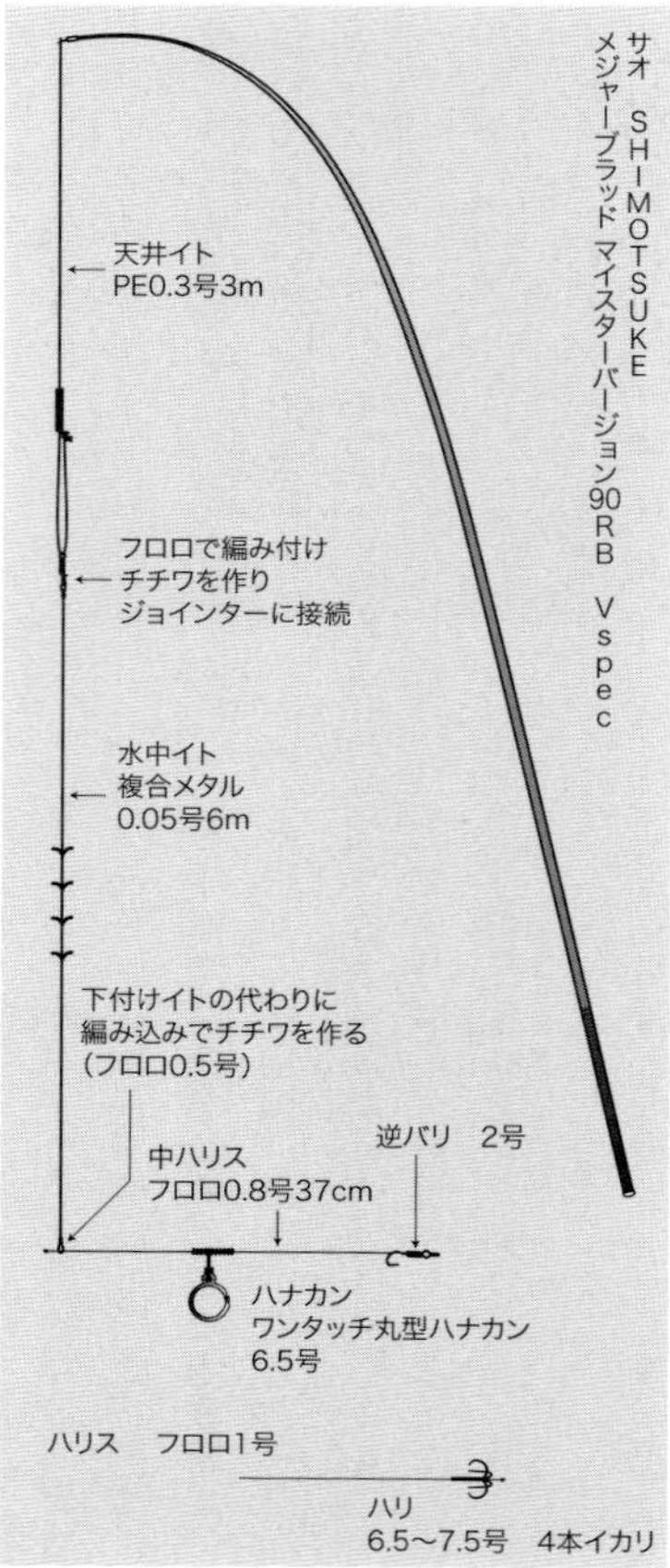
サオ　SHIMOTSUKE
メジャーブラッド マイスターバージョン90RB　Vspec
天井イト
PE0.3号3m
フロロで編み付け
チチワを作り
ジョインターに接続
水中イト
複合メタル
0.05号6m
下付けイトの代わりに
編み込みでチチワを作る
（フロロ0.5号）
中ハリス
フロロ0.8号37cm
逆バリ　2号
ハナカン
ワンタッチ丸型ハナカン
6.5号
ハリス　フロロ1号
ハリ
6.5～7.5号　4本イカリ

●魅力的な支流筋

　古座川には下流より小川、三尾《みと》川、佐本川と3つの支流がある。どの支流も水質は抜群で透明度が高く、アユの泳ぐ姿を道路や橋の上からでも確認することができる。

　小川は岩盤も多いが基本的には小さな石が主体で、増水時にはしばしばコケが流される。しかしアユの味は格別との評判で、小川でしかサオをだすない釣り人も多い。景勝地としても知られる滝の拝から上流にも、数は多くないがアユがソ上する。大アユがあまり釣れない古座川で、唯一大アユがねらえるポイントである。

　佐本川は岩盤、大石が多く、本流のコケがほとんど流されるような増水でも、水位が下がりさえすれば友釣りの可能な場所が多い。そのため増水直後に入川してよい思いをすることも多々ある。ただし、9mのサオを振れる場所が限られるので、入川の際はオトリ店で確認するとよい。

　２０１５年３月現在、昨年よりも多くのアユのソ上が見られる。古座川町は日本の秘境１００選に選ばれるほど自然が残る場所でもあり、そんな土地を流下する川でゆったりとサオをだすと癒されること間違いなしだ。

潤野橋より下流を望む。やや深い場所では泳がせ、チャラ瀬は石裏などのヨレをねらう

●本流のおすすめポイント

【潤野橋上下流】


　上流部は小さな石が多い浅い瀬から徐々に深くなっている。左岸側からサオをだして流れの向こう側を釣ると釣果が出ることが多い。

　橋下流はくぼみになっている。やや深い場所では泳がせ、チャラ瀬は石裏などのヨレをねらう。下にある沈下橋と潤野橋の中間辺りはあまり釣れるイメージがないので軽く探る程度でよい。また、近くの駐車場にトイレが新設され、川相とともに女性にも入りやすいポイントになっている。

蔵土橋より上流を望む。大岩が点在する流れが分流し右岸側がチャラ瀬、左岸側が早瀬となっている

【蔵土橋上流】


　上流部に大岩が点在し、そこから分流し右岸側がチャラ瀬、左岸側が早瀬となっている。橋の上から左岸側のヘチにナワバリアユを確認できれば入ってみるとよい。入川口から橋の下流部を渡り中州に入ると釣りやすい。橋げたの右岸側の浅場をねらうと、すぐにオトリアユを替えられることが多い。そこから手前側、流心、対岸のヘチと基本どおりに釣れば数が揃う。

　２０１４年度は終盤までよく釣れたポイントであり、短時間で数が揃う。右岸側のチャラ瀬は日により釣果に差が出るので、移動しながら探り、釣果

大川階段下の流れ。瀬肩から広がる深トロは良型が揃う

あぜち橋より下流を望む。最上流部域に位置し大型の実績が高い

が出ないようなら粘る必要はない。

【大川階段下】

瀬肩から広がる深トロは良型が揃う場所。筋を変えながらゆっくりオトリを泳がせると、グンとラインを持っていかれ、強烈な天然アユの引きを堪能できる。瀬の中は数が揃うがサイズは落ちる。瀬は基本どおり流れのヨレをねらうのが釣果をのばすコツだ。２０１４年度は中盤によく釣れた場所で連日好釣果が出ていた。

【あぜち橋下流】

ダムからの放水口が近いため少し濁りが入っているが、本流では最上流部に位置することから大型の実績がある人気のポイント。深トロからのカケアガリ、そこから続く瀬肩は黒く光る大石を中心に釣るとよい。下流に伸びる瀬は左岸へチの黒いコケの筋がよく掛かる（田上）。

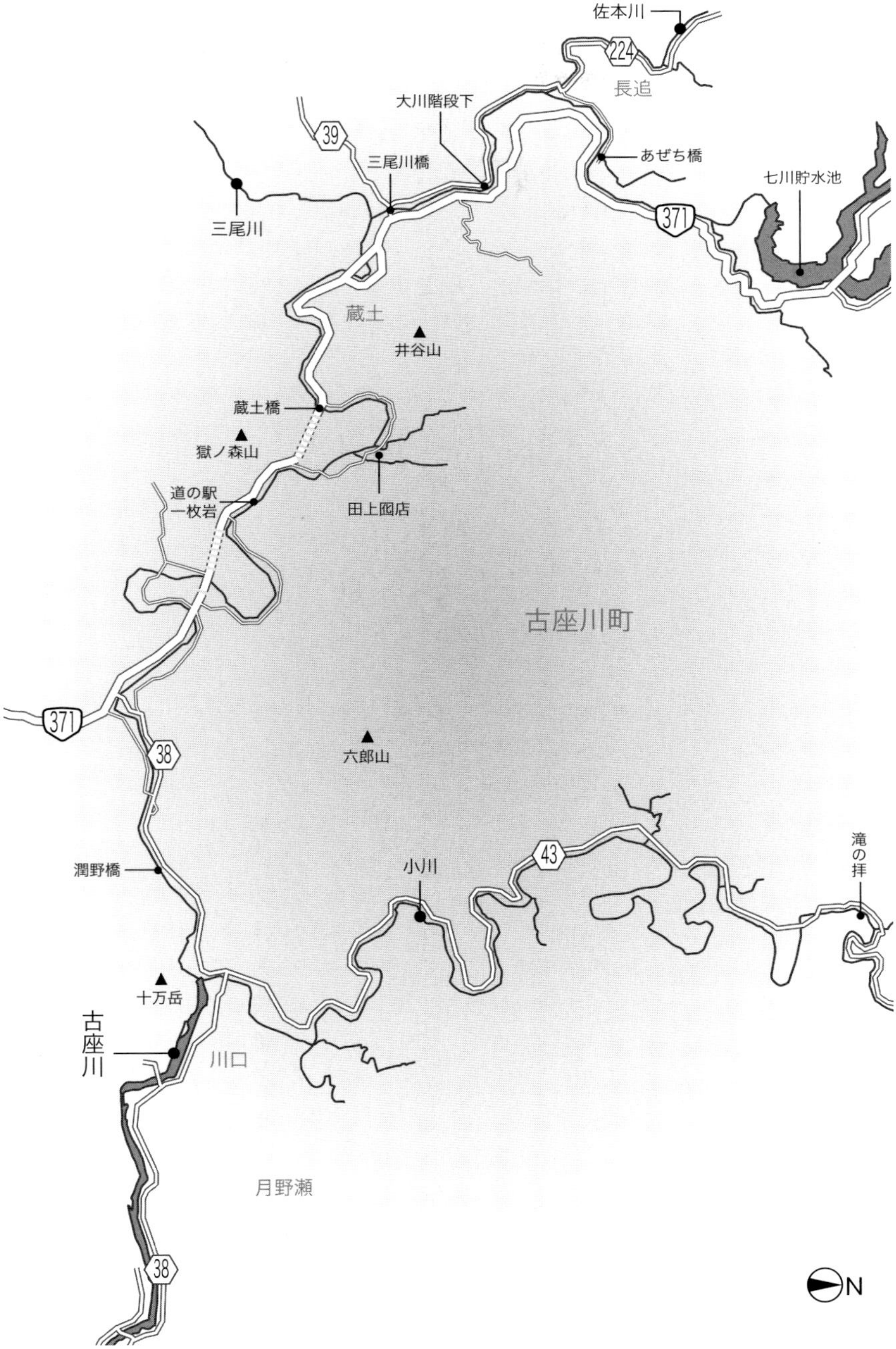

佐本川
224
長追
大川階段下
39
三尾川橋
あぜち橋
七川貯水池
三尾川
371
蔵土
井谷山
蔵土橋
獄ノ森山
道の駅
一枚岩
田上囮店
古座川町
371
38
六郎山
43
滝の拝
小川
潤野橋
十万岳
古座川
川口
月野瀬
38
N

近畿北陸「いい川」アユ釣り場

掲載河川情報一覧

河川名	漁協名	TEL	解禁期間
神通川	富山漁業協同組合	076-432-4803	6月16日~11月15日(10/1～15までを除く)
井田川	婦負漁業協同組合	076-455-2655	6月16日~11月30日(10/1～7までを除く)
	富山漁業協同組合	076-432-4803	6月16日~11月15日(10/1～15までを除く)
犀川	金沢漁業協同組合	076-247-4233	6月16日(下中流域)、7月5日(上流部)～
手取川	白山手取川漁業協同組合	076-272-4666	6月16日(白山堰堤より下流)、 6月22日(白山堰堤より上流)～12月31日
九頭竜川(中流部)	九頭竜川中部漁業協同組合	0776-61-0246	6月6日～11月14日
九頭竜川(勝山地区)	勝山市漁業協同組合	0779-64-4206	6月13日～11月30日
足羽川	足羽川漁業協同組合	0776-96-4930	6月13日～11月30日
真名川	大野市漁業協同組合	090-1396-5420	6月20日～
丹生川	丹生川漁業協同組合	0749-86-2607	7月5日(予定)～9月30日
石田川	三谷漁業協同組合	0740-24-0348	7月5日～9月30日
安曇川	葛川漁業協同組合	077-599-2120	7月5日～9月30日
	朽木漁業協同組合	0740-38-2541	6月13日～9月30日
	廣瀬漁業協同組合	0740-33-1288	6月20日～9月30日
愛知川	愛知川漁業協同組合	050-5801-7897	6月6日(永源寺ダム上流は7月11日)~9月30日
野洲川	野洲川漁業協同組合	0748-72-1185	6月13日～9月末
	甲賀市土山漁業協同組合	0748-68-0068	6月14日特別解禁、6月20日一般解禁~9月末
美山川	美山漁業協同組合	0771-75-0210	6月6日～12月31日
上桂川	上桂川漁業協同組合	075-852-0134	6月21日～8月28日
矢田川	矢田川漁業協同組合	0796-95-1065	6月1日～10月19日(矢田橋から 森井堰堤間は9月15日以降は全面禁漁)
揖保川	揖保川漁業協同組合	0790-62-6633	5月26日～10月31日
千種川	千種川漁業協同組合	0791-52-0126	6月6日～12月31日
吉野川	吉野漁業協同組合	0746-32-5236	6月1日～12月31日
北山川	熊野川漁業協同組合連合協議会	0735-28-2380	6月1日(小森ダム上流は15日)～12月31日
紀ノ川	紀ノ川漁業協同組合	0736-66-9111	5月第3土曜日～12月31日
有田川	有田川漁業協同組合	0737-52-4863	5月1日(早期)、20日(一般)～12月31日
日高川	日高川漁業協同組合	0738-52-0224	5月1日(早期)、20日(一般)～12月31日
富田川	富田川漁業協同組合	0739-47-0710	5月31日～12月31日
熊野川	熊野川漁業協同組合	0735-21-4193	6月1日～12月31日
日置川	日置川漁業協同組合	0739-53-0023	5月26日～12月31日
古座川	古座川漁業協同組合	0735-72-3800	6月1日～12月31日

●執筆者プロフィール（50音順）

浅川　進
奈良県在住。アユ釣り歴 40 年。とにかく釣りが好き！　ちろりん会所属。

池野昭一
石川県在住。アユ釣り歴 12 年。アユ釣りの醍醐味は瀬釣りにありがモットー。トーナメントチーム金澤所属。

上西啓文
和歌山県在住。アユ釣り歴26年。アユ釣りは、自分にとっては空気のようなもの（ないと死んでしまいます）。関西友心会会長。

内山賢真
兵庫県在住。アユ釣り歴 19 年。「アユ釣りは一に楽しく、二も楽しく、三で釣果が付いてくる」。楽しむために川に行き、釣れないからまた川に行く。考えるよりまず行動！

大隅　昇
京都府在住。アユ釣り歴 21 年。美山川活性化プロジェクトチームで活動中。美山漁協組合員、京都Ｍ・Ｆ・Ｔ所属。

小倉　均
京都府在住。アユ釣り歴約40年。オトリ店「鮎屋」経営。「アユ釣りで一番大事なのは、場所です。どんなに技術があってもアユがそこにいないと釣れません（笑）」。

尾中則仁
和歌山県在住。アユ釣り歴 16 年。「アユ釣りは最後まであきらめないことが肝心」。GFG 関西、竿翠会所属。

数井崇司
富山県在住。アユ釣り歴 14 年。１シーズン約 150 時間実釣＆1000尾が目標。過去最大29.5cm、最多８時間113尾。太くても細くても、大バリでも小バリでも釣れれば正解！

喜多福　武
和歌山県在住。アユ釣り歴 13 年。積極的にトーナメントに参加して柔軟な釣技を身につけることが目標。プライベートでは釣り仲間と河原でキャンプをしながら自然の中、アユ釣りを楽しんでいます。関西友心会所属。

幸野敦弥
滋賀県在住。アユ釣り歴 41 年。「休日の一時、アユと戯れるのが楽しみ」。Ｊトップス会長。

酒井桂三
福井県在住。アユ釣り歴22年。「数釣りよりも型ねらい！」。激流で大アユとの格闘を楽しむ。龍天会会長。

瀧澤佳樹
奈良県在住。アユ釣り歴30年以上。「釣りは楽しく明るく安全に、全国みな豊釣」。紀伊半島は 2011 年の大水害の影響がまだ色濃く残り、完全復旧には至っていませんがよい川がたくさんあります。ぜひ足を運んでみてください。ちろりん会、闘将村田軍団所属。

谷口輝生
京都府在住。アユ釣り歴は小学校５年生から。モットーは初心を忘れずに！　倶楽部輝（かがやき）所属。

田上智士
和歌山県在住。アユ釣り歴５年。「まだ友釣り歴が短く技術が伴っていないため、足で稼ぐ釣り（おもに引き釣り）が多いです」。オトリ店を出しているため川に入ることが多く、習うより慣れろで友釣りを勉強中。

中川邦宏
福井県在住。アユ釣り歴32年。「大アユは午後３時から！」がモットー。九頭竜川中部漁協監事、龍天会副会長、福井岩礁会会長。

廣岡保貴
和歌山県在住。アユ釣り歴 27 年。アユ釣りの楽しさを多くの人に伝えたい。龍水会会長。

松本　平
兵庫県在住。アユ釣り歴 13 年。小学３年生から父親にアユ釣りを学び、中学１年生より本格的に始める。福鮎会に入門して勉強中。福鮎会所属。

村上利吉
福井県在住。アユ釣り歴 40 年。「毎日のように川に入っています」。足羽川漁協放流担当役員、龍天会所属。

森　清
和歌山県在住。アユ釣り歴 30 年。アユは友であり師でもある。友釣りに対しての自信も大切だが、謙虚さ、尊敬も忘れないようにしたいと思っている。民宿「森のお宿」経営。日置川遊友会会長。

山内春喜
福井県在住。アユ釣り歴 30 年。真名川を中心に毎年 10 月初旬まで福井県内を釣り歩く。年間釣行日数 40 ～ 50 日。年間釣果 1000 ～ 1500 尾。複合ラインを使った引き釣りが中心。真龍鮎倶楽部所属。

山本英太郎
富山県在住。アユ釣り歴 23 年。「神通川で１日 200 尾釣るのが目標です！」。

山脇裕幸
滋賀県在住。アユ釣り歴 35 年。負けず嫌いで、人よりも細い仕掛けで釣果を得た時代もあったが、今は流行を追わず昔ながらの友釣りをしたいという気持ちが強い。

吉田大修
兵庫県在住。アユ釣り歴７年。アユ釣りのモットーは「一釣百楽」。TEAM 45 所属。

近畿北陸「いい川」アユ釣り場

2015年7月1日発行

編　者　つり人社書籍編集部
発行者　鈴木康友
発行所　株式会社つり人社

〒101－8408　東京都千代田区神田神保町1－30－13
TEL 03－3294－0781（営業部）
TEL 03－3294－0766（編集部）
振替 00110－7－70582
印刷・製本　図書印刷株式会社

乱丁、落丁などありましたらお取り替えいたします。

ISBN978-4-86447-076-6 C2075
つり人社ホームページ　http://tsuribito.co.jp/